U0677161

普通高等教育"十一五"国家级规划教材

高职高专会计专业系列教材

KUAIJI

成本会计

Chengben Kuaiji 第4版

赵小刚 向味诗 / 主　编
陈　琨 周　红 / 副主编
李国渝 李海燕 / 主　审

重庆大学出版社

内 容 提 要

　　全书共3编12章,主要内容包括总论、产品成本核算的要求和基本程序、费用的归集与分配、生产费用在完工产品和在产品之间的分配、产品成本计算方法概述、品种法、分批法、分步法、分类法、定额法、成本报表、成本报表分析。本书结构新颖,突出实用性和针对性,利于培养学生分析问题、解决问题的能力。

　　本书可作为独立设置的高等职业技术学院、高等专科学校、成人高等学校以及本科院校举办的二级职业技术学院的会计专业、管理类专业的专业课教材,也可以供经济管理人员、财会人员等实务工作者学习参考。

图书在版编目(CIP)数据

成本会计 / 赵小刚,向味诗主编. --4版. --重庆:
重庆大学出版社,2021.7
高职高专会计专业系列教材
ISBN 978-7-5689-2663-8

Ⅰ.①成… Ⅱ.①赵… ②向… Ⅲ.①成本会计—高
等职业教育—教材 Ⅳ.①F234.2

中国版本图书馆 CIP 数据核字(2021)第 116390 号

高职高专会计专业系列教材

成本会计

第4版

主　编　赵小刚　向味诗
副主编　陈琨　周红
主　审　李国渝　李海燕

责任编辑:史骥　马宁　　版式设计:史骥
责任校对:王倩　　　　　责任印制:张策

*

重庆大学出版社出版发行
出版人:饶帮华
社址:重庆市沙坪坝区大学城西路 21 号
邮编:401331
电话:(023) 88617190　88617185(中小学)
传真:(023) 88617186　88617166
网址:http://www.cqup.com.cn
邮箱:fxk@ cqup.com.cn (营销中心)
全国新华书店经销
中雅(重庆)彩色印刷有限公司印刷

*

开本:787mm×1092mm　1/16　印张:14.75　字数:371 千
2004 年 9 月第 1 版　2021 年 7 月第 4 版　2021 年 7 月第 7 次印刷
印数:15 001—17 000
ISBN 978-7-5689-2663-8　定价:45.00 元

第4版前言

为了进一步完善本书,同时考虑了我国《企业会计准则》《企业产品成本核算制度(试行)》以及税收法规等的变化情况,在重庆大学出版社的大力支持下,在听取各方面意见、建议和深入研讨的基础上,我们对本书的第3版进行了修订。

在本次修订中,除了对原书中的错误和不妥之处进行了勘误修正外,还做了以下几方面的工作。

1.根据现行的会计法规制度和相关的税收法规,对教材的有关内容进行了修订与更新。

2.为了能够与会计职称相衔接,增加了"标准成本法"相关内容。

3.为了使学生能够接触成本会计学科的前沿领域,增加了"作业成本法"相关内容。

此次修订由重庆电子工程职业学院赵小刚、向味诗担任主编,陈琨、周红担任副主编。最后由赵小刚对全书进行了总纂。

由于编者水平有限,书中不足之处在所难免,恳请读者批评指正。

编　者
2021 年 3 月

第 3 版前言

本书是根据教育部最新制订的《高职高专教育会计专业人才培养方案》、财政部最新颁发实施的《企业会计准则》以及会计准则应用指南和高职高专的教学特点而编写的。全书主要阐述了成本会计基本理论、基本方法和应用。本书结构新颖，突出实用性和针对性，有利于对学生分析问题能力、解决问题能力和动手能力的培养。

本书由重庆电子工程职业学院向味诗担任主编，天津工业大学朱丽娟、太原大学李贻玲担任副主编，向味诗负责拟定全书的编写提纲，执笔编写第1章及第3,4,6,7,8,9,10,11,12章的业务实训题，并对全书进行了修改和总纂，贵州大学职业技术学院韦云祥编写第2章，李贻玲编写第3,4章，广西财经学院唐石泉编写第5,6章，太原城市职业技术学院吕淑香编写第7,8章，昆明学院林涛编写第9,10章，朱丽娟编写第11,12章。

本书在编写和修订过程中，重庆工商职业学院李国渝副教授和重庆工程职业技术学院李海燕副教授对本书进行了全面审阅，并提出修改意见；得到重庆大学出版社的大力支持和帮助，在此谨致以诚挚谢意。

由于编者水平有限，书中不足之处在所难免，恳请读者批评指正。

编　者
2015 年 6 月于渝

目　录

第 1 编　成本基本理论、成本核算基本原理

第1章　总　论 ··· 3
1.1　成本的意义 ··· 3
1.2　成本会计的对象和任务 ·· 5
1.3　成本会计的职能 ··· 7
1.4　成本会计工作的组织 ·· 9
练习题 ··· 11

第2章　产品成本核算的要求和基本程序 ······································· 14
2.1　产品成本核算的要求 ·· 14
2.2　生产费用的分类 ··· 17
2.3　产品成本核算的基本程序、主要账户设置及账务处理程序 ············· 20
练习题 ··· 24

第3章　费用的归集与分配 ·· 29
3.1　要素费用的归集与分配 ··· 29
3.2　辅助生产费用的归集与分配 ·· 42
3.3　制造费用的归集与分配 ··· 53
3.4　生产损失的归集与分配 ··· 57
练习题 ··· 61

第4章　生产费用在完工产品和在产品之间的分配 ·························· 70
4.1　在产品数量的核算 ·· 71
4.2　生产费用在完工产品和月末在产品之间分配的方法 ······················ 72
4.3　完工产品成本的计算及结转 ·· 80
练习题 ··· 82

第 2 编　产品成本计算方法

第5章　产品成本计算方法概述 ……………………………………………… 91

5.1　企业生产特点与生产类型 …………………………………………… 91

5.2　企业生产特点和管理要求对产品成本计算的影响 ……………… 93

5.3　产品成本计算方法 …………………………………………………… 94

练习题 ………………………………………………………………………… 95

第6章　品种法 ………………………………………………………………… 98

6.1　品种法的概述 ………………………………………………………… 98

6.2　品种法的应用 ………………………………………………………… 100

练习题 ………………………………………………………………………… 111

第7章　分批法 ………………………………………………………………… 115

7.1　分批法的概述 ………………………………………………………… 115

7.2　分批法的应用 ………………………………………………………… 117

练习题 ………………………………………………………………………… 125

第8章　分步法 ………………………………………………………………… 135

8.1　分步法的概述 ………………………………………………………… 135

8.2　逐步结转分步法 ……………………………………………………… 138

8.3　平行结转分步法 ……………………………………………………… 149

练习题 ………………………………………………………………………… 155

第9章　分类法 ………………………………………………………………… 161

9.1　分类法的特点 ………………………………………………………… 161

9.2　分类法的应用 ………………………………………………………… 163

9.3　联产品、副产品成本计算 …………………………………………… 165

练习题 ………………………………………………………………………… 170

第10章　定额法 ……………………………………………………………… 174

10.1　定额法的特点 ………………………………………………………… 174

10.2　产品定额成本的计算 ………………………………………………… 175

10.3　脱离定额差异的计算和材料成本差异的分配 …………………… 177

10.4　定额变动差异的计算 ………………………………………………… 184

10.5　定额法的应用 ………………………………………………………… 185

10.6　各种成本计算方法的实际应用 …………………………………… 188

练习题 ………………………………………………………………………… 190

第 3 编　成本报表的编制和分析

第 11 章　成本报表 ·· 197

11.1　成本报表的作用、种类和编制要求 ···················· 197

11.2　商品产品成本表 ·· 199

11.3　主要产品单位成本表 ·· 203

11.4　制造费用明细表 ·· 204

练习题 ·· 206

第 12 章　成本报表分析 ·· 208

12.1　成本报表分析概述 ··· 208

12.2　成本计划完成情况分析 ····································· 212

12.3　主要产品单位成本分析 ····································· 218

练习题 ·· 224

参考文献 ··· 226

第 1 编　成本基本理论、成本核算基本原理

第 1 章 总 论

[**本章提示**] 本章主要阐述成本的意义、成本会计的对象和任务、成本会计的职能、成本会计工作的组织等基本知识以及所涉及的相关基本理论。理解和掌握这些基本知识和基本理论对全书学习具有重要的指导意义。

[**本章重点、难点**] 成本的概念;成本会计的对象;成本会计的职能;理论成本与实际成本的联系与区别。

1.1 成本的意义

1.1.1 成本的概念

成本是商品生产发展到一定阶段的产物。它是商品价值的组成部分,由已消耗的生产资料的转移价值和必要劳动创造的价值所组成,即在商品生产过程中所耗费的物化劳动和必要劳动的货币表现。马克思指出:"按照资本主义方式生产的每一个商品的价值 W,用公式表示是 $W=C+V+M$。如果我们从这个产品价值中减去剩余价值 M,那么,在商品中剩下的只是一个在生产要素上耗费的资本 $C+V$ 的等价物或补偿价值,且只是补偿商品使资本家自身耗费的东西,所以对资本家来说,这就是商品的成本价格"。其中商品的"成本价格"指的就是商品成本。另外,从补偿角度,指明了成本是补偿商品使资本家自身消耗的东西,这实际上说明了成本对再生产的作用。成本是企业维持简单再生产的补偿尺度,如果成本不能从企业销售收入中全部得到补偿,则企业的简单再生产都将无法正常进行。成本补偿表现为社会总产品的分配和再分配,其补偿指标能否真实反映企业的实际耗费水平关系着能否实现足额补偿。商品价值和成本的关系如图 1.1 所示。

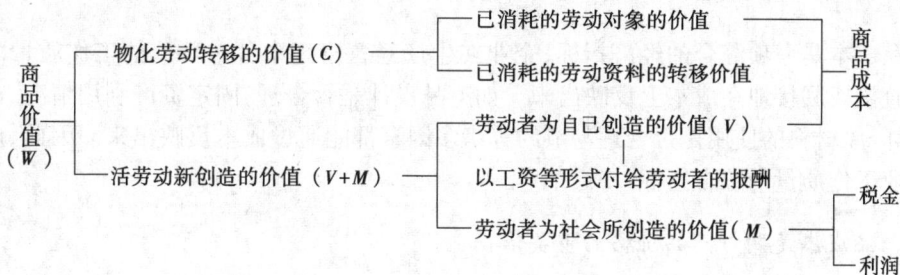

图 1.1 商品价值和成本的关系

综上所述,成本实质上是由物化劳动消耗和活劳动消耗中的必要劳动部分构成的,即商品价值的 $C+V$ 部分,这种符合成本客观经济内容的成本,在成本理论研究上一般称为理论成本。在实际工作中,成本开支范围是由国家有关部门通过有关法规制度来界定的。为了加强企业责任和经济核算,使企业减少生产损失,一些不形成产品价值的损失性支出,如工业企业的废品损失、季节性修理期间的停工损失等,以及劳动者为社会劳动所创造的某些价值,如财产保险费等,都计入成本。上述的废品损失和停工损失支出,从实质来看,它们并不是产品的生产性耗费,而是在生产产品过程中所发生的一种损耗,其性质不属于成本的范围,但考虑到经济核算的要求,将其计入产品成本,从产品销售收入中得到补偿。此外,按现行的企业会计制度规定企业采用制造成本法计算产品成本,企业为销售产品而发生的销售费用、为组织和管理生产经营活动而发生的管理费用、为筹集资金而发生的财务费用,都作为期间费用处理,直接计入当期损益,不计入产品成本。

由此可见,实际成本与理论成本是有差别的,实际成本既要反映成本的客观经济内容,又要体现经济核算和成本管理要求。实际工作中的产品成本,是指为制造产品而发生的以货币表现的各种耗费,即产品的生产成本(制造成本),而不是企业进行生产经营活动所发生的全部支出。

1.1.2　产品成本的作用

产品成本的作用取决于它的经济实质。由于产品成本实质上反映了产品生产过程中的各种劳动耗费和补偿价值,因此产品成本作为衡量企业生产经营过程中劳动耗费的尺度,是产品定价和经营决策的依据。它对于企业降低耗费、足额补偿、合理定价、制定经营决策等具有重要作用。

1)产品成本是生产耗费的补偿尺度

维持企业的再生产是发展市场经济的必然要求。要维持企业的再生产,就必须使企业在产品生产过程中的耗费得到及时足额的补偿,而足额的补偿又必须以产品成本这个客观的尺度作为标准。如果企业不能按照成本来补偿生产耗费,企业资金周转就会发生困难,再生产就不能按原有的规模进行。在产品销售收入不变的情况下,成本越低,企业的利润就越高;反之,成本越高,企业的利润就越少,甚至亏损。因此,产品成本对于促进企业加强成本管理、降低劳动消耗、获得最佳经济效益有着重要的意义。

2)产品成本是反映企业工作质量的综合指标

产品成本是一项综合的经济指标,企业在生产经营管理中各个环节的工作质量的好坏都可以直接或间接地在成本上反映出来。如产品设计是否合理、固定资产利用情况、产品质量的好坏、原材料的使用是否合理与节约等诸多因素都能通过成本反映出来。因此,成本是反映企业工作质量的综合指标。

3)产品成本是制订产品价格的重要依据

在商品经济中,产品价格是产品价值的货币表现,产品价格的制订应体现价值规律要求,使产品价格大体上符合其价值。但在现阶段,产品价值还不能直接计算,而只能计算成本,通过产品成本间接地反映产品的价值。因此,产品成本就成了制订产品价格的重要因素。

产品价格的制订是一项比较复杂的工作,除考虑成本因素外(需要说明的是,作为制订产品价格依据的成本,不是某个企业的个别成本,而是社会平均成本),还要考虑国家的价格政策、产品在市场上的供求关系等因素。所以产品成本只是制订产品价格的一项重要因素。

4)产品成本是企业制订经营决策的重要依据

在市场经济的条件下,企业要在激烈的竞争中生存和发展,提高在市场上的竞争能力和经济效益,首先要制订正确的生产经营决策,经营决策的核心问题是经济效益的高低,即在众多方案中以经济效益的大小来衡量利弊得失,最后选出最佳方案。在研究经济决策时,成本的高低直接影响着企业赢利。因此,企业制订经营决策时必须考虑产品成本这一重要因素。

1.2 成本会计的对象和任务

1.2.1 成本会计的概念

成本会计是会计学科的一个分支,是运用会计的基本原理和方法,对企业在生产经营过程中各项费用的发生以及产品生产成本的形成进行预测、决策、计划、控制、核算、分析和考核的一种管理活动。

在 19 世纪产业革命后,企业的数量和规模快速增长,企业间出现了竞争,生产成本受到重视,成本计算与复式记账相结合,标志着成本会计的形成,这时的成本会计以事后核算和控制为重点。

20 世纪初,资本主义经济迅速发展,市场竞争更趋激烈,在管理上实行"泰勒制",会计中引入了"标准成本""差异分析"和"预算控制"等技术方法,使成本会计在原有成本核算的基础上增加了事前控制的新职能,把成本会计从事后核算向事前控制推进。

第二次世界大战以后,西方资本主义国家实行垄断经济,资本高度集中,企业规模日益扩大,跨国公司也不断涌现;同时随着科学技术的迅速发展,市场的竞争更加激烈并趋于国际化。企业为了在竞争中处于有利地位,一方面依靠科学技术开发新产品,开拓市场;另一方面加强企业管理,挖掘内部潜力,控制和降低产品成本,以低成本、高质量来求生存。通过实践,企业管理人员意识到要进一步大幅度降低成本,必须在产品投产前对可能发生的成本进行预测,制订各种不同方案,经过充分论证,从中选出最佳方案作为决策的依据。为此,要求会计人员不仅要做好生产过程中的日常控制和成本核算,更重要的还要做好成本预测、决策,加强对成本的事前控制。同时,要注重对成本的事后分析和考核,以便为企业决策提供信息。

综上所述,可以看出成本会计从产生到逐步形成以成本核算为基础,以成本控制为核心,包括成本预测、决策、计划、控制、核算、分析和考核等内容的成本会计体系的过程是与经济发展、社会进步密切相关的。不难想象,随着经济的进一步发展,成本会计在企业经营管理中必将越来越重要。

1.2.2 成本会计的对象

成本会计的对象是指成本会计核算和监督的内容。由于成本会计研究的对象主要是物质生产部门为制造产品而产生的成本即产品制造成本(生产成本),因此,成本会计核算和监督的内容也主要是指产品制造成本(生产成本)。工业企业的产品成本是指产品的制造(生产)成本,它既是企业生产一定种类和数量的产品而发生各种费用的总和,也是对象化的费用。具体主要有下列支出:

①为制造产品而耗用的各种原料、主要材料和外购半成品。

②为制造产品而耗用的燃料和动力。

③生产单位耗用低值易耗品的费用。

④生产工人和生产单位管理人员的职工薪酬。

⑤生产用房屋、机器设备等固定资产计提的折旧费用与发生的修理费用。

⑥按规定计入产品成本的停工损失。

⑦废品的损失费用。

⑧生产单位的办公费、差旅费、劳动保护费、财产保险费等其他费用。

企业在产品生产过程中,除了发生生产耗费外,还会发生筹资支出(财务费用)、管理支出(管理费用)、销售支出(销售费用)等经营管理费用。这些费用按国家现行会计制度规定和产品成本计算的制造成本法的要求,不能列为产品成本,而作为期间费用直接计入当期损益。不过,经营管理费用支出是与产品生产相联系的,它服务于产品生产。为了节约费用,提高效益,把经营管理费用和产品成本都列为成本会计的对象。因此,工业企业成本会计的对象可以概括为:工业企业生产经营过程中发生的产品成本和经营管理费用(期间费用)。

成本会计对象除工业企业的产品成本和期间费用外,还应包括商品流通企业、施工企业、交通运输企业等其他行业企业的成本和期间费用。根据现行企业会计制度的有关规定,把成本会计的对象概括为:企业生产经营过程中发生的生产经营业务成本和有关期间费用。

成本会计的对象不是一成不变的,在不同的时期对不同行业,根据不同的生产经营特点和生产经营管理的不同要求,成本会计对象的具体内容也有所不同。

1.2.3 成本会计的任务

成本会计是会计学的一个重要分支,是企业经营管理的一个重要组成部分。因此,成本会计的任务一方面取决于企业经营管理的要求,另一方面受到成本会计对象的制约。

根据企业经营管理的要求以及适应成本会计对象的特点,成本会计的任务主要有如下4个方面:

1）进行成本预测和决策，编制成本计划，作为成本控制、分析和考核的依据

在社会主义市场经济的条件下，市场竞争非常激烈，企业要想在市场竞争中求得生存发展，努力降低产品成本是一个非常重要的方面。为此，企业应根据历史成本资料，充分进行市场调研，运用科学的方法预测未来的成本水平及发展趋势，拟订成本方案进行成本决策，选出最优方案，确定目标成本；然后，在此基础上编制成本计划以作为对成本实行计划管理、建立成本管理责任制和控制生产费用的基础，并作为分析成本升降原因、考核成本责任者工作业绩、实施奖惩的依据。

2）严格审核和控制各项费用支出，节约开支，不断降低产品成本

在社会主义市场经济环境下，企业作为自主经营、自负盈亏的商品生产者和经营者，应贯彻增产节约原则，加强经济核算，以尽可能少的耗费去获取更大的经济效益。为此，成本会计必须以国家有关成本费用开支范围以及开支标准和企业有关成本的计划、定额等为依据，寻求降低产品成本的途径和方法，严格控制各项费用的开支，努力节省开支，帮助企业不断提高经济效益。

3）正确及时核算产品成本，反映成本计划的执行情况，为企业经营管理提供成本信息

正确、及时地进行成本核算，提供真实有用的成本信息，是成本会计的基本任务，这是因为成本核算所提供的信息，不仅是企业足额补偿生产耗费、正确地确定产品利润、制订产品价格和进行未来成本预决策的依据，同时也是企业进行成本管理的基础。另外，成本计划的编制、成本的分析和考核等也是以成本核算所提供的成本信息为基本依据的。

4）进行成本分析，考核成本计划的完成情况

通过成本核算，获得产品成本的实际资料，将实际成本资料与成本计划对比，以反映成本计划的执行情况。通过成本分析可以揭示影响成本升降的各种因素和影响程度，以便正确评价和考核企业各有关部门、单位在成本管理工作中的业绩，揭示企业成本管理工作中存在的问题，并针对存在的问题查找原因，拟订措施，从而不断改善成本管理工作，提高企业的经济效益。

1.3　成本会计的职能

成本会计的职能是指成本会计所具有的功能。成本会计的职能在不同的历史时期体现为不同的内容。最初的成本会计职能是成本核算，但是经济的发展和生产复杂程度的增加，对企业生产经营管理提出了更高的要求，为与此相适应，成本会计的职能在成本核算的基础上扩大到了成本控制和成本分析。后来，由于产品生产和资本日益集中，企业生产经营更加复杂，产品更新换代的周期加快，市场竞争更加激烈，要求成本会计必须与管理科学相结合，成本会计的职能又增加了预测、决策、计划和考核等内容。因此，现代成本会计的职能包括成本预测、成本决策、成本计划、成本控制、成本核算、成本分析和成本考核7项职能。

1.3.1　成本预测

　　成本预测是根据与成本有关的数据和企业的具体情况,运用一定的技术方法,对企业未来的成本水平及其变化趋势所进行的科学测算。通过成本预测,可以减少成本管理的盲目性,有利于寻求降低产品成本的途径,充分挖掘降低产品成本的潜力。同时也可以为成本决策、成本计划和成本控制提供及时有效的信息,提高成本管理的科学性和预见性。

1.3.2　成本决策

　　成本决策是根据成本预测提供的数据和其他有关资料,运用一定方法,对各个备选方案进行比较分析,从中选择最优方案。进行成本决策、确定目标成本是编制成本计划的前提,也是实现成本事前控制、提高经济效益的重要途径。

1.3.3　成本计划

　　成本计划是在根据成本决策所确定的方案的基础上,具体规定在计划期内为完成生产经营任务所应发生的生产耗费和各产品的成本水平,并提出保证成本计划实现所应采取的措施。成本计划是降低成本的具体目标,也是进行成本控制、成本分析和成本考核的依据。成本计划的编制过程也是进一步挖掘降低成本潜力的过程。

1.3.4　成本控制

　　成本控制是根据预定目标,对成本发生和形成的过程以及影响成本的各种因素与条件施加主动的影响,以保证成本计划的完成。从企业生产经营过程来看,成本控制包括成本事前控制、事中控制和事后控制。成本事前控制主要有工厂改扩建的成本控制、新产品设计的成本控制、老产品改进的成本控制等;成本事中控制是指在产品成本的发生过程中所进行的控制产品成本的活动,主要包括原材料耗费控制、人工耗费控制和其他费用支出控制等;成本事后控制是在产品成本形成以后进行分析和考核,通过对过去成本控制的总结,揭示问题,找出差距,分析原因,采取措施保证目标成本的实现。

1.3.5　成本核算

　　成本核算是根据企业确定的成本计算对象,运用各种专门的成本计算方法,按规定的成本项目,通过生产费用归集与分配,计算出各种产品的总成本和单位成本。成本核算既是对产品生产过程中发生的各种费用进行如实反映的过程,也是对各产品生产过程中各种费用的发生(支出)进行控制的过程。成本核算是成本会计工作的基础,通过成本核算提供的资料,可以反映成本计划的完成情况,编制下期成本计划,为未来的成本预测和成本决策提供依据。

1.3.6 成本分析

成本分析是在成本核算提供的资料及其他有关资料的基础上,运用一定的方法,将本期实际成本与本期计划成本、上年同期实际成本、本企业历史先进成本水平以及国内外先进企业的成本等进行比较,确定成本差异,分析差异原因,明确成本超支责任,以便采取措施改进生产经营管理,降低产品成本,提高企业经济效益。成本分析内容主要包括全部产品成本计划完成情况分析、可比产品成本计划完成情况分析、单位产品成本分析和主要经济技术指标变动成本影响的分析等。

1.3.7 成本考核

成本考核是在成本分析的基础上,定期对成本计划执行情况进行总结和评价。成本考核要以成本计划执行的部门、单位或个人为考核对象,以控制成本为界限,来考核其成本指标的完成情况,并结合一定奖惩制度,以调动各责任者努力完成成本计划的积极性。总之,成本考核的主要目的在于切实落实成本管理责任制,促使部门、单位或个人认真履行经济责任,不断提高企业的成本管理水平。

成本会计的各项职能是相互联系、相互依存的。成本预测是成本决策的前提;成本决策是成本预测的结果;成本计划是成本决策目标的具体化;成本控制是对成本计划实施监督,是保证成本目标实现的手段;成本核算是对成本计划是否完成的检验;成本分析和成本考核是对计划执行结果和控制的业绩进行事后评价。这 7 项职能中成本核算是基础,没有成本核算,成本的预测、决策、计划、控制、分析和考核等职能都无法实现。

上述成本会计的职能,也可以作为成本会计的具体内容。其中,只进行成本核算和分析的成本会计是狭义的成本会计——传统成本会计;而包括成本预测、决策、计划、控制、核算、分析和考核的成本会计是广义的成本会计——现代成本会计。本教材以狭义的成本会计为主来介绍工业企业成本核算和分析的内容,其他内容将在管理会计和财务管理等课程中介绍。

1.4 成本会计工作的组织

为了充分发挥成本会计的职能作用,完成成本会计的任务,必须科学地组织成本会计工作。为此,企业应根据本单位生产经营的特点、经营规模大小、企业机构的设置以及成本管理的要求等具体情况来组织成本会计工作。成本会计工作的组织,主要包括设置成本会计机构、配备必要的成本会计人员等。

1.4.1 成本会计机构

企业的成本会计机构是企业中直接从事会计工作的职能部门。由于成本会计是会计的一部分,因此企业的成本会计机构通常是企业会计机构的一部分。一般而言,大中型企业应在会计部门中单独设置成本会计机构,专门从事成本会计工作;小企业可不单独设置成本会计机构,但应在会计部门中指定专职的成本会计人员负责成本会计工作。

在成本会计机构内部,可以按成本会计的职能进行分工,并根据其工作职能建立岗位责任制,使每一项成本会计工作都有人负责,每一个成本会计人员都明确自己的工作职责。

企业内部各级成本会计机构之间的组织分工有集中和非集中两种工作方式。

集中工作方式是指企业的成本会计工作主要由厂部成本会计机构负责,即企业的成本预测、决策、计划、控制、核算、分析和考核集中到厂部成本会计机构进行,而各生产单位或其他有关部门的成本会计机构或人员只负责原始凭证的填制,并对原始记录和原始凭证进行初步的审核、整理和汇总,为厂部成本会计机构进行成本工作提供资料。这种方式的优点是:厂部成本会计机构及时掌握整个企业有关成本的全部信息,便于成本数据的集中处理,同时可以减少成本会计机构层次和成本会计人员的数量。但这种工作方式不便于直接从事生产经营活动的各单位和职工及时掌握本单位的成本信息,从而不利于调动群众参与成本管理和成本控制的积极性,也不利于责任成本制的推行。

非集中工作方式(亦称分散工作方式)是将企业的成本会计工作分散,由各生产单位和其他有关部门的成本会计机构或人员分别进行。成本考核工作由上一级成本会计机构对下一级成本会计机构逐级进行。厂部成本会计机构负责对各下级成本会计机构或人员进行业务上的指导和监督,并对全厂的成本进行综合的预测、决策、计划、控制、分析和考核以及汇总核算工作。非集中工作方式有利于企业各部门、单位增加成本意识,有利于加强成本的控制和核算,有利于责任成本制的推行以及提高群众参与成本管理、注重企业经济效益的积极性。但这种工作方式会增加成本会计机构和人员的数量。

1.4.2 成本会计人员

成本会计人员是指专门从事成本会计工作的专业技术人员。在企业成本会计机构中配备一定数量政治素质好、业务能力强的成本会计人员是做好成本会计工作的关键。成本会计人员不仅要精通业务,熟悉并能认真执行有关方针、政策和法规,而且要思想品质良好,具备脚踏实地、实事求是、敢于坚持原则的品质和高度的敬业精神。成本会计人员既要具备较全面的会计知识,也要掌握一定的生产技术和经营管理方面的知识,同时还应经常深入生产第一线,了解成本费用的发生和形成过程,注意发现成本管理中存在的问题并提出改进成本管理的合理化建议。要通过会计的各项职能,充分挖掘企业降低成本的潜力,促进企业不断降低成本,积极参与企业的经营决策,当好企业负责人的参谋。

根据成本会计人员的职责和权限,成本会计人员有权要求企业有关单位和个人认真执行成本计划,严格遵守国家的有关法规和企业的有关制度;有权参与制订企业的生产经营计划和各项定额;有权参与有关的生产经营管理会议;有权督促检查企业内部各单位对成本计划和有关法规、制度的执行情况。

1.4.3 成本会计法规和制度

成本会计法规和制度是成本会计工作的规范,是会计法规和制度的重要组成部分。成本会计法规和制度,应该按照统一领导、分级管理的原则制定。全国性的成本会计法规和制度,由国务院和财政部统一制定;企业应根据国家有关法律、法规、制度,如《中华人民共和国会计法》《企业财务通则》《企业会计准则》,以及企业会计制度等有关规定,并结合企业生产特点和成本管理要求,制定企业成本会计制度。

各行业企业的生产特点和成本管理要求不同,所制定的成本会计制度也有所不同。一般而言,其成本会计制度应包括:

①关于企业成本预测、决策和成本计划的制度。

②关于企业成本控制的制度。

③关于企业核算规程的制度。该制度包括成本开支范围的规定;成本计算对象和成本计算方法的确定;成本会计科目和成本项目的设置;各项费用的归集和分配的程序和方法;费用在完工产品和在产品之间分配的方法等。

④关于企业成本分析和考核的制度。

⑤关于企业成本报表的制度。

⑥其他有关成本会计的制度。如成本定额、内部结算价格和内部结算方法、原始记录和成本会计责任制度等。

成本会计制度是开展成本会计工作的规则和规范,因此成本会计制度一经制定,就应认真执行。但随着社会和经济的发展,实际情况会发生变化,那么,成本会计制度也应根据变化了的情况进行相应的修订和完善,使其符合经济发展客观要求,保证成本会计制度的先进性和科学性。

练习题

一、名词解释

①成本。
②成本会计。
③集中工作方式。
④非集中工作方式。

二、填空题

①成本是商品生产发展到一定_____,它是_____的组成部分。
②按我国现行会计制度规定工业企业产品成本包括_____、_____和_____三个部分;期间费用包括_____、_____、_____三个部分。
③作为制订产品价格依据的成本,不是一个企业的_____,而是_____。
④成本会计的任务一方面取决于_____的要求,另一方面还受_____的制约。
⑤成本会计工作的组织一般包括_____、_____和_____。

三、判断题

①产品成本是补偿耗费的尺度,在量上与产品价格相等。 ( )

②企业发生的产品销售费用、管理费用和财务费用应由产品销售收入补偿,因此构成产品成本。 （　　）

③成本核算是成本会计工作的基础,是成本会计的核心内容。 （　　）

④产品成本的经济内容,应与理论成本完全一致。 （　　）

⑤成本会计制度都由各个企业自行制定。 （　　）

四、单项选择题

①从理论上讲,产品成本是指(　　)。

　　A.为制造产品消耗的生产资料价值

　　B.劳动者为自己劳动所创造的价值

　　C.劳动者为社会劳动所创造的价值

　　D.为制造产品而耗费的物化劳动和活劳动中必要劳动的价值之和

②产品成本是指为生产一定数量和种类的产品,而发生的以货币表现的(　　)。

　　A.物化劳动耗费　　　　　　　　B.活劳动耗费

　　C.各种耗费　　　　　　　　　　D.原材料耗费

③成本分析一般在(　　)进行。

　　A.事前　　　　　　　　　　　　B.事中

　　C.事后　　　　　　　　　　　　D.事前、事中、事后

④通常情况下,产品实际成本与理论成本(　　)。

　　A.是有区别的　　　　　　　　　B.是相互可替代的

　　C.是相互一致的　　　　　　　　D.是毫无关系的

⑤成本会计人员是专门从事成本会计工作的(　　)。

　　A.专业技术人员　　　　　　　　B.专业人员

　　C.技术人员　　　　　　　　　　D.管理人员

五、多项选择题

①下列各项费用不计入产品成本的有(　　)。

　　A.管理费用　　　　　　　　　　B.财务费用

　　C.制造费用　　　　　　　　　　D.销售费用

②产品成本的作用(　　)。

　　A.是生产耗费的补偿尺度

　　B.是反映企业工作质量的综合指标

　　C.是制订产品价格的重要依据

　　D.是进行生产经营决策的重要依据

③以下属于成本会计职能具体内容的有(　　)。

　　A.成本预测　　　　　　　　　　B.成本决策

　　C.成本控制　　　　　　　　　　D.成本计划

　　E.成本核算　　　　　　　　　　F.成本考核和成本分析

④成本会计机构的设置,应考虑(　　　)。

  A.企业规模大小　　　　　　　　B.经营管理要求

  C.经济业务多少　　　　　　　　D.对外报告要求

⑤按企业内部各级成本会计机构之间的组织分工不同,成本会计工作方式有(　　　)。

  A.集中工作方式　　　　　　　　B.非集中工作方式

  C.对象分工工作方式　　　　　　D.职能分工工作方式

六、问答题

①成本会计职能包括哪些具体内容?各项职能之间的相互关系又是怎样的?

②简述成本会计的任务。

③成本会计制度包括哪些基本内容?

第 2 章 产品成本核算的要求和基本程序

[本章提示] 通过本章的学习,掌握产品成本核算的要求,特别是各种费用界限的划分;明确工业企业要素费用的内容以及产品成本的构成项目,并对这两个方面的分类作用有所了解;掌握产品成本核算的基本程序,了解主要账户的结构及账务处理程序。

[本章重点] 划分各种费用界限;费用按经济内容和经济用途进行分类;产品成本核算的基本程序和主要账户。

[本章难点] "生产费用"和"产品成本"的概念及其关系。

产品成本实质上是产品生产过程中的各种劳动耗费和补偿价值,是反映企业生产经营管理工作质量的综合性指标,同时又是确定产品价格的基础,因此对其核算应体现严肃性和规范性。本章内容主要包括产品成本核算的要求,生产费用的分类,产品成本核算的基本程序、主要账户设置及账务处理程序,为以后有关章节的产品成本具体核算提出基本要求和提供基本思路。

2.1 产品成本核算的要求

成本核算是按照国家有关成本费用开支范围的规定,核算企业在经营过程中所支出的物质消耗、劳动报酬,以及有关费用支出的数额、构成和水平。成本是综合反映企业生产经营劳动成果的一项重要指标,原材料和能源消耗的节约及浪费,生产工艺及设备利用是否合理以及劳动生产率的高低,都会综合反映在产品成本上。成本核算是成本会计的核心内容,为了充分发挥其作用,必须正确把握成本核算的基本原则和要求。

2.1.1 做到算管结合,算为管用

成本核算是加强企业管理,特别是加强成本管理的重要手段,成本核算应该从满足加强企业管理的要求出发,做到成本核算与加强企业管理相结合,为企业管理和企业决策所用。成本核算不仅要对企业生产费用进行事后的记录和计算,还要在生产费用发生之前进行审核和控制,审核费用是否符合财经政策和财经制度,是否符合计划定额。进行成本核算和计算产品成本,必须正确及时,以便为成本管理提供所需要的成本资料。只有提供正确的成本资料,才能据以考核和分析成本计划的完成情况,才能保证企业再生产资金得到合理的补偿。

衡量成本计算正确与否的标准,首先要看提供的核算资料能否满足管理的需要。必须

从管理的角度出发,在满足管理需要的前提下,按照重要性原则分清主次,区别对待,主要从细,次要从简,细而有用,简而有理。

2.1.2 正确划分各种费用界限

企业的支出,有的可以计入成本,有的不可以计入成本。正确计算成本,首先要划清各种费用支出的界限。

1) 正确划分产品成本与期间费用的界限

在成本核算过程中,要严格执行国家规定的成本开支范围,分清应计入产品成本和不应计入产品成本的费用界限。产品成本是企业为了生产产品而发生的各种生产耗费,是生产过程中支出的物质消耗、劳动报酬和有关费用的总和。概括来说,产品成本由直接材料、直接人工和制造费用三个部分组成。凡是构成产品实体的费用,应按其实际发生额,直接计入有关的成本计算对象,如直接材料费、直接人工费等;凡是有助于产品制造完成而发生的间接费用,须按一定标准分配计入各成本计算对象,如制造费用等。期间费用是指在会计期间内为企业提供一定生产条件,以保持产品产销能力所发生的费用,如销售费用、管理费用、财务费用等。期间费用全部计入当期损益,而不计入产品成本。正确划分产品成本和期间费用的界限,是保证正确计算产品成本和核算各期损益的基础。因此,在成本核算过程中,要防止混淆成本、费用的界限,防止将应计入产品成本的费用列入期间费用,或将期间费用列入产品成本,借以调节各会计期间成本费用的错误做法。

2) 正确划分各个月份费用的界限

根据我国会计准则的规定,企业应按月进行成本计算,以分析和考核生产经营费用计划和产品成本计划执行情况和结果,所以必须划分各个月份的费用界限。成本核算是建立在权责发生制基础之上的,因此在成本核算过程中,凡本月发生的费用,都要在本月入账,既不允许将其延至下月记账,也不得提前入账;对应由本月和以后月份成本、费用负担的待摊费用或预提费用,要根据其受益期,分别摊提到本月和以后各月,以便正确地反映各月份的成本费用水平。正确划分各个月份的费用界限,实质上是从时间上确定各个成本计算期的费用和产品成本,这是保证成本核算正确性的重要环节。要防止利用费用待摊和预提的办法来人为调节各个月份的成本、费用,人为调节各月损益的错误做法。

3) 正确划分各种产品费用的界限

为了正确计算各种产品的成本,必须将发生的应由本期产品负担的生产费用,在各种产品之间进行分配。凡是属于生产某种产品所发生的、能直接认定某种产品应负担的生产费用,应直接计入该产品的成本;属于几种产品共同发生而不能直接计入某种产品成本的生产费用,要选择合理的分配方法进行分配,再计入各种产品成本。要防止在可比产品和不可比产品之间、在赢利产品和亏损产品之间任意增减费用,借以掩盖成本超支或以盈补亏、弄虚作假的错误做法,要确保各种产品成本的真实性。

4)正确划分完工产品与在产品费用的界限

企业在月末计算产品成本时,如果某种产品既有已完工的产品又有未完工的在产品,就需要将该产品的生产成本,在完工产品和在产品之间采用适当的方法进行分配,以便正确计算完工产品成本和月末在产品成本。分配的方法既要科学合理,又要简便易行,不得任意提高或压低月末在产品成本,防止出现人为地调节完工产品成本的错误做法。

2.1.3 正确确定财产物资的计价和价值结转方法

工业企业的财产物资是生产资料(如固定资产、各种存货等),是准费用、准成本。随着生产经营过程的进行,其价值随着消耗要转移到产品成本或费用中去。因此,财产物资的计价方法和价值转移方法,是影响产品成本准确性的重要因素。例如,固定资产价值耗费部分,要受固定资产原值的确认方法、折旧方法以及折旧率等的影响;流动资产费用部分,要受材料成本的组成内容、发出材料的单位成本与计算方法、低值易耗品的摊销方法等的影响。为了正确计算产品成本,对各种财产物资的计价和价值转移,以及各种费用的分配,都应制订出科学、合理、简便易行的方法。凡是国家有统一规定的,应采用统一的方法;国家没有统一规定的,企业要根据财产物资的特点,结合管理要求合理选用。这些方法一经选定,应保持相对稳定,不得任意改变,要防止通过任意改变财产物资计价和价值结转方法来调节成本、费用的错误做法。

2.1.4 做好成本核算的基础工作

为了保证成本核算的质量,企业要重视建立和健全有关成本核算的原始记录和凭证,制订必要的消耗定额,建立和健全材料物资的计量、验收、领发、盘存以及在产品的移动等制度,制订内部结算价格和结算方法。这些工作是做好成本核算的基础,没有完善的基础,成本核算就不可能顺利进行而达到预期目的。

1)建立健全原始记录制度

原始记录是成本费用发生的证明,是进行成本核算工作的首要条件。进行成本核算和成本分析,都要以数据可靠、内容齐全的原始记录和凭证为依据。例如,企业对材料的领用、工时的消耗、生产设备的运转、动力的消耗、费用的开支、废品的发生、在产品在生产过程中的转移、产成品和自制半成品的交库、产品质量的检验等,都要建立原始凭证制度。要规定原始凭证填制的份数,在内容上要正确填写经济活动的时间、内容、计量单位、数量,填表人及负责人的签章等项目。同时,成本会计部门要会同企业其他部门,根据成本管理的需要,制订各种原始凭证的传递程序,包括凭证填制的手续、凭证传递所流经的部门、各部门对凭证的处理程序等。建立健全原始的记录制度,不仅是成本核算工作的需要,也是加强企业内部控制的有效手段。

2）建立健全定额管理制度

定额是指在企业的生产经营活动中，对人力、物力、财力的配备、利用和消耗以及获得成果等所应遵循的标准和应达到的水平。定额按其内容可以分为：劳动方面的定额，如工时消耗定额、产量定额等；材料消耗定额；费用定额，如制造费用定额、管理费用定额等；固定资产利用的定额等。定额的制订，既要先进，又要切合实际，并应随着生产技术水平的提高而定期修订。制订合理的消耗定额，是进行成本核算、成本控制和成本分析的重要基础。各种定额制订后必须认真执行，并定期修订。

3）建立健全计量验收制度

计量验收是指对企业各项财产物资和产品收发领退的数量进行确认，是一种管理制度。如果生产过程中的财产物资收发领退数字反映失真，即提供的有关成本费用等数据资料是虚假的，会影响企业整个财务状况和财务成果信息的真实性。计量验收制度主要包括配备必要的计量器具、建立严格的财产物资收发领退手续和财产清查制度等。

4）建立健全计划价格制度

为了明确企业内部有关单位的经济责任，对财产物资的内部流转以及相互提供的劳务等，可以采用内部的办法进行核算和管理。因此，要制订合理的内部结算价格，作为内部结算的依据。采用内部结算价格在部门、车间之间相互进行核算，可以明确经济责任，简化和减少核算工作，并便于考核企业内各单位的成本计划的完成情况。内部结算价格一般以计划单位成本计算，也有些企业把计划单位成本加上一定的利润作为内部结算价格。企业制订的内部结算价格应相对稳定，并由企业统一颁布，各部门、车间应遵照执行，一般不得擅自变更。

2.2　生产费用的分类

工业企业生产经营过程中的耗费是多种多样的，为了归集各项费用，正确计算产品成本和期间费用，需要进行成本管理和成本核算，对种类繁多的费用进行合理分类。费用可以按不同的标准分类。

2.2.1　生产费用与产品成本

生产费用是指企业在一定时期内发生于生产过程中的各种费用支出的总和，包括企业在生产中所消耗的原材料、燃料、动力，支付的职工薪酬，折旧费，修理费和其他支出。生产费用可以分为工业生产费用与非工业生产费用，前者是指企业从事产品生产活动而发生的费用，构成产品成本；后者是指企业从事非工业性生产活动而发生的费用，不构成产品成本，如生产车间为企业在建工程、职工福利部门提供劳务作业所发生的费用。

产品成本是指企业为生产一定种类和数量产品而发生于生产中的各种生产费用的总

和。它包括生产产品消耗的原材料、燃料、动力,支付职工薪酬,折旧费,修理费和其他费用。

生产费用和产品成本是两个既相互联系又相互区别的概念。生产费用按一定的产品加以归集和汇总,就是产品成本。所以,生产费用是产品成本的基础,而产品成本则是对象化的生产费用。但生产费用反映的是某一定时期内发生的费用,而产品成本则反映的是某一时期内某种产品所承担的费用。

但是,生产费用与产品成本又有一定的区别,其主要表现在:第一,计算基础不同。生产费用是以企业在一定期间(年、季、月)内为基础而累积的各种生产耗费,它反映了一定期间内生产过程中所发生的一切支出;产品成本是以一定种类和数量的产品为基础而累积的各种耗费,它反映了企业某种产品生产过程中所支出的应计入制造成本的各种费用。第二,计算范围不同。按要素费用反映的生产费用既包括用于产品生产的工业生产费用,也包括不用于产品生产的非工业生产费用;按成本项目反映的产品成本是生产费用中用于产品生产的制造成本部分。第三,计算金额不同。企业在一定期间内所发生的生产费用总额,不一定等于该期间产品成本的总和。某一期间内实际发生的生产费用,有一些并不计入当期产品成本(如待摊费用);另一些费用当期虽未发生但应计入当期产品成本(如预提费用)。另外,某一时期投产的产品,当期不一定完工,当期完工的产品可能是前期投产的。也就是说,某一时期完工产品的成本,可能包括几个时期的生产费用。

2.2.2 按费用的经济内容分类

产品的生产过程,是物化劳动和活劳动的消耗过程,即劳动对象、劳动手段以及活劳动的耗费过程,因此,企业发生的各种费用按其经济内容划分,主要有劳动对象方面的费用、劳动手段方面的费用和活劳动方面的费用三大类。在实际工作中,为了进一步反映上述三方面的费用和具体内容,又将这三类费用再划分为若干费用要素。

①外购材料。指为进行生产经营而耗用的一切从外单位购进的原料及主要材料、半成品、辅助材料、包装物、修理用备件和低值易耗品等。

②外购燃料。指企业为进行生产经营而耗用的一切从外单位购进的各种固体、液体和气体燃料。

③外购动力。指企业为进行生产经营而耗用的一切从外单位购进的各种动力。

④职工薪酬。指企业应计入生产成本和期间费用等的职工工资、职工福利费和社会保险费等。

⑤折旧费。指企业按照规定的固定资产折旧方法计算提取的折旧费用。

⑥修理费。指企业为修理固定资产而发生的支出。

⑦利息支出。指企业计入期间费用等的借入款项的利息支出减利息收入后的净额。

⑧税金。指应计入企业管理费用等的各种税金,如房产税、车船使用税、土地使用税、印花税等。

⑨其他支出。指不属于以上各要素的费用支出,如旅差费、租赁费、外部加工费及保险

费等。

将费用划分为若干要素进行核算，能够反映企业在一定时期内共发生了哪些费用，数额各是多少，据以分析各个时期各种费用的结构和水平；可以反映外购材料和燃料费用以及职工工资的实际支出，因而可以为编制企业的材料采购资金计划和劳动工资计划提供资料；可以为企业核定储备资金定额和考核储备资金周转速度提供资料；可以划分物质消耗与非物质消耗，为计算工业净产值和国民收入提供资料。但是，不能说明各项费用的用途，因此不便于分析各种费用的支出是否合理，是否节约。

2.2.3　按费用的经济用途分类

工业企业的费用按其经济用途不同，可分为计入产品成本的生产费用和不计入产品成本的期间费用。

1）生产费用按经济用途分类

产品生产费用按经济用途不同，可以划分为若干个项目，这些项目是产品成本的构成内容，会计上称为成本项目。成本项目的内容具体可分为直接材料、直接燃料、直接动力、直接人工、废品损失、停工损失和制造费用7项。但根据生产特点和管理要求，企业一般可简化设立如下成本项目：

①直接材料。指直接用于产品生产，构成产品实体的原材料、主要材料、燃料以及有助于产品形成的辅助材料等。

②直接人工。指直接从事产品生产人员的职工薪酬。

③制造费用。指直接或间接用于产品生产，但不便于直接计入产品成本，因而没有专设成本项目的费用。这些费用是企业内部各生产单位因组织和管理生产而发生的，主要包括生产车间管理人员工资及福利费、社会保险费、车间固定资产折旧费、修理费、办公费、水电费、机物料消耗、劳动保护费、季节性或修理期间的停工损失等。

2）期间费用按经济用途分类

期间费用是指企业在生产经营过程中发生的，与产品生产活动有直接联系，属于某一时期耗用的费用。这些费用容易确定其发生期间和归属期间，但不容易确定它们应归属的成本计算对象。因此，期间费用不计入产品生产成本，不参与成本计算，而是按照一定期间（月份、季度或年度）进行汇总，直接计入当期损益。

工业企业期间费用包括管理费用、财务费用和销售费用。

①管理费用。指企业行政管理部门为管理和组织经营活动而发生的各项费用，包括公司经费、工会经费、职工教育经费、劳动保险费、待业保险费、董事会费、咨询费、审计费、诉讼费、排污费、绿化费、税金、土地使用费、土地损失补偿费、技术转让费、技术开发费、无形资产摊销、开办费摊销、业务招待费、坏账损失、存货盘亏、毁损和报废以及其他管理费用。

②财务费用。指企业为筹集资金而发生的各项费用，指企业生产经营期间发生的利息支出、汇兑损失、银行及金融机构手续费等。

③销售费用。指企业在销售产品(包括劳务)过程中所发生的各项费用,包括企业因销售产品而发生的广告费、展览费、租赁费、专设销售机构经费等。

2.2.4　按费用与生产工艺的关系分类

企业费用按其与生产工艺的关系可分为直接生产费用与间接生产费用。

①直接生产费用。指在构成产品成本的各项费用中,直接用于产品生产的费用,如原材料费用、主要材料费用、生产工人的工资和机器设备折旧费用等。

②间接生产费用。指间接用于产品生产的费用,如机物料消耗、辅助生产工人工资和车间厂房折旧费用等。

2.2.5　按费用计入产品成本的方法分类

计入产品成本的各项生产费用,按计入产品成本的方法可以分为直接计入费用和间接计入费用。

①直接计入费用。指可以分清为某种产品所耗用、可以直接计入某种产品成本的生产费用,如原料、主要材料费用大多能够直接计入某种产品成本。

②间接计入费用。指不能分清为某种产品所耗用、不能直接计入某种产品成本,而必须按照一定的标准分配计入有关的各种产品成本的生产费用,如多种产品共同耗用的原材料、工资、制造费用以及其他间接费用等。

需要指出的是,直接生产费用大多是直接计入费用,如原料、主要材料费用大多能够直接计入某种产品成本;间接生产费用大多是间接计入费用,如机物料消耗大多只能按照一定标准分配计入有关的各种产品成本。但也不都是如此,如在只生产一种产品的工业企业或车间中,直接生产费用和间接生产费用都可以直接计入该种产品成本,都是直接计入费用;在用同一种原材料、同时生产出几种产品的联产品生产(如石油提炼)企业中,直接生产费用和间接生产费用都不能直接计入某种产品成本,都是间接计入费用。

2.3　产品成本核算的基本程序、主要账户设置及账务处理程序

2.3.1　产品成本核算的基本程序

产品成本核算的基本程序是根据成本核算的基本要求,对生产费用进行分类核算,并按成本项目进行归类,直到计算出完工产品成本。

1）确定成本计算对象

成本计算对象是生产费用的承担者，即归集和分配生产费用的对象。确定成本计算对象是设置产品成本明细账、分配生产费用和计算产品成本的前提。成本计算对象主要是根据企业产品生产的特点和成本管理的要求来确定的，一般有产品的品种、产品的订单或批别、每个加工步骤的产品、产品的类别等。

2）确定成本计算期

成本计算期是指计算产品成本时，对生产费用计入产品成本所规定的起讫日期，即每次计算产品成本的期间。产品的生产特点不同，其成本计算期也有所区别。一般来说，在大批大量生产情况下，产品成本的计算期与会计期间一致；在单件、小批生产的情况下，产品成本的计算期和产品的生产周期相一致。

3）确定成本项目

成本项目是指生产费用要素按照经济用途划分成若干个项目，它可以反映成本的经济结构以及产品生产过程中不同的资金耗费情况。因此，企业为了满足成本管理的需要，可以在直接材料、直接人工、制造费用三个成本项目的基础上进行必要的调整，如单设其他直接支出、废品损失、停工损失等成本项目。

4）对各项要素费用的审核

根据国家有关制度、规定和企业的费用计划、定额，对费用的发生进行严格的审核和控制，对不符合制度、规定，不符合计划、定额的费用应严加控制和制止。对已经发生的费用，应划清哪些费用应计入产品成本，哪些费用应作为期间费用直接计入当期损益，不得将不应计入的产品成本的费用计入产品成本。同时，还应当按照会计分期原则和权责发生制原则，划清应计入本期成本和不应计入本期成本的费用界限。

5）归集和分配各种费用

归集和分配各种费用就是将应计入本月产品成本的各种要素费用在各有关产品之间，按照成本项目进行归集和分配。归集和分配的原则为：产品生产直接发生的生产费用作为产品成本的构成内容，直接计入该产品成本；为产品生产服务发生的间接费用，可先按发生的地点和用途进行归集汇总，然后分配计入各受益产品。产品成本计算的过程也就是生产费用的分配和汇总过程。

6）将费用在完工产品与月末在产品之间分配

按照上述各个步骤，可以把企业在各个会计期间为生产某一特定产品所发生的生产费用归集汇总到按成本项目所设置的生产成本明细账中，到了会计期末，还必须将所归集汇总的生产费用在本期完工产品和月末在产品之间进行分配。

一般来说，若产品全部制造完工，则其所发生的全部生产费用都要计入完工产品成本；

若产品全部未完工,则其所发生的全部生产费用就都为在产品成本;若本期既有完工产品又有期末在产品,就需要采用一定的方法将为某种产品生产所发生的全部生产费用在完工产品和期末在产品之间进行分配,求得完工产品和月末在产品的成本。

2.3.2　产品成本核算的主要账户设置及账务处理程序

为了核算产品成本,应设置"基本生产成本""辅助生产成本"和"制造费用"等账户。

1)"基本生产成本"账户及其明细账设置

"基本生产成本"账户用于核算基本生产车间生产各种产品所发生的各项生产费用。属于直接材料、直接人工等的直接费用,应直接计入"基本生产成本"账户的借方及其明细账相应成本项目栏。间接费用还要设置"制造费用"账户归集,月终按一定标准分配,计入"基本生产成本"账户的借方及其明细账。已完工并验收入库的自制半成品、产成品等的总成本,应从"基本生产成本"账户的贷方转入"自制半成品""库存商品"账户的借方。"基本生产成本"账户的月末余额,表示尚未加工完成的各种在产品的成本,其明细账一般按成本计算对象设置,成本明细账中应按成本项目分设专栏或专行,登记该产品的各成本项目的月初在产品成本、本月发生的成本、本月完工产品成本和月末在产品成本。其格式及举例见表2.1、表2.2。

表2.1　基本生产成本明细账

车间名称:第一车间　　　　　　　　　20××年　　　　　　　　　产品名称:甲产品

月	日	摘　要	产量/件	直接材料/元	直接人工/元	制造费用/元	成本合计/元
7	31	本月生产费用		25 000	1 300	8 900	35 200
7	31	本月完工产品成本	100	25 000	1 300	8 900	35 200
7	31	完工产品单位成本		250	13	89	352

表2.2　基本生产成本明细账

车间名称:第一车间　　　　　　　　　20××年　　　　　　　　　产品名称:乙产品

月	日	摘　要	产量/件	直接材料/元	直接人工/元	制造费用/元	成本合计/元
7	1	月初在产品成本		46 000	3 800	23 000	72 800
7	31	本月生产费用		284 000	21 600	21 200	326 800
7	31	生产费用合计		330 000	25 400	44 200	399 600
7	31	本月完工产品成本	200	220 000	20 320	35 360	275 680
7	31	完工产品单位成本		1 100	101.60	176.80	1 378.40
7	31	月末在产品成本		110 000	5 080	8 840	123 920

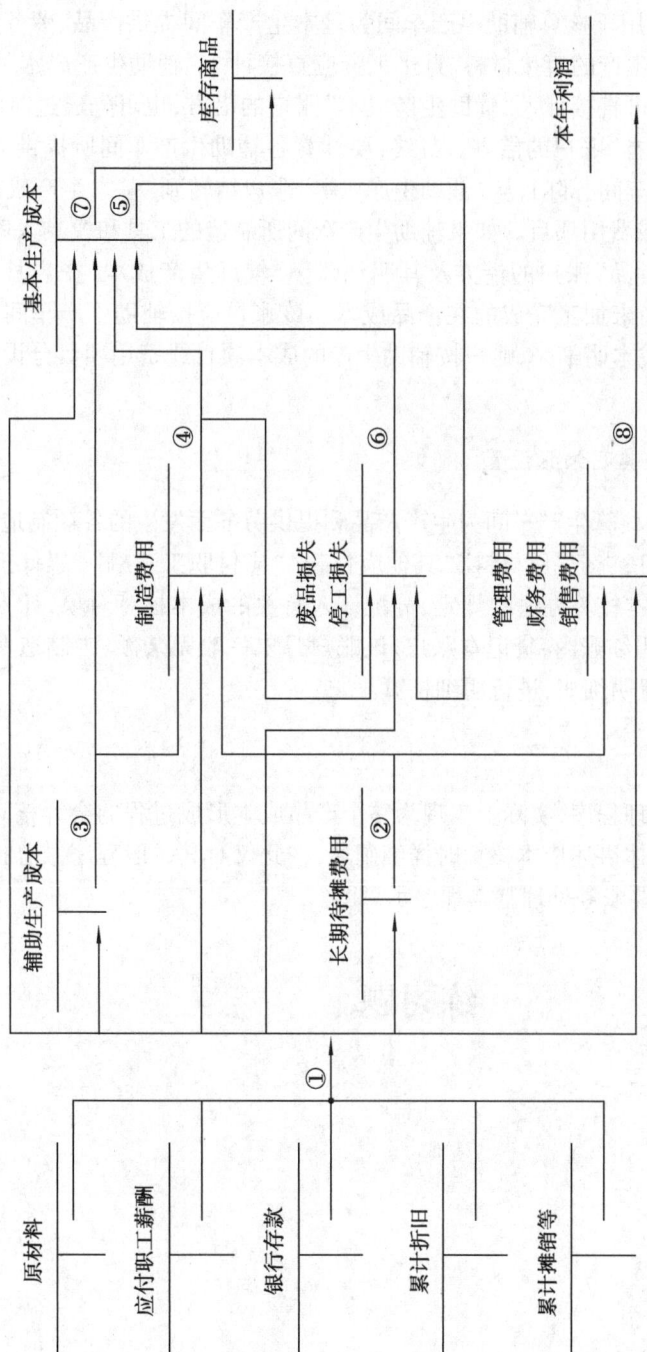

图2.1 产品成本核算主要账务处理基本程序图

说明：

①分配各项要素费用；　　　　　　　③分配辅助生产费用；　　　　　　　④分配制造费用；

②摊销长期待摊等费用；　　　　　　④分配辅助生产费用；　　　　　　　⑧将各项期间费用结转本年利润。

⑤结转不可修复废品生产成本；　　　⑥分配废品损失和停工损失；　　　　⑦结转完工产品成本；

2)"辅助生产成本"账户及其明细账设置

"辅助生产成本"账户用于核算辅助生产车间为基本生产车间提供产品、劳务所发生的各项生产费用。属于辅助生产的直接材料、直接工资应直接计入"辅助生产成本"账户的借方及其明细账。间接费用可直接计入"辅助生产成本"账户的借方,也可先通过"制造费用"账户,再转入"辅助生产成本"账户的借方。月终,要计算各辅助生产车间所提供劳务、产品成本,按耗用劳务、产品的车间、部门,从"辅助生产成本"账户结转到"基本生产成本""制造费用"等账户及其明细账或费用项目。如果辅助生产车间所制造的工具和模具入库,则要转入"周转材料——低值易耗品"账户的借方及其明细账。"辅助生产成本"账户月末一般没有余额,如有余额则表示尚未加工完成的在产品成本。该账户应按辅助生产车间和生产的产品、劳务分设辅助生产成本明细账,账户按辅助生产的成本项目或费用项目分设专栏或专行进行登记。

3)"制造费用"账户及其明细账设置

"制造费用"账户用于核算生产车间为生产产品和提供劳务而发生的各项制造费用。发生制造费用时,借记本科目,贷记"原材料""其他应付款""应付职工薪酬""累计折旧"等科目。制造费用应按企业成本核算办法的规定,分配计入有关的成本核算对象,计入"基本生产成本"账户的借方及其明细账内,贷记本账户,该账户月末一般无余额。"制造费用"账户应按不同的车间、部门设置明细账,进行明细核算。

4)账务处理程序

产品成本核算账户处理程序,实际上表现为整个产品成本形成过程的会计核算步骤,内容较广泛,因此,需要在具体讲述成本核算时详细阐述,在此仅对其一般程序做总括的介绍,图 2.1 是产品成本核算主要账务处理基本程序示意图。

练习题

一、名词解释

①产品成本。
②生产费用。
③产品成本核算。

二、思考题

①产品成本核算的要求有哪些?
②计算产品成本应正确划分哪些费用界限?
③计算产品成本应做好哪些基础工作?
④生产费用可以按照哪几种标准进行分类?

⑤简述产品成本核算的基本程序。

⑥产品成本核算应开设哪些主要账户？分别反映什么内容？

三、单项选择题

①为了正确计算产品成本,必须正确划分(　　)的费用界限。

    A.计入产品成本和不计入产品成本　　　B.待摊费用和预提费用

    C.管理费用和财务费用　　　　　　　　D.制造费用和期间费用

②为了保证按每个成本计算对象正确地归集应负担的费用,将发生的应由本期产品成本负担的生产费用,在(　　)。

    A.完工产品和在产品之间进行分配

    B.各种产品之间进行分配

    C.可比产品和不可比产品之间进行分配

    D.赢利产品和亏损产品之间进行分配

③正确计算产品成本,应该做好的基础工作是(　　)。

    A.正确划分各种费用界限　　　　　　　B.确定成本计算对象

    C.建立和健全原始记录工作　　　　　　D.各种费用的分配

④下列各项中属于生产费用要素的有(　　)。

    A.废品损失　　　B.工资和福利费　　　C.期间费用　　　D.外购材料

⑤下列各项中,属于产品成本项目的有(　　)。

    A.财务费用　　　B.燃料和动力　　　C.管理费用　　　D.税金

⑥下列应计入产品生产成本的费用是(　　)。

    A.宣传广告费　　　　　　　　　　　　B.租入固定资产的租赁费

    C.生产工人工资　　　　　　　　　　　D.利息支出

⑦下列不能计入产品成本的费用是(　　)。

    A.燃料和动力　　　　　　　　　　　　B.生产工人工资及福利费

    C.车间、分厂管理人员工资及福利费　　D.期间费用

⑧计入产品成本的费用是(　　)。

    A.管理费用

    B.财务费用

    C.销售费用

    D.直接用于产品生产的燃料和动力费用

⑨下列应计入产品成本的费用是(　　)。

    A.职工教育经费

    B.生产车间管理人员工资及福利费

    C.职工死亡丧葬补助费

    D.筹资支付给银行的手续费

⑩下列不应计入产品成本的费用是(　　)。

    A.直接用于产品生产构成产品实体的原材料

B.生产过程中发生的废品损失

C.生产车间固定资产的折旧费和修理费

D.专设销售机构人员的工资及福利费

⑪"基本生产成本"账户核算的内容是( )。

A.销售产品发生的广告费

B.工业产品、自制半成品等发生的各项费用

C.按规定支付的房产税、印花税等

D.企业的产品参加展销活动支付的费用

⑫不属于"基本生产成本"账户核算的内容是( )。

A.生产经营期间发生的汇兑损失

B.生产工人工资及福利费

C.直接用于产品生产的燃料和动力费用

D.企业生产单位(分厂、车间)发生的管理费用

四、多项选择题

①为了正确计算产品成本,必须正确划分( )的费用界限。

A.应计入产品成本和不应计入产品成本

B.待摊费用和预提费用

C.各个会计期间

D.可比产品和不可比产品

②为了正确计算产品成本,应该做好的基础工作是( )。

A.正确选择各种分配方法   B.定额的制订和修订

C.建立和健全原始记录   D.制订和修订厂内计划价格

③下列各项中,属于生产费用要素的有( )。

A.职工薪酬   B.其他支出   C.折旧费   D.利息支出

④下列各项中,不属于生产费用要素的有( )。

A.外购材料   B.管理费用

C.工资和福利费   D.制造费用

⑤下列各项中,属于产品成本项目的有( )。

A.直接材料   B.直接人工   C.制造费用   D.废品损失

⑥生产费用要素中的税金,包括( )。

A.增值税   B.房产税   C.所得税   D.车船使用税

⑦生产费用要素中的外购材料,包括为进行生产而耗用的一切从外部购进的( )。

A.原料及主要材料   B.辅助材料

C.产成品   D.燃料

⑧产品成本项目中的直接材料,包括直接用于产品生产的( )。

A.包装物   B.原料   C.主要材料   D.辅助材料

⑨要素费用中的外购材料费用,可以计入( )成本项目。

    A.直接材料   B.直接人工   C.废品损失   D.制造费用

⑩下列各项中,属于生产费用要素的工资有( )。

    A.工人工资   B.车间管理人员工资

    C.技术人员工资   D.学徒工资

五、填空题

①为了发挥成本核算的作用,对成本核算的要求是:_____;正确划分_____界限;正确确定财产物资的_____;做好各项_____工作;适应生产的特点和管理要求,采用适当的_____方法。

②正确计算产品成本,必须正确划分_____与_____的界限;正确划分_____的费用界限;正确划分各个_____的费用界限;正确划分_____与_____的费用界限。

③为了正确划分各个月份的费用界限,应该贯彻_____原则,正确核算_____费用和_____费用。

④生产经营费用按其经济内容分类,可分为_____方面费用、_____方面费用和_____方面费用三大类。

⑤生产经营费用要素有_____、_____、_____、_____、_____、_____、_____和_____。

⑥按照生产费用与生产工艺的关系分类,可分为_____和_____。

⑦按照生产费用与计入产品成本的方法分类,可分为_____和_____。

⑧某一时期内实际发生的产品生产费用,不是全部计入_____。

⑨某一时期内虽然未发生某些费用,但应计入_____。

⑩企业某一时期实际发生的费用总和,不一定等于该期_____的总和。

⑪“基本生产成本”是用来核算生产过程中的_____,并按_____归集。

⑫企业根据需要可以将“生产成本”科目分设为_____和_____两个科目。

⑬“制造费用”是用来核算企业为组织和管理生产而发生的各项_____。

⑭月末,如果既有完工产品又有在产品,应将该种_____的生产费用,在_____之间进行分配。

六、判断题

①为了正确地计算产品成本,应该正确地划分各个会计期间的费用界限。   ( )

②为了正确地计算产品成本,不仅应该而且要绝对正确地划分各种产品的费用界限。

                                          ( )

③为了正确地计算产品成本,应该正确地划分完工产品和在产品的费用界限。   ( )

④根据《企业会计准则》的规定,各项财产物资应当按取得时的实际成本计价。当物价变动时,可以调整其账面价值。   ( )

⑤生产要素是生产费用按其经济用途进行的分类。   （   ）

⑥生产费用要素是生产费用按其经济内容进行的分类。   （   ）

⑦产品成本项目是生产费用按其经济内容进行的分类。   （   ）

⑧产品成本项目是生产费用按其经济用途进行的分类。   （   ）

⑨销售费用包括因销售产品发生的运输费、包装费、广告费、展览费、坏账损失、绿化费、利息支出等。   （   ）

⑩企业某一会计期间实际发生的费用总和，一定等于该会计期间产品成本的总和。
                                                            （   ）

第 *3* 章 费用的归集与分配

[本章提示] 通过本章的学习,掌握生产费用在各种产品之间的归集与分配的基本程序和基本方法,包括要素费用的归集与分配、辅助生产费用的归集与分配、制造费用的归集与分配、生产损失的归集与分配。

[本章重点] 原材料费用的分配;辅助生产费用的分配;制造费用的分配。

[本章难点] 辅助生产费用的交互分配法;制造费用的年度计划分配率分配法。

3.1 要素费用的归集与分配

3.1.1 要素费用的归集与分配概述

为了正确计算产品成本,节约费用开支,降低成本,必须对各项生产费用支出进行核算和监督,并根据有关财经制度规定、费用开支标准和经批准的计划对其进行审查。对违反国家规定,不符合计划、不符合开支标准的支出,应当拒绝支付;对超出计划、预算、定额的支出,应及时向领导反映,以责成有关部门进行处理;对凭证不实、手续不合,或未经批准的各项支出,也应认真审核,严格按照规定的程序和审批手续进行控制。对领退料凭证、工资结算凭证,应按其经济用途进行归集与分配,定期整理有关凭证,编制各种费用分配表,将其中应该计入当月生产成本的生产费用计入各种产品成本中有关的成本项目。月末,如果产品部分完工、部分仍然未完工,还要将各项产品的生产费用在完工产品和在产品之间进行分配,以便计算完工产品的总成本和单位成本。各种生产费用的分配原则是直接费用直接计入有关成本费用,间接费用分配计入。间接费用的分配原理用下面的公式来表示:

费用分配率=待分配费用总额÷分配标准总额

某种产品或某分配对象应负担的费用=该产品或对象的分配标准×费用分配率

首先,对用于产品生产专门设有成本项目的费用,如构成产品实体的原材料费用、工艺用燃料费用和生产用的动力费用等应计入"基本生产成本"账户;对用于辅助生产的费用应计入"生产成本——辅助生产"账户;对于企业生产产品但没有专设成本项目的费用应计入"制造费用"账户;对于产品销售的费用、用于管理和组织生产经营活动的费用,以及用于筹集生产经营资金的费用,则应分别计入"销售费用""管理费用"和"财务费用"等账户进行核算。然后,按用途分配辅助生产费用、制造费用,将基本生产成本明细分类账归集的生产费用在完工产品和在产品之间分配,最后计算出完工产品成本;期间费用转入"本年利润"账户直接计入当期损益。

3.1.2　材料费用的分配

1)原材料费用的分配

(1)分配原则

企业生产经营过程中领用的各种库存材料,应根据审核后的领退料凭证,按照材料的用途归集。基本生产车间生产产品领用的材料,应计入各成本计算对象的产品成本明细账;辅助生产车间为提供产品或劳务领用的材料,应计入各辅助生产明细账;生产车间一般消耗领用的材料,应计入"制造费用"账户;行政管理部门领用的材料以及独立销售机构领用的材料,属于期间费用,应分别计入"管理费用"和"销售费用"账户。对应由几种产品共同耗用的原料及主要材料,如化工生产的多种产品所耗用的原材料费用,则应采用既合理又简便的分配方法,在各种产品之间加以分配,再计入各种产品成本。材料费用的分配标准很多,对于原料和主要材料的耗用量与产品的质量、体积有关的,原材料费用一般可以按产品的质量、体积分配;对于难以确定适当的分配方法,或者作为分配标准的资料不易取得,但原料和主要材料的消耗定额比较准确,可按照材料的定额消耗量和定额费用比例进行分配。

(2)原材料费用分配方法

①定额消耗量比例法。所谓消耗定额,是指单位产品可以消耗的数量限额;定额消耗量是指一定产量下按照消耗定额计算的可以消耗的数量。费用定额和定额费用,则是消耗定额和定额消耗量的货币表现。材料费用定额和材料定额费用,则是材料消耗定额和材料定额消耗量的货币表现;工资定额和定额工资,则是工时消耗定额(工时定额)和工时定额消耗量(定额工时)的货币表现。

原材料定额消耗量比例法分配材料费用的计算公式如下:

某种产品材料定额消耗量=该种产品实际产量×单位产品材料消耗定额

材料消耗量分配率=材料实际总消耗量÷各种产品材料定额消耗量之和

某种产品应分配的材料数量=该种产品的材料定额消耗量×材料消耗量分配率

某种产品分配的材料费用=该种产品应分配的材料数量×材料单价

定额消耗量比例法的计算程序是:首先,计算出某种产品材料定额消耗量;其次,计算单位材料定额消耗量应分摊的是材料实际消耗量;再次,计算出某种产品分摊的材料数量;最后,计算出某种产品应分配的材料费用。

【例3.1】　某企业生产甲、乙两种产品,共同耗用材料9 000千克,每千克1.44元,共计12 960元。生产甲产品1 800件,单件甲产品原材料消耗定额为3千克;生产乙产品1 200件,单件乙产品原材料消耗定额为1.5千克。原材料费用分配计算如下:

甲产品原料定额消耗量=1 800件×3千克/件=5 400千克

乙产品原料定额消耗量=1 200件×1.5千克/件=1 800千克

原材料消耗量分配率=9 000千克÷(5 400+1 800)千克=1.25

甲产品分配原材料数量＝5 400 千克×1.25＝6 750 千克

乙产品分配原材料数量＝1 800 千克×1.25＝2 250 千克

甲产品分配原材料费用＝6 750 千克×1.44 元/千克＝9 720 元

乙产品分配原材料费用＝2 250 千克×1.44 元/千克＝3 240 元

以定额消耗量比例法分配原材料费用的也可以直接按原材料定额消耗量分配。以［例 3.1］的资料为例计算如下：

原材料费用分配率＝12 960 元÷(5 400+1 800)千克＝1.8 元/千克

甲产品分配原材料费用＝5 400 千克×1.8 元/千克＝9 720 元

乙产品分配原材料费用＝1 800 千克×1.8 元/千克＝3 240 元

②定额费用比例法。在各种产品共同耗用原材料的种类较多的情况下，为了进一步简化分配计算工作，也可以按照各种材料的定额费用的比例分配材料实际费用。计算公式如下：

某种产品某种材料定额费用＝该种产品实际产量×单位产品该种材料费用定额

　　　　　　　　　　　　＝该种产品实际产量×单位产品该种材料消耗定额

　　　　　　　　　　　　×该种材料计划单价

材料费用分配率＝各种材料实际费用总额÷各种产品各种材料定额费用之和

某种产品负担的材料费用＝该种产品各种材料定额费用之和×材料费用分配率

【例 3.2】 以［例 3.1］的资料为例计算如下：

甲产品原材料定额费用＝5 400 千克×1.44 元/千克＝7 776 元

乙产品原材料定额费用＝1 800 千克×1.44 元/千克＝2 592 元

原材料费用分配率＝12 960 元÷(7 776+2 592)元＝1.25

甲产品分配原材料费用＝7 776 元×1.25＝9 720 元

乙产品分配原材料费用＝2 592 元×1.25＝3 240 元

(3)原材料费用分配表

在实际工作中，各种材料费用的分配是通过编制"材料费用分配表"进行的，材料费用分配表是按车间、部门和材料的类别，根据归类后的领退料凭证和其他有关资料编制的。材料费用分配表格式见表 3.1。

表 3.1　材料费用分配表

车间或部门　　　　　　　　　　　　　20××年×月

应借科目	直接计入金额/元	分配计入		材料费用合计/元
		定额消耗量/千克	分配金额(分配率1.8)	
基本生产成本——甲产品	2 280	5 400	9 720	12 000
基本生产成本——乙产品	1 110	1 800	3 240	4 350
小　计	3 390	7 200	12 960	16 350

续表

应借科目	直接计入金额/元	分配计入		材料费用合计/元
		定额消耗量/千克	分配金额（分配率1.8）	
辅助生产成本——供电	675			675
辅助生产成本——供水	975			975
小　计	1 650			1 650
制造费用	300			300
管理费用	300			300
销售费用	270			270
合　计	5 910		12 960	18 870

(4)原材料费用分配账务处理

根据"材料费用分配表"编制下列会计分录：

借：基本生产成本——甲产品　　　　　　　　　　　　　　　　12 000

　　　　　　　　——乙产品　　　　　　　　　　　　　　　　 4 350

　　辅助生产成本——供电　　　　　　　　　　　　　　　　　 675

　　　　　　　　——供水　　　　　　　　　　　　　　　　　 975

　　制造费用　　　　　　　　　　　　　　　　　　　　　　　 300

　　管理费用　　　　　　　　　　　　　　　　　　　　　　　 300

　　销售费用　　　　　　　　　　　　　　　　　　　　　　　 270

　　贷：原材料　　　　　　　　　　　　　　　　　　　　　　18 870

2)低值易耗品摊销

(1)低值易耗品核算的内容

低值易耗品是指不能作为固定资产的各种用具物品,如工具、管理用具、玻璃器皿以及在经营过程中周转使用的包装容器等。它可以分为以下几类：

①一般工具,是指生产中常用的工具,如刀具、量具、装配工具等。

②专用工具,是指专门用于制造某一特定产品,或在某一特定工序上使用工具,如专用模具等。

③替换设备,是指容易磨损或为制造不同产品需要替换使用的各种设备,如轧钢用的当钢辊。

④管理用具,是指在管理上使用的各种家具、办公用具等。

⑤劳动保护用品,是指为了安全生产而发给工人作为劳动保护用工作服、工作鞋和各种防护用品等。

⑥其他,是指不属于以上各类的低值易耗品。

低值易耗品从性质上看属于劳动资料,它可以多次参加周转而不改变其原有的实物形态。由于其价值较低,且容易损坏,在实际工作中,为了便于核算和管理,在会计上把它归为存货来进行管理核算。

(2)账户设置

为了反映和监督各种低值易耗品的收入、领用、摊销和结存等情况,企业应设置"周转材料——低值易耗品"账户,对低值易耗品进行总分类核算。该账户借方登记企业购入、自制、委托外单位加工完成验收入库,以及清查盘点盘盈等原因增加的低值易耗品的实际成本;贷方登记企业领用、摊销以及盘亏等原因减少的低值易耗品的实际成本;期末借方余额反映在库未用低值易耗品的成本。该账户应按低值易耗品的类别、品种规格进行数量和金额的明细分类核算。使用"五五摊销法"进行低值易耗品摊销的企业,还应设置"在库低值易耗品""在用低值易耗品""低值易耗品摊销"3个明细账户进行核算。

(3)账务处理

企业购入、自制、委托外单位加工完毕验收入库等增加的低值易耗品,可以参照材料收入的有关内容进行核算。这里主要介绍低值易耗品领用、摊销的账务处理,低值易耗品的摊销方法有一次摊销法和五五摊销法两种。

①一次摊销法,是指在领用低值易耗品时,将其全部价值一次计入成本、费用的摊销方法。这种方法比较简单,但费用负担不够均衡,主要用于一次领用数量不多、价值较低、使用期限较短或者容易破碎的低值易耗品的摊销。

【例3.3】　某企业辅助生产车间领用一般工具一批,成本为500元,一次计入成本。

借:辅助生产成本　　　　　　　　　　　　　　　　　　500
　　贷:周转材料——低值易耗品　　　　　　　　　　　　　　500

②五五摊销法,是指领用低值易耗品时,先摊销其价值的一半,报废时再摊销其余一半价值的方法。这种方法适用于低值易耗品按使用车间、部门进行数量和金额明细核算的企业。

领用时,按领用成本借记"周转材料——低值易耗品——在用"账户,贷记"周转材料——低值易耗品——在库"账户。同时按其领用价值的一半借有关费用账户,贷记"周转材料——低值易耗品——摊销"账户。报废时,按残值借记"原材料",贷记"周转材料——低值易耗品——在用",按报废低值易耗品成本的50%减去残值后的差额借记有关费用账户,贷记"周转材料——低值易耗品——摊销",按已摊销的价值注销在用低值易耗品,借记"周转材料——低值易耗品——摊销",贷记"周转材料——低值易耗品——在用"账户。

【例3.4】　某企业管理部门领用管理用具100件,单位成本100元,计10 000元。

(1)领用时

借:周转材料——低值易耗品——在用　　　　　　　　　10 000
　　贷:周转材料——低值易耗品——在库　　　　　　　　　　10 000

（2）摊销时

借：管理费用   5 000

  贷：周转材料——低值易耗品——摊销   5 000

再例：管理部门当月报废管理用具 5 件计 500 元，残值 50 元，残料入库。

借：原材料   50

  贷：周转材料——低值易耗品——在用   50

同时，本月低值易耗品摊销数 = 500 元 × 50% - 50 元 = 200 元

借：管理费用   200

  贷：周转材料——低值易耗品——摊销   200

注销报废在用管理用具的成本：

借：周转材料——低值易耗品——摊销   450

  贷：周转材料——低值易耗品——在用   450

3.1.3　外购动力费用的分配

外购动力有的直接用于产品生产，如生产工艺用电力；有的间接用于生产，如生产车间照明用电力；有的则用于经营管理，如行政管理部门照明用电力。因此，要进行动力费的分配。

1）外购动力费用分配方法

动力费用的分配，在有仪表记录的情况下，应根据仪表所表示耗用动力的数量以及动力的单价计算；在没有仪表的情况下，可按生产工时的比例、机器功率时数（机器功率乘以机器时数）的比例或定额消耗量的比例进行分配。各车间、部门的动力用电和照明用电一般都分别装有电表，因此，外购电力费用在各车间、部门的动力用电和照明用电之间，一般按用电度数分配；车间中的动力用电一般不能按产品分别安装电表，因而车间动力用电费在各种产品之间一般按产品的生产工时比例、机器工时比例、定额耗电量比例和其他比例进行分配。

【例 3.5】　某企业直接用于甲、乙两种产品生产的外购动力费共为 22 500 元，共计用电量为 50 000 千瓦·时，没有分产品安装电表，规定按生产工时比例分配。其中，生产工时为：甲产品 45 000 小时，乙产品 30 000 小时。基本车间照明用电、辅助生产部门、管理部门、销售部门用电均设有电表，根据电表记录它们的用电量，电费单价为 0.45 元/（千瓦·时）。动力费用分配如下：

动力费用分配率 = 22 500 元 ÷ 75 000 小时 = 0.3 元/小时

甲产品应分摊的电费 = 45 000 小时 × 0.3 元/小时 = 13 500 元

乙产品应分摊的电费 = 30 000 小时 × 0.3 元/小时 = 9 000 元

其他各单位应分摊电力费见动力费用分配表（见表 3.2）。

2）外购动力费用分配表的编制

表 3.2　动力费用分配表

应借科目	生产工时（分配率 0.3）	用电量（分配率 0.45）	金额/元
基本生产成本——甲产品	45 000		13 500
基本生产成本——乙产品	30 000		9 000
小　计	75 000	50 000	22 500
辅助生产成本——供电		5 000	2 250
辅助生产成本——供水		2 000	900
小　计		7 000	3 150
制造费用		7 500	3 375
管理费用		6 000	2 700
销售费用		2 000	900
合　计		72 500	32 625

3）外购动力费用分配账务处理

为了加强对能源的核算和控制，生产工业用动力一般与生产工艺用燃料合设一个成本项目。直接计入产品生产的动力费用应该单独计入产品成本的"燃料及动力"成本项目。如果按产品分别装有记录动力耗用量的仪表，应该根据仪表所示各种产品的耗用量和外购动力的单价，直接计入各种产品成本的这一成本项目；如果没有按产品安装这种仪表，也应按上述适当的分配方法，单独分配计入各该产品成本的这一成本项目。

当设有"燃料及动力"成本项目时，直接用于产品生产的动力费用，应单独计入"基本生产成本"账户，直接用于辅助生产的动力费用，计入"辅助生产成本"账户；但没有专设成本项目的用于基本生产的动力费用计入"制造费用"账户，用于组织和管理生产经营活动的动力费用计入"管理费用"账户。同时，根据外购动力费用的总额及有关凭证计入"应付账款"或"银行存款"等账户。根据外购动力分配表编制会计分录如下：

借：基本生产成本——甲产品　　　　　　　　　　　　13 500
　　　　　　　——乙产品　　　　　　　　　　　　9 000
　　辅助生产成本——供电　　　　　　　　　　　　2 250
　　　　　　　——供水　　　　　　　　　　　　　900
　　制造费用　　　　　　　　　　　　　　　　　　3 375
　　管理费用　　　　　　　　　　　　　　　　　　2 700
　　销售费用　　　　　　　　　　　　　　　　　　900
　　贷：应付账款　　　　　　　　　　　　　　　　32 625

3.1.4 职工薪酬的分配

根据《企业会计准则第 9 号——职工薪酬》的规定,职工薪酬是指企业为获得职工提供的服务而给予各种形式的报酬以及其他相关支出。

职工薪酬主要包括以下内容:

职工工资、奖金、津贴和补贴。如职工的基本工资、绩效工资、岗位津贴以及其他补贴等。

职工福利费,是指用于企业内设医院或医务室、职工浴室、理发室、托儿所等集体福利机构人员的工资、医务经费,职工因公负伤赴外地就医路费,职工生活困难补助以及按照国家规定开支的其他职工福利支出。

社会保险费,是指企业按照国务院、各地方政府或企业年金计划规定的基准和比例,向社会保险经办机构缴纳的医疗保险费、养老保险费(包括向社会保险经办机构缴纳的基本养老保险费和向企业的年金基金相关管理人缴纳的补养老保险费)、失业保险费、工伤保险费和生育保险费。

住房公积金,是指企业按照国务院《住房公积金管理条例》规定的基准和比例,向住房公积管理机构缴存的住房公积金。

工会经费和职工教育经费,是指企业为了改善职工文化生活、为职工学习先进技术和提高文化水平和业务素质,用于开展工会活动和职工教育及职业技能培训等相关支出。

非货币性福利,是指企业以自己的产品或外购商品发放给职工作为福利,提供给职工无偿使用自己拥有的资产或租赁资产(比如提供给企业高级管理人员使用的住房等),免费为职工提供诸如医疗保健的服务或向职工提供企业支付了一定补贴的商品或服务等。

因解除与职工的劳动关系给予的补偿,是指企业因分离办社会职能、改制分流安置富余人员、实施重组、职工不能胜任等原因,在职工劳动合同尚未到期之前解除与职工的劳动关系时给予职工的经济补偿。

其他与获得职工提供的服务相关的支出,是指除上述 7 种薪酬,比如企业提供给职工以权益形式结算的认股权、以现金形式结算但以权益工具公允价值为基础确定的现金股票增值权等。

1)工资及职工福利费的分配

(1)工资及职工福利费的分配方法

支付给职工的工资及职工福利费,应在月份终了,根据职工劳动服务的对象和部门以及发生工资及职工福利费的情况进行分配。其中生产人员、车间管理人员和技术人员的工资及职工福利费是产品成本的重要组成部分,生产人员的工资及职工福利费,应直接计入各种产品成本,即计入"基本生产成本"账户,其他各部门人员的工资及职工福利费分别计入"辅助生产成本""制造费用""管理费用""销售费用"等账户。

计入各种产品成本的生产人员工资及职工福利费用,在采用计件工资情况下,根据工资及福利费结算凭证,直接计入基本生产成本的各种成本计算对象中的"直接人工"成本项目;在计时工资形式下,如果只生产一种产品,生产人员工资及职工福利费则直接计入该种产品成本即可。如果生产多种产品,则应采用一定的分配标准分配计入各该种产品成本。其分配标准通常是按各种产品的生产工时(实际或定额)比例进行分配。计算公式如下:

工资(职工福利费)分配率=生产人员工资(职工福利费)总额÷各种产品生产工时(实际或定额)总数

某产品应分配的工资(职工福利费)=该种产品生产工时(实际或定额)×工资(职工福利费)分配率

【例3.6】 某企业生产甲、乙两种产品的生产工资为12 600元,职工福利费为1 764元,按生产工时比例进行分配,甲、乙产品的生产工时分别为10 800小时、7 200小时。甲、乙产品应分配的工资及职工福利费如下:

工资费用分配率=12 600元÷(10 800+7 200)小时=0.7元/小时

甲产品应分配的工资费用=10 800小时×0.7元/小时=7 560元

乙产品应分配的工资费用=7 200小时×0.7元/小时=5 040元

职工福利费分配率=1 764元÷(10 800+7 200)小时=0.098元/小时

甲产品应分配的职工福利费=10 800小时×0.098元/小时=1 058.40元

乙产品应分配的职工福利费=7 200小时×0.098元/小时=705.60元

(2)工资及职工福利费分配表

工资及职工福利费的分配,应编制工资及职工福利费分配表,其中生产人员工资应按生产车间分别进行分配。工资及职工福利费分配表见表3.3。

表3.3 工资及职工福利费分配表

应借科目	生产工人工资			工资及职工福利费		
	生产工时/小时	分配率	分配金额/元	工资/元	职工福利费/元(分配率0.098)	合计/元
基本生产成本——甲产品	10 800	0.7	7 560	7 560	1 058.40	8 618.40
基本生产成本——乙产品	7 200	0.7	5 040	5 040	705.60	5 745.60
小　计	18 000		12 600	12 600	1 764	14 364
辅助生产成本——供电				600	84	684
辅助生产成本——供水				300	42	342
小　计				900	126	1 026
制造费用				1 200	168	1 368
管理费用				1 800	252	2 052
销售费用				750	105	855
合　计				17 250	2 415	19 665

（3）工资及职工福利费分配账务处理

工资分配的账务处理如下：

借：基本生产成本——甲产品   7 560

          ——乙产品   5 040

    辅助生产成本——供电   600

          ——供水   300

    制造费用   1 200

    管理费用   1 800

    销售费用   750

    贷：应付职工薪酬——工资   17 250

职工福利费分配的账务处理如下：

借：基本生产成本——甲产品   1 058.40

          ——乙产品   705.60

    辅助生产成本——供电   84

          ——供水   42

    制造费用   168

    管理费用   252

    销售费用   105

    贷：应付职工薪酬——职工福利费   2 415

2）社会保险费的分配

社会保险费是指企业为职工交纳的医疗保险费、养老保险费、失业保险费、工伤保险费和生育保险费等保险费。社会保险费应在职工为企业提供服务的会计期间，按工资总额的一定比例计算，并根据职工劳动服务的对象和部门进行分配：生产、管理部门人员的社会保险费，分别借记"基本生产成本""辅助生产成本""制造费用""管理费用"等账户，贷记"应付职工薪酬——社会保险费"账户；单独设立销售机构人员的社会保险费，借记"销售费用"账户，贷记"应付职工薪酬——社会保险费"账户。

【例 3.7】 按表 3.3 工资总额的 32% 计提应付社会保险费的账务处理如下（实际工作中是分别按不同的比例来计提应付社会保险费）：

借：基本生产成本——甲产品   2 419.20

          ——乙产品   1 612.80

    辅助生产成本——供电   192

          ——供水   96

    制造费用   384

    管理费用   576

    销售费用   240

    贷：应付职工薪酬——社会保险费   5 520

3）住房公积金的分配

住房公积金是指企业为职工交纳的用于住房方面的资金。住房公积金应在职工为企业提供服务的会计期间,按工资总额的一定比例计算,并根据职工劳动服务的对象和部门进行分配:生产、管理部门人员的住房公积金,分别借记"基本生产成本""辅助生产成本""制造费用""管理费用"等账户,贷记"应付职工薪酬——住房公积金"账户;单独设立销售机构人员的住房公积金,借记"销售费用"账户,贷记"应付职工薪酬——住房公积金"账户。

【例3.8】 按表3.3工资总额的5%计提应付住房公积金的账务处理如下:

借:基本生产成本——甲产品	378
——乙产品	252
辅助生产成本——供电	30
——供水	15
制造费用	60
管理费用	90
销售费用	37.50
贷:应付职工薪酬——住房公积金	862.50

4)工会经费及职工教育经费的分配

工会经费及职工教育经费是指企业为职工交纳用于工会运作方面的经费和职工培训方面的经费。工会经费及职工教育经费应在职工为企业提供服务的会计期间,按工资总额的一定比例计算,并根据职工劳动服务的对象和部门进行分配:生产、管理部门人员的工会经费及职工教育经费,分别借记"基本生产成本""辅助生产成本""制造费用""管理费用"等账户,贷记"应付职工薪酬——工会经费""应付职工薪酬——职工教育经费"账户;单独设立销售机构人员的工会经费及职工教育经费,借记"销售费用"账户,贷记"应付职工薪酬——工会经费""应付职工薪酬——职工教育经费"账户。

【例3.9】 按表3.3工资总额的2%、1.5%计提应付工会经费及职工教育经费的账务处理如下:

借:基本生产成本——甲产品	264.60
——乙产品	176.40
辅助生产成本——供电	21
——供水	10.50
制造费用	42
管理费用	63
销售费用	26.25
贷:应付职工薪酬——工会经费	345
——职工教育经费	258.75

5)非货币性职工福利的分配

非货币性职工福利是指企业以自产产品或其他有形资产发给职工的一种福利。非货币性职工福利应当根据受益对象,按照该产品或资产的公允价值,计入产品成本或当前损益,同时确认应付职工薪酬。非货币性职工福利发生时,借记"基本生产成本""辅助生产成本""制造费用""管理费用""销售费用"等账户,贷记"应付职工薪酬——非货币性职工福利"账户。

3.1.5 固定资产折旧费用的分配

1）固定资产折旧计提表

工业企业的固定资产在长期的使用过程中，虽然保持着原有的实物形态，但其价值会随着固定资产损耗而逐渐减少。固定资产由于损耗而减少的价值就是固定资产的折旧。固定资产折旧应该计入产品成本和经营管理费用账户。进行折旧费用的核算时，先要计算折旧，然后分配折旧费用。

一种产品的生产往往需要使用多种机器设备，而每一种机器设备有可能生产多种产品。因此，机器设备的折旧费自然是直接用于产品生产的费用，但一般属于分配工作比较复杂的间接计入费用，为了简化产品生产成本计算工作，没有专门设立成本项目，而与间接用于产品生产的车间等生产单位的其他固定资产的折旧费用一起计入制造费用，作为制造费用一个项目。这就是说，折旧费用一般应按照固定资产使用的车间、部门分别计入"辅助生产成本""制造费用""管理费用"和"销售费用"等账户，按折旧总额计入"累计折旧"账户的贷方。在实际工作中折旧费用的分配是通过折旧费用分配表进行的，折旧费用分配表见表3.4。

表3.4 折旧费用分配表

20××年×月　　　　　　　　　　　　　　　　　　单位：元

项　目	基本生产车间	辅助生产车间		行政管理部门	专设销售机构	合　计
		供电	供水			
折旧费	15 000	1 800	300	4 500	1 500	23 100

2）固定资产折旧计提账务处理

借：制造费用　　　　　　　　　　　　　　　15 000
　　辅助生产成本——供电　　　　　　　　　　1 800
　　　　　　　　——供水　　　　　　　　　　　300
　　管理费用　　　　　　　　　　　　　　　　4 500
　　销售费用　　　　　　　　　　　　　　　　1 500
　　贷：累计折旧　　　　　　　　　　　　　　23 100

3）本期发生固定资产修理费用

【例3.10】　某企业固定资产修理费用的分配如下：基本生产车间6 000元，辅助生产供电车间810元，供水车间240元，行政管理部1 800元，专设销售机构600元，上述修理费用均以银行存款支付。

借：制造费用　　　　　　　　　　　　　　　6 000
　　辅助生产成本　　　　　　　　　　　　　　1 050
　　管理费用　　　　　　　　　　　　　　　　1 800
　　销售费用　　　　　　　　　　　　　　　　　600
　　贷：银行存款　　　　　　　　　　　　　　9 450

3.1.6 其他支出的分配

1)利息支出

利息支出是指企业使用的短期借款和长期借款等应付的利息。短期借款的利息每季季末结算一次;长期借款利息一般是每年结算一次应付利息,到期一次还本付息。按照权责发生制原则,采用预提利息支出的办法核算。预提时,计入"财务费用""在建工程"账户的借方,计入"应计利息""长期借款"账户的贷方;实际支付时,计入"应计利息""长期借款"账户的借方,计入"银行存款"等账户的贷方。

2)其他支出

其他支出是上述各项费用以外的其他费用支出,包括差旅费、邮电费、保险费、劳动保护费、运输费、办公费、水电费、技术转让费、业务招待费等。费用发生时,根据有关的付款凭证,按照费用的用途进行分类,分别计入"辅助生产成本""制造费用""管理费用""销售费用"账户的借方,计入"银行存款"账户的贷方。其他费用支出汇总表见表3.5。

表 3.5 其他费用支出汇总表

应借科目			金额/元
总账科目	明细科目	成本费用项目	
制造费用	基本生产车间	办公费	120
		劳保费	300
		其他费用	186
		小 计	606
辅助生产成本	供电车间	办公费	310
		水电费	280
		其他费用	203.50
		小 计	793.50
	供水车间	办公费	100
		水电费	95
		其他费用	55.50
		小 计	250.50
销售费用	专设销售机构	运输费	580
		广告费	1 900
		其他费用	200
		小 计	2 680
管理费用	行政管理部门	办公费	960
		水电费	350
		税金	2 600
		其他费用	570
		小 计	4 480
合 计			8 810

借:制造费用 606

   辅助生产成本——供电 793.50

           ——供水 250.50

   管理费用 4 480

   销售费用 2 680

   贷:银行存款 8 810

如果一次性预付的保险费或其他费用较大,可在费用支付时计入"预付账款"账户的借方,"银行存款"账户的贷方,然后按受益期限分月摊销计入各月成本、费用。摊销时,计入"制造费用""管理费用""销售费用"账户借方,计入"预付账款"账户的贷方。

【例 3.11】 某企业 20××年 4 月份开出转账支票,支付第二季度保险费 2 250 元,分 3 个月进行摊销。摊销的比例分别是:基本生产车间 50%,辅助生产车间 25%,行政管理部门 15%,专设销售机构 10%。

支付第二季度保险费时:

借:预付账款——某保险公司 2 250

   贷:银行存款 2 250

摊销四,五,六月份保险费时:

借:制造费用 375

   辅助生产成本——供电 97.50

           ——供水 90

   管理费用 112.50

   销售费用 75

   贷:预付账款——某保险公司 750

工业企业的各种要素费用通过以上所述的分配,已经按照费用的用途分别计入"基本生产成本""辅助生产成本""制造费用""销售费用""管理费用""财务费用""预付账款"等账户的借方进行归集。其中包括计入"基本生产成本"账户借方的费用,以及分别计入各有关产品成本明细账的"直接材料""直接人工"等成本项目。这就是说,在工业企业的成本核算中,已经进行了生产经营费用与非生产经营费用的划分,以及生产经营费用中产品生产费用与经营管理费用的划分,即确认了应计入产品成本的费用与不应计入产品成本的费用。

3.2 辅助生产费用的归集与分配

辅助生产是指为基本生产车间、企业行政管理部门等单位服务而进行的产品生产和劳务供应。有的只生产一种产品或提供一种劳务,如供电、供水、供气、运输等辅助生产;有的则生产多种产品或提供多种劳务,如同时进行工具、模具、修理用备件制造,以及机器设备的修理等辅助生产。辅助生产提供的产品和劳务有时也对外销售,但主要是为本企业服务。

辅助生产产品和劳务成本的高低影响着企业产品成本的水平,因此,正确、及时组织辅助生产费用的归集与分配,对节约费用、降低成本有重要的意义。

3.2.1 辅助生产费用的归集

辅助生产费用的归集是通过"辅助生产成本"账户进行的。一般应按车间以及产品和劳务的种类设置明细账,账内按照成本项目和费用项目设置专栏,进行明细核算。对直接用于辅助生产产品和提供劳务的费用,应计入"辅助生产成本"账户的借方;对于单设成本项目(制造费用中的项目)的辅助生产车间发生的其他费用,则计入"制造费用——辅助生产车间"账户的借方进行汇总,然后从"制造费用——辅助生产车间"账户的贷方,直接转入和分配转入"辅助生产成本"账户及其明细账的借方,计算辅助生产的产品和劳务的成本。辅助生产完工产品和劳务的成本,经过分配以后从"辅助生产成本"账户的贷方转出,期末如有余额则作为辅助生产的在产品成本。

有的企业辅助生产车间规模较小,发生的制造费用也较少,也不对外销售产品或者提供劳务,为了简化核算工作,辅助生产车间制造费用可以不单独设置"制造费用——辅助生产车间"明细账,而直接计入"辅助生产成本"账户的借方。这时,"辅助生产成本"明细账就按照成本项目与费用项目相结合设置专栏,而不按成本项目设置专栏,"辅助生产成本"明细账是根据前述各种费用分配表登记的。

辅助生产成本明细账格式见表3.6、表3.7。

表3.6 辅助生产成本明细账

车间名称:供电　　　　　　　　　　20××年×月　　　　　　　　　　单位:元

摘　要	材料	动力	工资及福利费	折旧费	修理费	保险费	其　他	合　计	转　出
材料费用分配表	675							675	
动力费用分配表		2 250						2 250	
工资及福利费分配表			684					684	
折旧费用分配表				1 800				1 800	
摊销保险费						97.50		97.50	
修理及其他支出					810		793.50	1 603.50	
辅助生产成本分配表									7 110
合　计	675	2 250	684	1 800	810	97.50	793.50	7 110	7 110

表 3.7 辅助生产成本明细账

车间名称:供水　　　　　　　　　　20××年×月　　　　　　　　　　单位:元

摘　要	材料	动力	工资及福利费	折旧费	修理费	保险费	其　他	合　计	转　出
材料费用分配表	975							975	
动力费用分配表		900						900	
工资及福利费分配表			342					342	
折旧费用分配表				300				300	
摊销保险费						90		90	
修理及其他支出					240		250.50	490.50	
辅助生产成本分配表									3 097.50
合　计	975	900	342	300	240	90	250.50	3 097.50	3 097.50

3.2.2 辅助生产费用的分配

已归集在"辅助生产成本"及其明细账借方的辅助生产费用,由于辅助生产车间所生产的产品和劳务种类不同,分配转出、转入的程序也不一样。所提供的产品,如工具、模具和修理用备件等产品成本,应在产品完工时从"辅助生产成本"账户的贷方分别转入"周转材料——低值易耗品"和"原材料"账户的借方;而提供的劳务作业,如水、电、气、修理和运输所发生的费用,则要在受益单位之间按照所耗数量和其他比例进行分配后,从"辅助生产成本"账户的贷方转入"制造费用""管理费用""销售费用"等账户的借方。辅助生产费用的分配是通过编制辅助生产费用分配表进行的。

辅助生产提供的产品和劳务,主要是为基本生产车间和行政管理等部门服务的。但在某些辅助生产车间之间,也有相互提供产品和劳务的情况。例如,供电车间为供水车间供电、供水车间为供电车间供水。这样,为了计算电力成本,需要确定水的成本;为了计算水的成本,需要确定电的成本。因此,为了正确计算辅助生产产品和劳务的成本,并且将辅助生产费用正确地计入基本生产成本,在分配给辅助生产费用时,还应该在各辅助生产之间进行费用的交互分配,这就是辅助生产费用分配的特点。辅助生产费用的分配,应通过辅助生产费用分配表进行。分配辅助生产费用的方法很多,主要有直接分配法、顺序分配法、交互分配法、代数分配法和计划成本分配法。

1) 直接分配法

①定义。直接分配法是指各辅助生产车间发生的费用,直接分配给除辅助生产车间以外的各受益单位、产品,而不考虑各辅助生产车间之间相互提供产品或劳务的情况。

②公式：

辅助生产费用分配率＝待分配辅助生产费用÷（辅助生产劳务总量－其他辅助生产劳务用量）

各受益部门应分配的辅助生产费用＝该部门受益数量×辅助生产费用分配率

③举例：

【例3.12】 某企业由供水和供电两个辅助生产车间，专为本企业基本生产车间和行政管理部门服务，供水车间本月发生费用为 3 097.50 元，供电车间本月发生费用为 7 110 元。各辅助生产车间产品和劳务供应表见表3.8。

表 3.8 各辅助生产车间产品和劳务供应表

受益单位	耗水/立方米	耗电/（千瓦·时）
基本生产车间——甲产品		10 300
基本生产车间	20 500	8 000
辅助生产车间——供电	10 000	
——供水		3 000
行政管理部门	8 000	1 200
专设销售机构	2 800	500
合 计	41 300	23 000

采用直接分配法的辅助生产费用分配表见表3.9。

表 3.9 辅助生产费用分配表
（直接分配法）

项 目		供水车间	供电车间	合 计
待分配辅助生产费用/元		3 097.50	7 110	10 207.50
供应辅助生产以外的劳务数量		31 300 立方米	20 000 千瓦·时	
分配率		0.099 元/立方米	0.355 5 元/（千瓦·时）	
甲产品	耗用数量		10 300 千瓦·时	
	分配金额/元		3 661.65	3 661.65
基本生产车间	耗用数量	20 500 立方米	8 000 千瓦·时	
	分配金额/元	2 029.50	2 844	4 873.50
行政管理部门	耗用数量	8 000 立方米	1 200 千瓦·时	
	分配金额/元	792	426.60	1 218.60
专设销售机构	耗用数量	2 800 立方米	500 千瓦·时	
	分配金额/元	276	177.75	453.75
合 计		3 097.50	7 110	10 207.50

水费分配率＝3 097.50 元÷(41 300－10 000)立方米＝0.099 元/立方米

基本生产车间应分配水费＝20 500 立方米×0.099 元/立方米＝2 029.50 元

行政管理部门应分配水费＝8 000 立方米×0.099 元/立方米＝792 元

专设销售机构应分配水费＝3 097.50 元－2 029.5 元－792 元＝276 元

电费分配率＝7 110 元÷(23 000－3 000)千瓦·时＝0.355 5 元/(千瓦·时)

甲产品应分配电费＝10 300 千瓦·时×0.355 5 元/(千瓦·时)＝3 661.65 元

基本生产车间应分配电费＝8 000 千瓦·时×0.355 5 元/(千瓦·时)＝2 844 元

行政管理部门应分配电费＝1 200 千瓦·时×0.355 5 元/(千瓦·时)＝426.50 元

专设销售机构应分配电费＝7 110 元－3 661.65 元－2 844 元－426.60 元＝177.75 元

根据辅助生产费用分配表编制下列会计分录：

借：基本生产成本 ——甲产品　　　　　　　　　　　　3 661.65

　　制造费用　　　　　　　　　　　　　　　　　　　4 873.50

　　管理费用　　　　　　　　　　　　　　　　　　　1 218.60

　　销售费用　　　　　　　　　　　　　　　　　　　453.75

　　贷：辅助生产成本 ——供水　　　　　　　　　　　3 097.50

　　　　　　　　　　　——供电　　　　　　　　　　　　7 110

采用直接分配法时，各辅助生产费用只是对外分配，计算工作简便。但当辅助生产车间相互提供产品和劳务量差异较大时，分配结果往往与实际不符，因此，这种分配方法只适宜在辅助生产内部相互提供产品或劳务不多、不进行费用的交互分配、对辅助生产成本和产品制造成本影响不大的情况下采用。

2)顺序分配法

①定义。顺序分配法是指各辅助生产车间按受益多少的顺序依次排列，受益少的排在前面先将费用分配出去，受益多的排在后边后将费用分配出去。

②公式：

受益少的辅助生产费用分配率＝受益少的待分配费用÷全部劳务量

受益多的辅助生产部门应分配受益少的辅助生产费用＝受益多的劳务量×分配率

受益多的辅助生产费用分配率＝受益多的待分配费用÷(全部劳务量－受益少劳务量)

③举例：

【例 3.13】 以上述资料为例，按顺序分配法编制的辅助生产费用分配表见表 3.10。

电费分配率＝7 110 元÷(3 000＋10 300＋8 000＋1 200＋500)千瓦·时＝0.309元/(千瓦·时)

供水部门应分摊电费＝3 000 千瓦·时×0.309 元/(千瓦·时)＝927 元

水费分配率＝(3 097.5＋927)元÷(20 500＋8 000＋2 800)立方米＝0.129 元/立方米

表 3.10 辅助生产费用分配表

（顺序分配法）

项目	辅助生产车间 供电车间 劳务量/(千瓦·时)	待分配费用/元	分配率/[元·(千瓦·时)⁻¹]	供水车间 劳务量/立方米	待分配费用/元	分配率/(元·立方米⁻¹)	基本生产车间 甲产品 耗用量	分配金额/元	一般耗用 耗用量	分配金额/元	行政管理部门 耗用量	分配金额/元	专设销售机构 耗用量	分配金额/元	分配金额合计/元
分配电费	23 000	7 110	0.309	41 300	3 097.50				10 300 千瓦·时	3 182.70	8 000 千瓦·时	2 472	1 200 千瓦·时	370.80	500 千瓦·时	157.50	10 207.50
	−23 000	−7 110		3 000	927											7 110
分配水费				31 300	4 024.50	0.129				20 500 立方米	2 644.50	8 000 立方米	1 032	2 800 立方米	348	4 024.50
分配金额合计								3 182.70		5 116.50		1 402.80		505.50	10 207.50

根据辅助生产费用分配表编制下列会计分录：

分配电费：

借：辅助生产成本——供水	927
基本生产成本——甲产品	3 182.70
制造费用	2 472
管理费用	370.80
销售费用	157.50
贷：辅助生产成本——供电	7 110

分配水费：

借：制造费用	2 644.50
管理费用	1 032
销售费用	348
贷：辅助生产成本——供水	4 024.50

顺序分配法也称梯形分配法。该种分配方法不进行交互分配，各辅助生产费用只分配一次，既分配给辅助生产以外的受益单位，又分配给排列在后面的其他辅助生产车间和部门，由于排列在前面的辅助生产车间不负担排列在后面的辅助生产车间的费用，因此分配结果的正确性受到一定的影响。这种分配方法只适宜在各辅助生产车间和部门之间相互受益程度有明显的顺序的情况下采用。

3）交互分配法

①定义。交互分配法是指对各辅助生产车间的成本费用进行两次分配。首先，根据各辅助生产车间相互提供的产品和劳务的数量和交互分配前的单位成本（费用分配率），在各辅助生产车间之间进行一次交互分配；然后，将各辅助生产车间交互分配后的实际费用（交互分配前的成本费用加上交互分配转入的成本费用，减去交互分配转出的费用），按提供产品或劳务的数量和交互分配后的单位成本（费用分配率），在辅助生产车间以外的各受益单位进行分配。

②公式：

交互分配率＝待分配的辅助生产费用÷劳务供应量

辅助生产车间之间相互分配的费用＝辅助生产车间受益数量×交互分配率

对外分配率＝（待分配的辅助生产费用＋交互分进来的费用－交互分出去的费用）÷对外提供劳务总量

对外部门应分配的辅助生产费用＝对外部门各单位受益劳务量×对外分配率

以上述资料为例，按交互分配法编制的辅助生产费用分配表见表3.11。

表 3.11 辅助生产费用分配表

（交互分配法）

项 目		供水车间			供电车间			合计/元
		数量/立方米	分配率/(元·立方米)⁻¹	分配金额/元	数量/(千瓦·时)	分配率/[元·(千瓦·时)⁻¹]	分配金额/元	
待分配辅助生产费用		41 300	0.075	3 097.50	23 000	0.309	7 110	10 207.50
交互分配	辅助生产(供水)			927	-3 000		-927	927
	辅助生产(供电)	-10 000		-750			750	750
对外分配辅助生产费用		31 300	0.105	3 274.50	20 000	0.346 65	6 933	10 207.50
对外分配	基本生产车间——甲产品				10 300		3 570.50	3 570.50
	基本生产车间	20 500		2 152.50	8 000		2 773.20	4 925.70
	行政管理部门	8 000		840	1 200		415.98	1 255.98
	专设销售机构	2 800		282	500		173.32	455.32
	合 计	31 300		3 274.50	20 000		6 933	10 207.50

交互分配率：

供水：3 097.50 元÷41 300 立方米＝0.075 元/立方米

供电：7 110 元÷23 000 千瓦·时＝0.309 元/(千瓦·时)

交互分配：

供水分配电费：3 000 千瓦·时×0.309 元/(千瓦·时)＝927 元

供电分配水费：10 000 立方米×0.075 元/立方米＝750 元

交互分配后的实际费用：

供水：3 097.50 元+927 元-750 元＝3 274.50 元

供电：7 110 元+750 元-927 元＝6 933 元

对外分配率：

供水：3 274.50 元÷31 300 立方米＝0.105 元/立方米

供电：6 933 元÷20 000 千瓦·时＝0.346 65 元/(千瓦·时)

对外分配：

甲产品应分配电费：10 300 千瓦·时×0.346 65 元/(千瓦·时)＝3 570.50 元

基本生产车间应分配电费：8 000 千瓦·时×0.346 65 元/(千瓦·时)＝2 773.20 元

基本生产车间应分配水费：20 500 立方米×0.105 元/立方米＝2 152.5 元

行政管理部门应分配电费：1 200 千瓦·时×0.346 65 元/(千瓦·时)＝415.98 元

行政管理部门应分配水费:8 000 立方米×0.105 元/立方米=840 元

专设销售部门应分配电费:6 933 元-3 570.50 元-2 773.20 元-415.98 元=173.32 元

专设销售部门应分配水费:3 274.5 元-2 152.5 元-840 元=282 元

根据辅助生产费用分配表编制下列会计分录:

交互分配:

借:辅助生产成本——供水	927	
——供电	750	
贷:辅助生产成本——供电		927
——供水		750

对外分配:

借:基本生产成本——甲产品	3 570.50	
制造费用	4 925.50	
管理费用	1 255.98	
销售费用	455.32	
贷:辅助生产成本——供水		3 274.50
——供电		6 933

采用交互分配法时,辅助生产内部相互提供产品和劳务全部进行了交互分配,从而提高了分配结果的正确性,各辅助生产费用要计算两个单位成本,进行两次分配,因此增加了计算工作量。在各辅助生产费用水平相差不大的情况下,为了简化计算工作,可利用上月的辅助生产单位成本作为本月交互分配的单位成本。

4)代数分配法

①定义。代数分配法是指应用代数中多元一次联立方程的原理在辅助生产车间之间相互提供产品和劳务情况下的一种辅助生产成本费用分配方法。采用这种分配法,首先,应根据各辅助生产车间相互提供产品和劳务的数量求解联立方程式,计算辅助生产产品或劳务的单位成本;然后,根据各受益单位(包括辅助生产内部和外部各单位)耗用产品和劳务的数量和单位成本,计算分配辅助生产费用。

②举例:

【例 3.14】 以上述资料为例。

假设:X=每立方米水的成本; Y=每千瓦·时电的成本。

建立方程式如下:

$3\ 097.5+3\ 000Y=41\ 300X$

$7\ 110+10\ 000X=23\ 000Y$

得出:$Y=0.351$

$X=0.101$

用代数分配法编制的辅助生产费用分配表见表 3.12。

表 3.12 辅助生产费用分配表

（代数分配法）

项目	分配率	计量单位	费用合计/元	辅助生产 供水 数量	金额/元	辅助生产 供电 数量	金额/元	基本生产 甲产品 数量	金额/元	基本生产 一般用 数量	金额/元	行政管理部门 数量	金额/元	专设销售机构 数量	金额/元
待分配辅助生产费用			10 207.50	41 300	3 097.50	23 000	7 110								
费用分配 供水车间	0.101	立方米	4 171.30			10 000	1 010			20 500	2 070.50	8 000	808	2 800	282.80
费用分配 供电车间	0.353	千瓦·时	8 119.10	3 000	1 059			10 300	3 635.90	8 000	2 824	1 200	423.60	500	176.50
费用分配 合 计			12 290.40		1 059		1 010		3 635.90		4 894.50		1 231.60		459.30

根据辅助生产费用表编制下列会计分录：

借:辅助生产成本——供电   1 010
          ——供水   1 059
  基本生产成本——甲产品   3 635.90
  制造费用   4 894.50
  管理费用   1 231.60
  销售费用   459.30
贷:辅助生产成本——供水   4 171.30
          ——供电   8 119.10

采用代数分配法时,其费用中的分配结果最准确。但在辅助生产车间较多的情况下,未知数较多,计算复杂,因此这种分配方法适合计算工作已经实现电算化的企业采用。

5) 计划成本分配法

①定义。计划成本分配法是指辅助生产车间生产的产品和劳务先按照计划单位成本计算,再分配辅助生产费用的方法。辅助生产对各单位包括其他辅助生产车间提供的产品和劳务,一律按产品和劳务的实际耗用量和计划单位成本进行分配;辅助生产车间实际发生的费用,包括辅助生产交互分配转入的费用和按计划成本分配转出的费用之间的差额,也就是辅助生产产品或劳务的成本差异,可以追加分配辅助生产以外的受益单位,为了简化工作,也可以全部计入"管理费用"账户。

②举例:

【例 3.15】 以上述资料为例。

供水车间每立方米水的计划成本为 0.09 元,供电车间每千瓦·时电的计划成本为 0.33 元,计划成本分配法编制的辅助生产费用分配表见表 3.13。

表 3.13 辅助生产费用分配表
(计划成本分配法)

项 目	供水车间		供电车间		合计/元
	计划单位成本 (0.09 元/立方米)		计划单位成本 [0.33 元/(千瓦·时)]		
	供应数量	分配金额/元	供应数量	分配金额/元	
辅助生产——供水 ——供电	10 000	900	3 000	990	990 900
基本生产——甲产品			10 300	3 399	3 399
基本生产车间	20 500	1 845	8 000	2 640	4 485
行政管理部门	8 000	720	1 200	396	1 116
专设销售机构	2 800	252	500	165	417
按计划成本分配	41 300	3 717	23 000	7 590	11 307
辅助生产实际成本		4 087.50		8 010	12 097.50
辅助生产成本差异		370.50		420	790.50

根据辅助生产费用分配表编制下列会计分录：

借:辅助生产成本——供水	990	
——供电	900	
基本生产成本——甲产品	3 399	
制造费用	4 485	
管理费用	1 116	
销售费用	417	
贷:辅助生产成本——供水		3 717
——供电		7 590
借:管理费用	790.50	
贷:辅助生产成本——供水		370.50
——供电		420

采用计划成本分配法时,由于辅助生产车间的产品和劳务的计划单位成本有现成资料,因此只要有各受益单位耗用辅助生产的产品和劳务量,便可进行分配,从而简化和加速了分配的计算工作;按照计划单位成本分配,排除了辅助生产实际费用的高低对各受益单位成本的影响,便于考核和分析各受益单位的经济责任。它能够反映辅助生产车间产品和劳务的实际成本脱离计划成本的差异。但是采用这种分配方法时,辅助生产产品或劳务的计划单位成本必须准确。

通过辅助生产费用的归集与分配,应计入本月产品成本的生产费用都已经归集在"基本生产成本"和"制造费用"两个总账账户和所属明细账的借方,其中计入"基本生产成本"总账账户的费用应在各产品成本明细账的本月发生额中按有关成本项目反映。

3.3 制造费用的归集与分配

企业在产品生产过程中,除了产品直接耗用各种材料费用、发生人工费用和其他费用外,还会发生各种制造费用等。为此要正确地核算制造费用,这与正确计算产品制造成本有关。

制造费用的内容比较复杂,为了减少费用项目,简化核算工作,制造费用的费用项目不按直接用于产品生产、间接用于产品生产以及用于组织、管理生产划分,而将这些方面相同性质的费用合并设立相同的费用项目,例如,将这些方面固定资产的折旧费合并设立一个"折旧费"项目,将生产工具和管理用具摊销合并设立"低值易耗品摊销"项目等。因此,制造费用的项目一般应包括:机物料消耗、工资及福利费、社会保险费、住房公积金、工会经费、职工教育经费、折旧费、修理费、租赁(不包括融资租赁)费、保险费、低值易耗品摊销、水电费、取暖费、运输费、劳动保护费、设计制图费、试验检验费、差旅费、办公费、在产品盘亏、毁损和报废(减盘盈),以及季节性及修理期间的停工损失等。

3.3.1　制造费用的归集

制造费用中大部分不是直接用于产品生产的费用,而是间接用于产品生产的费用,如机物料消耗、车间辅助人员的工资和福利费,以及车间厂房的折旧费等。有一部分直接用于产品生产,但管理上要求单独核算,也不专设成本项目的费用,应计入机器设备折旧费等。生产工艺用燃料和动力,如果不专设成本项目也不单独核算,应该包括在制造费用中。

制造费用的核算是通过"制造费用"总账账户进行汇集和分配的。按车间、部门设置明细账,账内按费用项目设置专栏和专行,分别反映各车间、部门各项制造费用的支出情况。制造费用发生时,根据有关付款凭证、转账凭证和各种费用分配表,计入"制造费用"账户的借方,并视具体情况,分别计入"原材料""应付职工薪酬""累计折旧""预付账款""银行存款"等账户的贷方;期末按照一定的标准进行分配时,从该账户的贷方转出,计入基本生产成本账户的借方。除季节性生产车间外,"制造费用"账户期末应无余额。应该指出的是,辅助生产车间发生的费用中,如果辅助生产的制造费用是通过"制造费用"项目单独核算的,则可以比照基本生产车间发生的费用核算;如果辅助生产的制造费用不通过"制造费用"账户单独核算,则应全部计入"辅助生产成本"账户及其明细账的有关成本和费用项目。

制造费用的归集是通过设置和登记制造费用明细账进行的。制造费用明细账见表3.14。

表 3.14　制造费用明细账

车间:基本生产车间　　　　　　　　　20××年×月　　　　　　　　　单位:元

摘　要	机物料消耗	外购动力	工资及福利费	折旧费	修理费	水电费	劳动保险费	劳动保护费	其他	合　计	转　出
付款凭证					6 000			300	306	6 606	
材料费用分配表	300									300	
动力费用分配表		3 375								3 375	
工资及福利费分配表			1 368							1 368	
摊销保险费							375			375	
折旧费用分配表				15 000						15 000	
辅助生产分配表						4 873.50				4 873.50	
制造费用分配表											31 897.50
合　计	300	3 375	1 368	15 000	6 000	4 873.50	375	300	306	31 897.50	31 897.50

3.3.2 制造费用的分配

在生产一种产品的车间中,制造费用是直接计入费用,应直接计入该种产品的成本。在生产多种产品的车间中,在各生产小组按产品品种分工的情况下,各小组本身发生的制造费用,也是直接计入费用,也应直接计入各该产品成本;各小组共同发生的制造费用,是间接计入费用,应采用适当的分配方法分配计入各种产品成本。在各小组按生产工艺分工的情况下,车间的全部制造费用都是间接计入费用,都应采用适当的分配方法,分配计入该车间各种产品的成本。

在企业的组织机构分为车间、分厂和总厂若干层次的情况下,分厂发生的制造费用,应比照车间发生的制造费用进行分配:在生产一种产品情况下,直接计入该种产品的成本;在生产多种产品情况下,采用适当的分配方法分配计入各分厂各种产品的成本。

分配制造费用的方法很多,通常采用的有生产工时比例法、生产工人工资比例法、机器工时比例法和年度计划分配率分配法等。

1) 生产工时比例法

生产工时比例法是按照各种产品所用生产工人工时的比例分配制造费用的一种方法。计算公式如下:

制造费用分配率=制造费用总额÷车间产品生产工时总数

某种产品应分摊的制造费用=该种产品生产工时×制造费用分配率

生产工时比例进行分配,可以是各种产品实际耗用的生产工时,也可以是定额工时。

【例3.16】 假定某基本生产车间甲产品生产工时为 12 000 小时,乙产品生产工时为 8 000 小时,计算分配如下:

制造费用分配率=31 897.5 元÷(12 000+8 000)小时=1.594 875 元/小时

甲产品应分摊的制造费用=12 000 小时×1.594 875 元/小时=19 138.50 元

乙产品应分摊的制造费用= 8 000 小时×1.594 875 元/小时=12 759 元

按生产工时比例法编制的制造费用分配表见表 3.15。

表 3.15 制造费用分配表

(生产工时比例法)

应借科目	生产工时/小时	分配率/(元·小时$^{-1}$)	分配金额/元
基本生产成本——甲产品	12 000		19 138.50
——乙产品	8 000		12 759
合　计	20 000	1.594 875	31 897.50

根据制造费用分配表编制下列会计分录:

借:基本生产成本——甲产品　　　　　　　　　　　　　　19 138.50

　　　　　　　——乙产品　　　　　　　　　　　　　　12 759

　　贷:制造费用　　　　　　　　　　　　　　　　　　　　31 897.50

按生产工时比例分配是较为常用的一种分配方法,它将劳动生产率的高低与产品负担费用的多少联系起来,分配结果比较合理。但是,必须正确组织好产品生产工时的记录和核算工作,以保证生产工时的正确、可靠。

2) 生产工人工资比例法

生产工人工资比例法是以各种产品的生产工人工资的比例分配制造费用的一种方法。计算公式如下:

制造费用分配=制造费用总额÷车间产品生产工人工资总额

该产品分配制造费用=该种产品生产工人工资×制造费用分配率

由于工资费用分配表中有现成的生产工人工资的资料,因此这种分配方法核算工作很简便。但是这种方法适用于各种产品生产机械化程度大致相同的车间,否则会影响费用分配的合理性。例如,机械化程度低的产品,所用工资费用多,分配的制造费用也多;反之,机械化程度高的产品,所用工资费用少,分配的制造费用也少,会出现不合理的情况。

3) 机器工时比例法

机器工时比例法是按照各种产品所有机器设备运转时间的比例分配制造费用的一种方法。这种方法适用于机械化程度较高的车间,因为在这种车间中,制造费用、修理费高低与机器运转的时间有密切的关系。但使用这种方法,必须正确组织各种产品所耗用机器工时的记录工作,以保证工时的准确性。该方法的计算程序、原理与生产工时比例法基本相同。

4) 年度计划分配率分配法

年度计划分配率分配方法是指不论各月实际发生的制造费用为多少,每月各种产品成本中的制造费用都按年度计划确定的计划分配率分配的一种方法。年度内如果发现全年制造费用的实际数和产品的实际产量与计划数发生较大的差额时,应及时调整计划分配率。公式如下:

年度计划分配率=年度制造费用计划总额÷年度各种产品计划产量的定额工时总数

某月某产品制造费用=该月该种产品实际产量定额工时数×年度计划分配率

【例3.17】 某车间全年制造费用计划82 500元,全年各种产品的计划产量为甲产品2 600件,乙产品2 250件;单件产品的工时定额为甲产品5小时,乙产品4小时。8月实际产量为甲产品240件,乙产品150件;本月实际发生的制造费用为7 350元。

甲产品年度计划产量的定额工时=2 600件×5小时/件=13 000小时

乙产品年度计划产量的定额工时=2 250件×4小时/件=9 000小时

制造费用年度计划分配率=82 500元÷(13 000+9 000)小时=3.75元/小时

甲产品本月实际产量的定额工时=240件×5小时/件=1 200小时

乙产品本月实际产量的定额工时=150件×4小时/件=600小时

该月甲产品制造费用=1 200小时×3.75元/小时=4 500元

该月乙产品制造费用=600小时×3.75元/小时=2 250元

该车间8月按计划分配率分配转出的制造费用为4 500元+2 250元=6 750元。

"制造费用"账户如果有年末余额,即全年制造费用的实际发生额与计划分配额的差额,一般应在年末调整计入12月的产品成本。实际发生额大于计划发生额时,借记"基本生产成本"账户,贷记"制造费用"账户;实际发生额小于计划发生额时,用红字冲减,或者借记"制造费用"账户,贷记"基本生产成本"账户。

这种分配方法核算工作简便,特别适用于季节性生产车间,因为它不受淡季和旺季产量相差悬殊的影响,从而不会使各月单位成本中制造费用忽高忽低,便于进行成本分析。但是,采用这种分配方法要求计划工作水平较高,否则会影响产品成本计算的正确性。

3.4 生产损失的归集与分配

3.4.1 废品损失的归集与分配

1)废品、废品损失的概念

工业企业生产中的废品是指不符合规定的技术标准,不能按照原定用途使用,或需要加工修理才能使用的在产品、半成品或产成品。废品按其废损程度和修复费用的经济性可分为可修复废品和不可修复废品。废品损失是指不可修复废品的生产成本扣除废品残值和应由过失人负担赔款后的净损失与可修复废品的修复费用之和。

2)"废品损失"账户设置

为了单独核算废品损失,会计账户中应增设"废品损失"账户,在成本项目中应增设"废品损失"项目。"废品损失"账户应按车间设立明细账,账内按产品品种分设专户,并按成本项目分设专栏或专行,进行明细核算。其借方归集不可修复废品的生产成本和可修复废品的修复费用,贷方归集废品残料的回收价值和应收的赔款等。其中不可修复废品的生产成本,应根据不可修复废品损失计算表,借记"废品损失"账户,贷记"基本生产成本"账户,可修复废品的修复费用,应根据前述各种费用分配表,借记"废品损失"科目,贷记"原材料""应付职工薪酬"和"制造费用"等账户。废品残料的回收价值和应收的赔款,应从"废品损失"账户的贷方转出。月末,"废品损失"账户借方发生额大于贷方发生额的差额就是废品净损失,应全部归由本月同种合格产品的成本负担。结转后,"废品损失"账户月末无余额。

3)不可修复废品损失的核算

不可修复废品损失的归集应先计算废品报废时已发生的废品生产成本,然后扣除回收的残料价值和应收赔偿款,算出废品净损失。其中,废品的生产成本可以按所耗实际费用计算,也可以按所耗定额费用计算。

(1)按废品所耗实际费用计算和分配废品损失

废品的生产费用与合格品的生产费用是在一起计算的,所以在采用该方法时,应采用适当的分配方法将总费用在合格品与废品之间进行分配,计算出废品的实际成本,从"基本生产成本"账户的贷方转入"废品损失"账户的借方。

在废品损失的归集与分配过程中，不可修复废品生产成本的计算是关键。不可修复废品生产成本通常是从该种产品实际生产费用中分别成本项目计算确定的。按成本项目分别计算不可修复废品实际成本公式如下：

废品应负担的直接材料费用＝某产品直接材料成本总额÷（合格品数量＋废品约当产量）×废品约当产量

废品应负担的直接人工费用＝某产品直接人工成本总额÷（合格品生产工时＋废品生产工时）×废品生产工时

废品应负担的制造费用＝某产品制造费用总额÷（合格品生产工时＋废品生产工时）×废品生产工时

废品成本＝应负担的直接材料费用＋应负担的直接人工费用＋应负担的制造费用

【例 3.18】　假定某工业企业某车间生产甲种产品 1 000 件，生产中发现其中 100 件为不可修复废品。该产品成本明细账中合格品和废品共同发生的生产费用为：直接材料 510 000 元，直接人工 228 000 元，制造费用 150 000 元，合计 888 000 元。原材料是在生产开始时一次投入的，原材料费用按合格品与废品的数量比例分配；其他费用按生产工时比例分配，生产工时为 10 000 小时，其中废品为 1 000 小时，废品是在生产的最终阶段发生的。

根据上述资料，应编制不可修复废品损失计算表，见表 3.16。

表 3.16　不可修复废品损失计算表
（按实际成本计算）

车间：×车间　　　　　　　　　　　20××年×月　　　　　　　　　　　产品：甲

项　目	数量/件	直接材料/元	生产工时	直接人工/元	制造费用/元	成本合计/元
生产费用	1 000	510 000	10 000	228 000	150 000	888 000
费用分配率		510		22.8	15	
废品生产成本	100	51 000	1 000	22 800	15 000	88 800
减：残料价值		2 000				2 000
废品损失		49 000		22 800	15 000	86 800

在上述不可修复废品损失计算表中，直接材料费用分配率是根据直接材料费用 510 000 元除以 1 000 件计算出来的；直接人工费用分配率与和制造费用分配率是根据直接人工和制造费用两项费用分别除以 10 000 小时计算出来的。该表中没有扣除应收赔款，各种废品损失称为废品报废损失；扣除赔款以后的废品损失称为废品净损失。

根据表 3.16，编制如下会计分录：

将废品生产成本从"基本生产成本"账户和所属明细账的贷方转出：

借：废品损失——甲产品　　　　　　　　　　　　　　　　　　　　　88 800
　　贷：基本生产成本——甲产品　　　　　　　　　　　　　　　　　　　　88 800

回收残料价值：

借：原材料　　　　　　　　　　　　　　　　　　　　　　　　　　　 2 000
　　贷：废品损失——甲产品　　　　　　　　　　　　　　　　　　　　　　 2 000

若应收过失人赔款 1 000 元:

借:其他应收款　　　　　　　　　　　　　　　　　1 000

　　贷:废品损失——甲产品　　　　　　　　　　　　　　　1 000

将废品损失分配计入各种合格品成本:

借:基本生产成本——甲产品　　　　　　　　　　　　85 800

　　贷:废品损失——甲产品　　　　　　　　　　　　　　　85 800

上述会计分录中第一项和第四项相比较,从"基本生产成本"账户和所属明细账的贷方转出废品的产成本 88 800 元,而转入"基本生产成本"账户和所属明细账的借方的废品损失只是85 800 元。这并不意味着产品成本由于发生废品而减少,因为减少的只是产品的总成本,单位成本由于发生废品,减少了合格品数量,因此增加了。

(2)按废品所耗定额费用计算和分配废品损失

这种方法在计算不可修复废品成本时,不考虑废品实际发生的生产费用,而是按废品的数量乘以各成本项目的费用定额就是不可修复废品的成本。

【例 3.19】 假定某工业企业某车间生产甲产品,完工后发现不可修复废品 20 件,按所消耗定额费用计算废品的生产成本。其原材料费用定额 200 元,已完成的定额工时共计 300 小时,单位定额成本:直接人工 2 元,制造费用 10 元。回收废料废品材料 500 元。

根据上述资料,编制不可修复废品损失计算表,见表 3.17。

按废品的定额费用计算废品的定额成本,计算工作比较简便,而且计入产品成本的废品损失额不受废品实际费用水平高低的影响,从而有利于废品损失和产品成本的分析和考核。但用这种方法计算和分配废品损失,必须具备比较准确的消耗定额和费用定额资料。

表 3.17　不可修复废品损失计算表

(按定额成本计算)

车间:×车间　　　　　　　　　　　产品:甲　　　　　　　　　废品数量:20 件

项　　目	直接材料/元	定额工时	直接人工/元	制造费用/元	成本合计/元
费用定额	200	300	2	10	
废品定额成本	4 000	300	600	3 000	7 600
减:残料价值	500				500
废品报废损失	3 500		600	3 000	7 100

4)可修复废品损失的核算

可修复废品返修前发生的生产费用不是废品损失,不必计算其生产成本,而应保留在"基本生产成本"账户和所属有关产品成本明细账中,无须转出。返修发生的各种费用,应根据前述各种费用分配表,计入"废品损失"账户的借方,其回收的残料价值和应收的赔款,应从"废品损失"账户的贷方,转入"原材料""其他应收款"账户的借方。废品修复费用减去残值和应收赔款后的废品净损失,也应从"废品损失"账户的贷方转入"基本生产成本"账户的借方及其所属明细账中的"废品损失"成本项目。

3.4.2 停工损失的归集与分配

1）停工损失概念

停工损失是指生产车间或车间内某个班组在停工期间内（非季节性停工期间）发生的各项费用，包括停工期间发生的原材料费用、工资及福利费和制造费用等。应由过失单位或保险公司负担的赔款，应从停工损失中扣除。为了简化核算，停工不满一个工作日的，一般不计算停工损失。

2）"停工损失"账户设置

为了单独核算停工损失，在会计账户中应增设"停工损失"账户，在成本项目中应增设"停工损失"项目。"停工损失"账户是为了归集与分配停工损失而设立的。该账户应按车间设立明细账，账内按成本项目分设专栏或专行，进行明细核算。企业发生停工时，应填列"停工报告单"，在报告单上写明停工的原因、时间和过失单位或个人等事项，经财会部门审核后的"停工报告单"才能作为登记"停工损失明细账"借方各项费用的依据，即借记"停工损失"账户，贷记"原材料""应付职工薪酬"和"制造费用"等账户。由于企业发生停工的时间有长有短，停工的原因多种多样，因此，对其发生的停工损失，应根据不同情况进行处理。

3）停工损失发生的几种情况及会计处理

①由非常灾害造成的停工损失和计划压缩产量而使主要生产车间连续停产一月以上的停工损失，则应借记"营业外支出"账户，贷记"停工损失"账户。

②对计划压缩产量而使主要生产车间连续停产不满一个月，而下个月准备连续停工的，其停工损失本月可以不予结转，留到下月根据实际情况进行结转。这里有两种情况：一种是上月和本月累计仍然不满规定期限的，应将全部停工损失借记"基本生产成本"账户，贷记"停工损失"账户；另一种是上月和本月累计已超过规定期限的，应将全部停工损失借记"营业外支出"账户，贷记"停工损失"账户。

③对于应计入产品成本的停工损失，如果停工的车间只生产一种产品，应直接计入该种产品生产成本明细账的"停工损失"成本项目；如果停工的车间生产多种产品，则应采用适用的分配方法（一般参照制造费用的分配方法），分配计入该车间各种产品明细账的"停工损失"成本项目。通过上述归集与分配，"停工损失"科目应无月末余额。

应指出的是，属于季节性停工的，在停工期间内发生的费用不作为停工损失进行核算，而在"制造费用"账户进行核算。

以上所述停工损失均指基本生产的停工损失。辅助生产由于规模不大，为了简化核算工作，都不单独核算停工损失。

至此，在单独核算废品损失和停工损失的企业中，已将应计入本月产品成本的生产费用归集在"基本生产成本"账户及所属各生产成本明细账的"直接材料""直接人工""制造费用""废品损失"和"停工损失"等成本项目中。

练习题

一、填空题

①各种要素费用发生后,对于直接用于产品生产、专设成本项目的费用,应单独计入_____总账科目。

②生产几种产品共同发生的费用,应采用_____分配方法,分配计入这几种产品成本明细账的有关_____。

③生产几种产品共同耗用的材料费用等,可以按照产品的材料的_____的比例,或者按照材料的_____的比例进行分配。

④动力费用的分配在没有分产品装置计量仪器的情况下,要按照一定的_____在各种产品之间进行分配以后,将直接用于产品生产的动力费用,计入各种产品明细账_____成本项目。

⑤直接生产产品的生产工人工资,应计入_____成本项目。

⑥支付给职工的工资总额,应按其_____和_____进行归集与分配。

⑦基本生产车间、辅助生产车间使用固定资产的折旧费,应计入_____账户;企业行政管理部门的折旧费,应计入_____账户。

⑧长期借款的利息支出,采用预提办法预提时,应计入_____、_____账户的借方,_____、_____账户的贷方。

⑨采用预提借款利息,实际支付短期借款利息时,应计入_____账户的借方,_____账户的贷方。

⑩辅助生产是为_____车间、企业_____等单位服务而进行的产品生产和劳务供应。

⑪采用交互分配法分配辅助生产费用时,应先根据各辅助生产车间相互提供的产品和劳务的数量和交互分配前的_____,在各辅助生产车间之间进行一次交互分配。

⑫采用计划成本分配法分配辅助生产费用时,应根据各辅助生产为各单位一律按提供产品或劳务的_____和_____成本进行分配。

⑬辅助生产费用的分配,通常采用的分配方法有:_____;_____;_____;_____;_____。

⑭企业在生产产品过程中,除了直接耗用各种材料费用、发生人工费用和其他直接费用外,还会发生各种_____,通过设置_____账户核算。

⑮"制造费用"总账科目应按_____、_____设置明细账,账内按照_____设专栏或专行。

⑯按年度计划分配率分配法,是按_____计划确定的_____分配的一种方法。

⑰废品损失包括在生产过程中发现的、入库后发生的各种废品的_____和_____。

⑱不可修复废品成本,可以按_____计算,也可以按_____计算。

二、判断题

①用于几种产品生产共同耗用的,构成产品实体的原材料费用,可以直接计入各种产品成本。　　　　　　　　　　　　　　　　　　　　　　　　　　　　　（　　）

②用于产品生产、照明、取暖的动力费用,应计入各种产品成本明细账的"燃料和动力"成本项目。　　　　　　　　　　　　　　　　　　　　　　　　　　　　　　（　　）

③生产人员、车间管理人员和技术人员的工资费用,是产品成本的重要组成部分,应该直接计入各种产品成本。　　　　　　　　　　　　　　　　　　　　　　　　　（　　）

④在采用计件工资形式下,如果是生产多种产品,则应采用一定的分配标准分配工资后再计入各种产品成本明细账的"直接人工"项目。　　　　　　　　　　　　　　　（　　）

⑤在采用计时工资情况下,只生产一种产品,生产人员工资费用直接计入该种产品成本。　　　　　　　　　　　　　　　　　　　　　　　　　　　　　　　　　（　　）

⑥固定资产折旧费是产品成本的组成部分,应该全部计入产品成本。　　　（　　）

⑦基本车间的固定资产的修理费是产品成本的组成部分,应与企业行政管理部门、专设销售机构固定资产修理费一起间接计入产品成本。　　　　　　　　　　　　　（　　）

⑧借款的利息费用不应该计入产品成本,应全部作为期间费用,计入"财务费用"账户。　　　　　　　　　　　　　　　　　　　　　　　　　　　　　　　　　　（　　）

⑨企业发生的其他费用支出,差旅费、邮电费、保险费、办公费、水电费、业务招待费等,应按照费用的用途进行归类,分别计入产品成本和期间费用。　　　　　　　（　　）

⑩辅助生产车间发生的各种生产费用都直接计入"辅助生产成本"账户。　（　　）

⑪所有生产车间发生的各种制造费用,一律通过"制造费用"账户核算。　（　　）

⑫采用直接分配法分配辅助生产费用时,应考虑各辅助生产车间之间相互提供产品或劳务的情况。　　　　　　　　　　　　　　　　　　　　　　　　　　　　　　（　　）

⑬采用顺序分配法分配辅助生产费用时,应将辅助生产车间之间相互提供劳务受益多的车间排在前面先分配出去,受益少的车间排在后面后分配出去。　　　　　　　（　　）

⑭采用代数分配法分配辅助生产费用时,应用代数中解联立方程的原理,直接分配各受益车间、部门应负担的费用,不需要计算辅助生产产品或劳务的单位成本。　　　　（　　）

⑮采用交互分配法分配辅助生产费用时,对外分配的辅助生产费用,应为交互分配前的费用加上交互分配时分配转入的费用。　　　　　　　　　　　　　　　　　　（　　）

⑯采用计划成本分配法分配辅助生产费用时,计算出的辅助生产车间实际发生的费用是完全的实际费用。　　　　　　　　　　　　　　　　　　　　　　　　　　　（　　）

⑰制造费用所采用的所有分配方法,分配转出后,"制造费用"账户期末都没有余额。　　　　　　　　　　　　　　　　　　　　　　　　　　　　　　　　　　　（　　）

⑱可修复废品是指经过修复可以使用,而且在经济上合算的废品。　　　（　　）

⑲废品损失是指废品的报废损失,即不可修复废品的生产成本扣除回收材料、废料残值后的净损失。　　　　　　　　　　　　　　　　　　　　　　　　　　　　　（　　）

三、单项选择题

①用于生产产品构成产品实体的原材料费用,应计入(　　　)。

　　A."基本生产成本"账户　　　　　　　B."制造费用"账户

　　C."废品损失"账户　　　　　　　　　D."销售费用"账户

②直接用于产品生产的燃料,应直接计入或者分配计入产品成本的账户是(　　　)。

　　A.制造费用　　　　　　　　　　　　B.管理费用

　　C.财务费用　　　　　　　　　　　　D.基本生产成本

③基本生产车间或辅助生产车间计提的固定资产折旧费,应借记(　　　)。

　　A."基本生产成本"账户　　　　　　　B."管理费用"账户

　　C."制造费用"账户　　　　　　　　　D."固定资产"账户

④企业行政管理部门计提的固定资产折旧费,应借记(　　　)。

　　A."累计折旧"账户　　　　　　　　　B."财务费用"账户

　　C."管理费用"账户　　　　　　　　　D."制造费用"账户

⑤企业为筹集资金而发生(支付)的手续费等,应借记(　　　)。

　　A."制造费用"账户　　　　　　　　　B."财务费用"账户

　　C."管理费用"账户　　　　　　　　　D."销售费用"账户

⑥生产费用要素中的税金,发生或支付时应借记(　　　)。

　　A."基本生产成本"账户　　　　　　　B."制造费用"账户

　　C."管理费用"账户　　　　　　　　　D."销售费用"账户

⑦预提利息费用时应计入(　　　)。

　　A."应计利息"账户的借方　　　　　　B."管理费用"账户的借方

　　C."财务费用"账户的借方　　　　　　D."销售费用"账户的借方

⑧辅助生产费用的交互分配法,一次交互分配时是在(　　　)。

　　A.各受益单位间进行分配

　　B.各受益的辅助生产车间之间进行分配

　　C.辅助生产以外受益单位之间进行分配

　　D.各受益的基本生产车间之间进行分配

⑨辅助生产费用交互分配后的实际费用,在(　　　)。

　　A.辅助生产以外的受益单位之间进行分配

　　B.各受益单位之间进行分配

　　C.各辅助生产之间进行分配

　　D.各受益的基本生产车间进行分配

⑩辅助生产各种分配方法中,能分清内部经济责任、有利于实行厂内经济核算的是(　　　)。

　　A.直接分配法　　　　　　　　　　　B.交互分配法

　　C.顺序分配法　　　　　　　　　　　D.计划成本分配法

⑪基本生产车间应付管理人员工资,应计入(　　)的借方。

 A."基本生产成本"账户   B."制造费用"账户

 C."应付职工薪酬"账户   D."管理费用"账户

⑫基本生产车间耗用的消耗材料,应计入(　　)的借方。

 A."制造费用"账户   B."基本生产成本"账户

 C."管理费用"账户   D."财务费用"账户

⑬适用于季节性生产的车间分配制造费用的方法是(　　)。

 A.生产工时比例法   B.生产工人工资比例法

 C.机器工时比例法   D.年度计划分配率分配法

⑭制造费用分配以后,"制造费用"账户一般应无余额,如有余额则是在(　　)。

 A.季节性生产的车间

 B.工时定额准确的产品

 C.机械化程度较高的车间

 D.各种产品生产机械化程度大致相同的车间

⑮期间费用核算内容不应包括(　　)。

 A.财务费用核算   B.管理费用核算

 C.销售费用核算   D.制造费用核算

⑯各种期间费用期末应直接(　　)。

 A.结转损益   B.计入生产成本

 C.计入营业外支出   D.计入其他业务成本

⑰生产过程中发现的和入库后发现的各种产品的废品损失应包括(　　)。

 A.不可修复废品报废损失   B.废品过失人员赔偿款

 C.实行"三包"损失   D.管理不善损坏变质损失

四、多项选择题

①生产经营过程中领用的材料,按照其用途进行归集,其中,生产产品耗用、生产车间耗用、企业行政管理部门耗用,应分别计入(　　)。

 A."基本生产成本"账户   B."制造费用"账户

 C."管理费用"账户   D."销售费用"账户

②材料费用的分配标准有(　　)。

 A.定额消耗量   B.定额费用

 C.产品体积   D.产品工时定额

③计入产品成本的各种材料费用,按照其用途分配,应计入(　　)的借方。

 A."管理费用"账户   B."主营业务成本"账户

 C."制造费用"账户   D."基本生产成本"账户

④计入产品成本的各种工资,按其用途应分别借记(　　)。

 A."销售费用"账户   B."基本生产成本"账户

C."制造费用"账户　　　　　　　　　　　D."管理费用"账户

⑤经过要素费用的分配,计入"基本生产成本"账户借方的费用已经分别计入各产品成本明细账的(　　)。

A.制造费用成本项目　　　　　　　　　　B.直接材料成本项目

C.直接人工项目　　　　　　　　　　　　D.成本费用类科目

⑥应计入产品成本的其他费用支出有(　　)。

A.劳动保护费　　　　　　　　　　　　　B.利息支出

C.邮电费　　　　　　　　　　　　　　　D.水电费

⑦辅助生产车间对各受益单位分配费用的方法有(　　)。

A.生产工资比例法　　　　　　　　　　　B.直接分配法

C.交互分配法　　　　　　　　　　　　　D.年度计划分配率分配法

⑧辅助生产车间不设"制造费用"账户核算是因为(　　)。

A.辅助生产车间规模较小、发生制造费用较少

B.辅助生产车间不对外销售产品

C.为了简化核算工作

D.没有必要

⑨制造费用是企业为生产产品和提供劳务而发生的各项间接费用,包括(　　)。

A.生产单位管理人员工资及福利费

B.生产单位固定资产折旧费

C.辅助生产车间无形资产摊销

D.基本生产车间的办公费

⑩制造费用的分配方法有(　　)。

A.计划成本分配法　　　　　　　　　　　B.直接分配法

C.生产工时比例法　　　　　　　　　　　D.机器工时比例法

⑪按年度计划分配率分配法分配制造费用后,"制造费用"账户月末(　　)。

A.有余额　　　B.无余额　　　C.有借方余额　　　D.有贷方余额

⑫废品损失应该包括(　　)。

A.不可修复废品的报废损失　　　　　　　B.可修复废品的修复费用

C.不合格品的降价损失　　　　　　　　　D.产品保管不善的损坏变质损失

⑬不可修复废品的成本,可以按(　　)。

A.废品所耗实际费用计算　　　　　　　　B.废品所耗定额费用计算

C.废品售价计算　　　　　　　　　　　　D.废品残值计算

⑭"废品损失"账户的借方应反映以下项目(　　)。

A.可修复废品成本　　　　　　　　　　　B.不可修复废品成本

C.可修复废品的工资费用　　　　　　　　D.可修复废品的动力费用

五、业务实训题

业务实训题 1

（1）业务实训资料：某企业生产甲、乙两种产品，耗用原材料费用共计 62 400 元。本月投产甲产品 220 件，乙产品 256 件。单件原材料消耗定额：甲产品 120 千克，乙产品 100 千克。

（2）要求：采用定额消耗量比例法分配甲、乙实际耗用原材料费用，并编制分配的会计分录。

业务实训题 2

（1）业务实训资料：某企业生产甲、乙、丙 3 种产品，本月共同耗用 A 种原材料 4 000 千克，每千克实际平均价格为 7.80 元，计 31 200 元，3 种产品消耗 A 材料的单位产品消耗定额分别为 2 千克、4 千克和 6 千克；本月 3 种产品投产量分别为 120 件、180 件和 240 件。

（2）要求：采用定额消耗量比例法分配甲、乙、丙产品应负担的 A 种原材料费用，并编制分配的会计分录。

业务实训题 3

（1）业务实训资料：某厂生产甲、乙、丙 3 种产品，本月产品生产工人工资为 495 000 元。3 种产品本月实际生产工时分别为 20 000 小时、30 000 小时和 60 000 小时。

（2）要求：采用生产工时比例法分配工资费用，并编制分配的会计分录。

业务实训题 4

（1）业务实训资料：企业有供水和供电两个辅助生产车间，主要为本企业基本生产车间和行政管理部门等提供劳务，供水车间本月发生费用为 2 065 元，供电车间本月发生费用为 4 740 元。各辅助生产车间供应的产品或劳务数量见表 3.18。

表 3.18 辅助生产车间供应产品或劳务数量表

20××年×月

受益单位	耗水/立方米	耗电/（千瓦·时）
基本生产——甲产品		10 300
基本生产车间	20 500	8 000
辅助生产车间——供电车间	10 000	
——供水车间		3 000
行政管理部门	8 000	1 200
专设销售机构	2 800	500
合　计	41 300	23 000

（2）要求：

①根据资料采用直接分配法编制辅助生产费用分配表，并编制相应的会计分录（见表 3.19）。

表 3.19　辅助生产费用分配表

（直接分配法）

20××年×月

项　目		供水车间	供电车间	合计/元
待分配生产费用/元				
供应辅助生产以外的劳务数量				
单位成本（分配率）				
基本生产——甲产品	耗用数量			
	分配金额			
基本生产车间	耗用数量			
	分配金额			
行政管理部门	耗用数量			
	分配金额			
专设销售机构	耗用数量			
	分配金额			
合　计				

②根据资料采用交互分配法编制辅助生产费用分配表,并编制相应会计分录(见表3.20)。

表 3.20　辅助生产费用分配表

（交互分配法）

20××年×月

项　目		供水车间			供电车间			合计/元
		数量/立方米	单位成本（分配率）	分配金额	数量/（千瓦·时）	单位成本（分配率）	分配金额	
待分配生产费用/元								
交互分配	辅助生产供水							
	辅助生产供电							
对外分配辅助生产费用								
对外分配	基本生产甲产品							
	基本生产车间							
	行政管理部门							
	专设销售机构							
合　计								

③根据资料,供水车间每立方米的计划单位成本为 0.06 元;供电车间每千瓦·时电的计划单位成本为 0.22 元,按计划成本分配法编制辅助生产费用分配表,并编制相应会计分录(见表 3.21)。

表 3.21　辅助生产费用分配表

(计划成本分配法)

20××年×月

项　目	供水车间		供电车间		合计/元
	计划单位成本 0.06 元		计划单位成本 0.22 元		
	供应数量/立方米	分配金额	供应数量/(千瓦·时)	分配金额	
辅助生产——供水					
——供电					
基本生产——甲产品					
基本生产车间					
行政管理部门					
专设销售机构					
按计划成本分配合计					
辅助生产实际成本					
辅助生产成本差异					

业务实训题 5

(1)业务实训资料:某企业某车间生产甲、乙两种产品。本月该车间发生的制造费用为 26 012 元,甲产品生产工时 1 200 小时,乙产品生产工时 1 600 小时。

(2)要求:采用生产工时比例法分配制造费用,并编制相应的会计分录。

业务实训题 6

(1)业务实训资料:车间全年制造费用计划 55 000 元,全年各种产品的计划产量为甲产品 2 600 件,乙产品 2 250 件;单件产品的工时定额为甲产品 5 小时,乙产品 4 小时。6 月份实际产量为甲产品 240 件,乙产品 150 件,本月实际发生制造费用 4 900 元。

(2)要求:采用年度计划分配率分配法分配制造费用,并编制相应的会计分录。

业务实训题 7

(1)业务实训资料:车间本月生产甲产品 400 件,其中:验收入库发现不可修复废品 10 件,合格品生产工时为 11 700 小时,废品工时为 300 小时,全部生产工时为 12 000 小时。甲产品成本计算单列合格品和废品的全部生产费用为:直接材料 20 000 元,燃料和动力 11 880 元,直接人工 12 120 元,制造费用 7 200 元,共计 51 200 元。废品残料回收价值 120 元,原材料是生产开工时一次投入的,原材料费用按合格品数量和废品数量的比例分配;其他费用按生产工时分配。

(2)要求:根据以上资料编制废品损失计算表,并编制相应的会计分录(见表 3.22)。

表 3.22　废品损失计算表

产品名称:甲产品　　　　　　　　　　20××年×月　　　　　　　　　　单位:元

项　目	数量/件	直接材料	生产工时	燃料与动力	直接人工	制造费用	合　计
生产费用							
费用分配率							
废品生产成本							
减:残料价值							
废品损失							

第 *4* 章 生产费用在完工产品和在产品之间的分配

[**本章提示**] 通过本章的学习，掌握生产费用在完工产品和在产品之间分配和归集的具体方法，以便掌握计算该种产品的完工产品成本和月末在产品成本的程序。

[**本章重点**] 用约当产量法将生产费用在完工产品和在产品之间分配。

[**本章难点**] 用约当产量法和定额比例法将生产费用在完工产品和在产品之间分配。

企业在生产过程中发生的生产费用，经过在各种产品之间进行归集与分配以后，应计入本月各种产品成本的生产费用，集中反映在基本生产成本以及所属各种产品成本明细账中，为了计算产品成本，还要加上月初在产品成本，然后将其在本月完工产品和期末在产品之间进行分配，计算出当月产成品成本。某种产品在月末没有在产品的情况下，计入各种产品成本的全部生产费用就是本月完工产品的成本；如果本月没有完工产品，计入该种产品的全部生产费用就是期末在产品成本；如果既有完工产品，又有在产品，那么需要采用适当的分配方法，将该种产品本月发生的生产费用加月初在产品的生产费用在本月完工产品和期末在产品之间进行分配，分别计算出完工产品成本和月末在产品成本。

月初在产品费用、本月生产费用、本月完工产品费用和月末在产品费用四者之间的关系，可以用下列公式表示：

月初在产品费用+本月生产费用=本月完工产品费用+月末在产品费用

月初在产品费用和本月生产费用之和，采用一定的方法在完工产品与月末在产品之间进行分配。完工产品和月末在产品分配费用的方法一般有两类：一类是先求出月末在产品费用，然后再计算完工产品费用；另一类是将月初在产品费用加上本月生产费用，采用一定的标准进行分配，同时计算出完工产品费用和月末在产品费用。无论采取哪一类分配方法，都必须正确组织在产品的数量核算，取得在产品收入、发出和结存数量资料，这是正确计算完工产品成本所必需的。

4.1 在产品数量的核算

4.1.1 在产品收发结存的日常核算

企业的在产品是指没有完成全部生产过程、不能作为商品销售的产品,包括正在车间加工中的在产品和需要继续加工的半成品、等待验收入库的产品、正在返修和等待返修的废品等。对外销售的自制半成品属于商品产品,虽已验收入库,但也不包括在在产品内。不可修复废品也不包括在在产品之内。以上在产品的划分是从广义上或者就整个企业来说的。从狭义上或者就某一车间或某一生产步骤来说,在产品只包括本车间和本步骤正在加工中的产品,完工的半成品不包括在内。

在产品数量的核算,应同时具备账面核算资料和实际盘点资料,做好在产品收发结存的日常核算工作和在产品的清算工作,既可以从账面上随时掌握在产品的动态,也可以查清在产品的实物数量。应该根据在产品实际盘存数量,计算在产品成本,但由于在产品品种多,数量大,每月都组织实施盘点确有困难,则可根据在产品业务核算资料的期末结存量来计算在产品成本。车间在产品收发结存的日常核算,通常是通过在产品收发结存账进行的,该账提供车间各种在产品收发结存动态的情况。它是根据领料凭证、在产品内部转移凭证、产品检验凭证和产品交库凭证及时登记在产品的收发结存账,最后由车间核算人员审核汇总。在产品收发结存账见表4.1。

表4.1 在产品收发结存账

车间名称:第二车间　　　　　　　　　　　　　　　　　　产品名称:A产品
零部件名称:2044　　　　　　　　　　　　　　　　　　　　　　单位:件

20××年		摘　要	收　入		转　出			结　存	
月	日		凭证号	数量	凭证号	合格品	废品	完工	未完工
2	1	上月结转							150
	10	车间投入	转1#	520					
	20	完工转出			收1#	450			
合　计				1 200		1 100	10	40	200

4.1.2 在产品清查的核算

在产品的管理和固定资产及其他存货一样,应该定期或不定期的进行清查,达到在产品账实相符,保护在产品的安全完整。清查结果要根据实际盘点数和账面资料编制在产品盘存表,列明在产品的账面数、实有数、盘盈及盘亏数,以及盘亏的原因和处理意见,对报废和毁损的在产品还要登记残值。成本核算人员应对在产品盘存表进行认真审核,并报有关部门批准,同时对该产品盘盈、盘亏进行账务处理。

在产品发生盘盈时,按计划成本或定额成本计入基本生产成本账户的借方,计入"待处理财产损溢——待处理流动资产损溢"账户的贷方;按照规定核销时,则计入"待处理财产损溢——待处理流动资产损溢"账户的借方,计入"制造费用"账户的贷方,冲减制造费用。该产品发生盘亏和毁损时,计入"待处理财产损溢——待处理流动资产损溢"账户的借方,计入"基本生产成本"账户的贷方,冲减在产品成本。

在产品的残值,计入"原材料""银行存款"等账户的借方,计入"待处理财产损溢——待处理流动资产损溢"账户的贷方,冲减损失。按规定核销时,应根据不同情况分别将损失从"待处理财产损溢——待处理流动资产损溢"账户的贷方转入有关账户的借方。其中,准予计入产品成本的损失,转入"制造费用"账户的借方;由自然灾害造成的非常损失,收到保险公司的保险赔款等部分,计入"银行存款"账户的借方,其余方面的损失计入"营业外支出"账户的借方;应由过失单位或者过失人员赔偿的计入"其他应收款"账户的借方,要求赔偿。为了正确归集和分配制造费用,在产品盘盈、盘亏的账务处理应该在制造费用结账之前进行。

对于库存半成品动态及其清查的核算,可以比照材料存货核算进行。辅助生产的在产品数量核算与基本生产基本相同。

4.2 生产费用在完工产品和月末在产品之间分配的方法

如何既合理又简便地在完工产品和月末在产品之间分配费用,是产品成本计算工作中又一个重要复杂的问题。这在产品结构复杂、零部件种类和加工工序较多的情况下更是如此。企业应该根据在产品数量的多少、各月在产品数量变化的大小、各项费用比重的大小,以及定额管理基础的好坏等具体条件,采用适当的分配方法。常见的分配方法有下列几种。

4.2.1 不计算在产品成本法

采用这种方法分配时,虽然有月末在产品,但不计算成本。这种方法适用于各月月末在产品数量很小的产品。从前列公式可以看出,如果各月月末在产品的数量很小,那么月初和月末费用就很小,月初在产品费用与月末在产品费用的差额更小,各月在产品费用对完工产品费用的影响很小。因此,为了简化产品成本计算工作,可以不计算在产品成本。这就是说,这种产品每月发生的生产费用,全部由该种完工产品负担,其每月生产费用之和也就是每月完工产品成本。例如,煤炭工业的采煤由于工作量面小,在产品数量很少,就可以不计算月末在产品成本。

4.2.2 在产品按固定成本计价法

采用这种分配方法,各月末在产品的成本固定不变。这种方法适用于各月末在产品数量较小,或者在产品数量虽大但各月之间变化不大的产品。这是因为,如果月末的在产品数量不是很小或者较大,仍然不计算在产品成本,会使产品成本核算反映的在产品资金占用不实,不利于资金管理;这些在产品不计价入账,成为账外资产,还会影响对这些财产进行会计监督。对于月末在产品数量较小的产品来说,由于月末和月初在产品费用较小,月初在产品费用与月末在产品费用的差额很小,各月在产品费用的差额对完工产品费用影响不大;对月末在产品数量较大的产品来说,月初和月末在产品费用虽然较大,但由于各月末在产品数量变化大,月初在产品费用与月末在产品费用的差额仍然不大,各月在产品费用的差额对于完工产品适用的影响仍然不大。因此,为了简化成本计算工作,上述两种产品的每月在产品成本都可以固定不变。

采用这种分配方法的产品,每月发生的生产费用之和仍然是每月该种完工产品成本。但在年末,应该根据实际盘点的在产品数量,具体计算在产品成本,据以计算 12 月份产品成本,并将算出的年末在产品成本作为下一年度各月固定的该产品在产品成本。

4.2.3 在产品按所耗原材料费用计价法

这种方法适用于各月末在产品数量较大,各月末在产品数量变化也较大,同时原材料费用在成本中所占比重较大的产品。例如,造纸、酿酒等行业的产品,原材料费用占产品成本比重较大。采用这种方法时,月末在产品成本只计算耗用的原材料费用,不计算所耗用的工资及福利费等加工费用,产品的加工费用全部计入完工产品成本。某种产品的全部成本费用减去月末在产品原材料费用,就是完工产品成本。

【例4.1】 某企业生产甲产品,该产品原材料费用在产品成本中所占比重较大,在产品只计算原材料费用。甲产品月初的原材料费用为 5 475 元,本月发生原材料费用 31 800 元,直接人工等加工费用 1 650 元, 完工产品 900 件,月末在产品 100 件。该种产品的原材料费用是在生产开始时一次投入的,原材料费用按完工产品和在产品的数量比例分配。

分配计算如下:

原材料费用分配率 =(5 475+31 800)元÷(900+100)件 = 37.275 元/件

完工产品原材料费用 = 900 件×37.275 元/件 = 33 547.50 元

在产品原材料费用 = 100 件×37.275 元/件 = 3 727.50 元

完工产品成本 = 33 547.50 元+1 650 元 = 35 197.50 元

4.2.4 约当产量比例法

1)约当产量与约当产量比例法

约当产量是指将月末在产品数量按照完工程度折算成为相当于完工产品的产量。按照完工产品产量与在产品的约当产量的比例分配计算完工产品费用和月末在产品费用的分配方法叫作约当产量比例法。

2)公式

在产品约当产量 = 在产品数量×完工百分率(完工率)

$$某项费用分配率=\frac{该项费用总额}{完工产品产量+在产品约当产量}$$

完工产品该项费用=完工产品数量×费用分配率

或 $\begin{cases} 在产品该项费用=在产品约当产量×费用分配率 \\ 在产品该项费用=费用总额-完工产品该项费用 \end{cases}$

3）在产品完工程度的测定

企业的产品生产按工艺特点可以分为单工序与多工序,按原材料的投料程度可以分为一次投料与逐步投料,这样采用约当产量比例法必须正确计算在产品的约当产量,而在产品约当产量正确与否,主要取决于在产品完工程度的测定是否正确,这对于费用分配正确与否有着决定性的影响。

（1）各工序完工率平均计算

各工序在产品完工程度一律按50%计算,这是在各工序在产品数量和单位产品在各工序的加工量都相差不多的情况下,后面各工序在产品多加工的程度可以抵补前面各工序少加工的程度。这样,全部在产品完工程度均可按50%平均计算。

（2）分别测定各工序完工率

按照各工序的累计工时定额占完工产品工时定额的比率计算,其中每一工序各件在产品的完工程度可以按平均完工50%计算。每一工序是指在产品所在工序按50%计算,因为该工序中各件在产品完工程度不同,为了简化完工率测算工作,在本工序一律按平均完工率的50%计算。在产品从上一道工序转入下道工序时,因上道工序已经完工,所以前面各工序的工时定额按100%计算。计算公式如下:

$$某工序在产品完工率=\frac{前面各工序工时定额之和+本工序工时定额×50\%}{产品工时定额}×100\%$$

某工序在产品约当产量=某工序完工率×某工序在产品数量

【例4.2】 某企业生产甲产品经过三道工序制成。月初加本月发生的费用为:直接材料16 000元,直接人工7 980元,制造费用8 512元;假定甲产品本月完工200件,第一工序在产品20件,第二工序在产品40件,第三工序在产品60件;甲产品单位工时定额为20小时,第一道工序定额为4小时,第二道工序定额为8小时,第三道工序定额为8小时,各道工序在产品加工程度均为50%。计算本月完工产品成月末在产品成本。

各工序完工率计算如下:

$$第一工序完工率=\frac{4小时×50\%}{20小时}×100\%=10\%$$

$$第二工序完工率=\frac{4小时+8小时×50\%}{20小时}×100\%=40\%$$

$$第三工序完工率=\frac{4小时+8小时+8小时×50\%}{20小时}×100\%=80\%$$

约当产量计算如下:

第一工序约当产量=20件×10%=2件

第二工序约当产量=40件×40%=16件

第三工序约当产量＝60 件×80%＝48 件

约当总量＝200 件+2 件+16 件+48 件＝266 件

$$直接材料分配率＝\frac{16\ 000\ 元}{200\ 件+120\ 件}＝50\ 元/件$$

完工产品直接材料＝200 件×50 元/件＝10 000 元

月末在产品直接材料＝120 件×50 元/件＝6 000 元

$$直接人工分配率＝\frac{7\ 980\ 元}{200\ 件+66\ 件}＝30\ 元/件$$

完工产品直接人工＝200 件×30 元/件＝6 000 元

月末在产品直接人工＝66 件×30 元/件＝1 980 元

$$制造费用分配率＝\frac{8\ 512\ 元}{200\ 件+66\ 件}＝32\ 元/件$$

完工产品制造费用＝200 件×32 元/件＝6 400 元

月末在产品制造费用＝66 件×32 元/件＝2 112 元

完工产品成本＝10 000 元+6 000 元+6 400 元＝22 400 元

月末在产品成本＝6 000 元+1 980 元+2 112 元＝10 092 元

（3）原材料在开始生产时一次投入

原材料如果是在生产开始时一次投入的,那么分配原材料费用时,一件在产品相当于一件完工产品的耗料量,需按在产品与产成品数量之和进行分配原材料费用;其他加工费用的分配,由于单件完工产品与不同完工程度的在产品所发生的加工费不相等,因此完工产品与月末在产品的各项加工费用,应按照约当产量比例分配计算,而不能按它们的数量比例分配计算。

【例4.3】　某企业生产乙产品,本月完工 750 件,月末在产品 150 件,在产品完工程度 60%;月初在产品和直接材料共计 45 000 元,直接人工等加工费用为 21 000 元。原材料是在生产开始时一次投入的,原材料费用按照完工产品和月末在产品数量比例分配,工资及福利费等加工费用按完工产品数量和月末在产品约当产量比例分配。计算如下:

月末在产品约当产量＝150 件×60%＝90 件

$$直接材料分配率＝\frac{45\ 000\ 元}{750\ 件+150\ 件}＝50\ 元/件$$

完工产品直接材料＝750 件×50 元/件＝37 500 元

在产品直接材料＝150 件×50 元/件＝7 500 元

$$直接人工分配率＝\frac{21\ 000\ 元}{750\ 件+90\ 件}＝25\ 元/件$$

完工产品直接人工＝750 件×25 元/件＝18 750 元

在产品直接人工＝90 件×25 元/件＝2 250 元

完工产品成本＝37 500 元+18 750 元＝56 250 元

月末在产品成本＝7 500 元+2 250 元＝9 750 元

（4）原材料不是在生产开始时一次投入,而且原材料投入程度与加工程度不一致

如果生产产品的原材料不是在生产开始时一次投入,也不是随着加工程度陆续投入,即

原材料投入程度与加工程度和生产工时投入程度不一致,在这种情况下,分配原材料费用的分配率应按每一工序的原材料消耗定额计算。

某工序在产品材料完工率(材料投料程度)=

$$\frac{以前各工序材料消耗定额之和+本工序材料消耗定额×50\%}{单位完工产品材料消耗定额}×100\%$$

某工序在产品约当量=该工序在产品数量×该工序在产品材料完工率(投料程度)

【例4.4】 某企业生产丙产品由两道工序组成,原材料不是在生产开始时一次投入,而是分次投入,即投入程度与加工程度和生产工时投入程度不一致。其各工序原材料消定额为:第一工序70千克,第二工序40千克,共为110千克。其完工率应计算如下:

$$第一工序材料完工率=\frac{70\ 千克×50\%}{110\ 千克}×100\%=31.82\%$$

$$第二工序在产品材料完工率=\frac{70\ 千克+40\ 千克×50\%}{110\ 千克}×100\%=81.82\%$$

以上完工率分别乘以各该工序的在产品数量,即可算出作为原材料费用分配标准的约当产量。

(5)原材料不是在生产开始时一次投入,而是分工序一次投入

如果生产产品时,原材料不是在生产开始时一次投入,而是分工序一次投入,即在每道工序开始时一次投入本工序所耗原材料,那么计算公式为:

某工序在产品材料完工率(投料程度)=

$$\frac{以前各工序材料消耗定额+本工序材料消耗定额}{单位完工产品材料消耗定额}×100\%$$

某工序在产品约当量=该工序在产品数量×该工序在产品材料完工率(投料程度)

【例4.5】 某企业生产丁产品由两道工序组成,原材料分别在两道工序开始时一次投入,两道工序的月末在产品数量为:第一工序350件,第二工序180件;完工产品570件;月初在产品和本月发生的直接材料共为775 000元。每道工序的原材料消耗定额为:第一工序25千克,第二工序15千克,合计40千克。分别计算月末产成品和在产品负担的直接材料。

每道工序完工率计算如下:

$$第一工序完工率=\frac{25\ 千克}{40\ 千克}×100\%=62.5\%$$

$$第二工序完工率=\frac{(25+15)\ 千克}{40\ 千克}×100\%=100\%$$

每道工序月末在产品约当产量计算如下:

第一工序在产品约当产量=350件×62.5%=218.75件

第二工序在产品约当产量=180件×100%=180件

在产品约当产量总量=218.75件+180件=398.75件

直接材料分配如下:

$$直接材料分配率=\frac{775\ 000\ 元}{570\ 件+398.75\ 件}=800\ 元/件$$

完工产品直接材料=570件×800元/件=456 000元

月末在产品直接材料 = 398.75 件 × 800 元/件 = 319 000 元

约当产量法适用于月末在产品数量较大、各月末在产品数量变化也较大、产品成本中直接材料和直接人工等加工费用比重相差不多的产品。

4.2.5　在产品成本按完工产品成本计算法

在产品成本按完工产品成本计算法适用于月末在产品已经接近完工，或者产品已加工完毕但尚未验收和包装入库的产品。为了简化核算工作，将月末在产品视同完工产品分配费用。

【例 4.6】　某产品月初在产品费用和本月发生生产费用合计数为：直接材料 38 400 元，直接人工 8 400 元，制造费用 9 600 元。完工产品 750 件，月末在产品 250 件，已接近完工，采用月末在产品成本按完工产品成本计算。分配结果见表 4.2。

表 4.2　在产品成本按完工产品成本计算法

成本项目	生产费用合计/元	分配率/(元·件⁻¹)	完工产品		月末在产品	
			数量/件	金额/元	数量/件	金额/元
直接材料	38 400	38.40	750	28 800	250	9 600
直接人工	8 400	8.40	750	6 300	250	2 100
制造费用	9 600	9.60	750	7 200	250	2 400
合　计	56 400			42 300		14 100

直接材料分配率 = 38 400 元÷(750+250)件 = 38.40 元/件
直接人工分配率 = 8 400 元÷(750+250)件 = 8.40 元/件
制造费用分配率 = 9 600 元÷(750+250)件 = 9.60 元/件

上述各项费用分配率，应根据各该费用的累计数除以完工产品数量与月末在产品数量之和计算；以各项费用分配率分别乘以完工产品数量和月末在产品数量，即为各该费用的完工产品费用和月末在产品费用。

4.2.6　在产品按定额成本计价法

在产品按定额成本计价法是按照预先制订的定额成本计算月末在产品成本，即月末在产品成本按其数量和单位定额成本计算。某种产品发生的全部费用（月初在产品费用加本月生产费用），减去月末在产品的定额成本，其余额作为完工产品成本。这种方法适用于各项消耗定额和费用定额比较准确、稳定，且在产品数量变化不大的产品。

采用这种方法，应根据各种在产品有关定额资料，以及在产品月末结存数量，计算各月末在产品的定额成本。

【例 4.7】　假定甲、乙产品的月末在产品采用定额成本计价方法。甲产品单件原材料费用定额为 40 元（原材料在开始生产时一次投入），在产品工时定额为 30 小时；乙产品单件原材料费用定额为 32 元，在产品工时定额为 20 小时。其他有关资料及月末在产品定额成本的计算见表4.3。

表 4.3　月末在产品定额成本计算表

产品名称	在产品数量/件	直接材料定额/元	定额工时	直接人工（单位工时定额0.85元）	制造费用（单位工时定额1.00元）	定额成本合计/元
甲产品	12	480	360	306	360	1 146
乙产品	14	448	280	238	280	966
合　计		928	640	544	640	2 112

采用这种方法,月末在产品定额成本与实际成本之间的差异(脱离定额差异),全部由完工产品负担不合理。因此,只有在符合上述条件下采用这种方法,才能既准确又简便地解决完工产品与在产品之间分配费用的问题,否则会影响产品成本计算的正确性。

4.2.7　定额比例法

定额比例法是一种产品生产费用按照完工产品和月末在产品的定额消耗量或定额费用的比例,分别计算完工产品成本和月末在产品成本的方法。其中,原材料费用按照原材料定额消耗量或原材料定额费用比例分配;直接人工、制造费用等各项加工费,可按定额工时比例分配。

$$费用分配率 = \frac{月初在产品费用 + 本月生产费用}{完工产品定额原材料费用或定额工时 + 在产品定额原材料费用或定额工时}$$

完工产品原材料费用＝完工产品原材料定额费用×原材料费用分配率

月末在产品原材料费用＝月末在产品原材料定额费用×原材料费用分配率

完工产品某项加工费用＝完工产品定额工时×该项费用分配率

月末在产品某项加工费用＝月末在产品定额工时×该项费用分配率

【例4.8】　某产品月初在产品费用为:直接材料1 400元;直接人工600元;制造费用400元。本月费用:直接材料8 200元、直接人工3 000元;制造费用2 000元。完工产品4 000件,原材料定额费用8 000元;定额工时5 000小时。月末在产品1 000件,原材料定额费用2 000元;定额工时1 000小时。各项费用分配计算结果见表4.4。

表 4.4　各项费用分配计算结果表

成本项目	月初在产品费用/元	本月费用/元	生产费用合计/元	分配率	完工产品费用		月末在产品费用	
					定额	实际/元	定额	实际/元
直接材料	1 400	8 200	9 600	0.96	8 000 元	7 680	2 000 元	1 920
直接人工	600	3 000	3 600	0.6	5 000 小时	3 000	1 000 小时	600
制造费用	400	2 000	2 400	0.4		2 000		400
合　计	2 400	13 200	15 600			12 680		2 920

注:"直接人工"的定额行登记为工时数。

$$直接材料分配率=\frac{1\ 400\ 元+8\ 200\ 元}{8\ 000\ 元+2\ 000\ 元}=0.96$$

$$直接人工分配率=\frac{600\ 元+3\ 000\ 元}{5\ 000\ 小时+1\ 000\ 小时}=0.6\ 元/小时$$

$$制造费用分配率=\frac{400\ 元+2\ 000\ 元}{5\ 000\ 小时+1\ 000\ 小时}=0.4\ 元/小时$$

上述公式计算分配费用,必须取得完工产品和月末在产品的定额消耗量和定额费用资料。完工产品和月末在产品的原材料、工时定额消耗量,是根据完工产品和月末在产品的实际数量乘以单件原材料、工时消耗定额计算求得的。完工产品和月末在产品的定额费用,是根据完工产品和月末在产品的原材料、工时消耗定额,乘以原材料计划单价和单位小时计划工资、费用计算求得的。采用这种方法时,若在产品的种类和生产工序繁多,核算工作量繁重,为了简化成本计算工作,月末在产品的定额数据也可以采用倒挤的方法计算。公式为:

月末在产品定额原材料费用或定额工时＝月初在产品定额原材料费用或定额工时＋本月投入的定额原材料费用或定额工时－本月完工产品定额原材料费用或定额工时

公式中的月初在产品定额原材料费用或定额工时,即上月末在产品定额原材料费用或定额工时;完工产品定额原材料费用或定额工时,应根据完工产品数量乘以原材料费用定额或工时定额计算;本月投入的定额原材料费用或定额工时,应根据本月限额领料单所列定额原材料费用等数据计算。对于投入的定额工时,应根据有关的原始记录计算。按照上列倒挤方法计算月末在产品定额数据,虽然可以简化计算工作,但在发生在产品盘盈、盘亏的情况下,求得的成本资料不能如实反映产品成本的水平。在确定了月初在产品的定额原材料费用和定额工时,以及本月投入的定额原材料费用和定额工时数据的情况下,可以采用下述公式分配生产费用:

$$费用分配率=\frac{月初在产品费用+本月生产费用}{月初在产品定额原材料费用或定额工时+本月定额原材料费用或定额工时}$$

完工产品原材料费用＝完工产品原材料定额费用×原材料费用分配率

月末在产品原材料费用＝月末在产品原材料定额费用×原材料费用分配率

完工产品某项加工费用＝完工产品定额工时×该项费用分配率

月末在产品某项加工费用＝月末在产品定额工时×该项费用分配率

【例4.9】 以上述资料为例,某产品月初在产品定额直接材料1 500元;定额工时1 500小时。本月投入生产定额直接材料8 500元;定额工时4 500小时。本月实际发生的费用和完工产品定额资料同前例。各项费用分配计算结果见表4.5。

表4.5 各项费用分配计算结果表

成本项目	月初在产品		本月投入		合 计		分配率	完工产品		月末在产品	
	定 额	实际/元	定 额	实际/元	定 额	实际/元		定 额	实际/元	定 额	实际/元
直接材料	1 500 元	1 400	8 500 元	8 200	10 000 元	9 600	0.96	8 000 元	7 680	2 000 元	1 920

续表

成本项目	月初在产品		本月投入		合　　计		分配率	完工产品		月末在产品	
	定　额	实际/元	定　额	实际/元	定　额	实际/元		定　额	实际/元	定　额	实际/元
直接人工工时	1 500小时	600	4 500小时	3 000	6 000小时	3 600	0.6	5 000小时	3 000	1 000小时	600
制造费用		400		2 000		2 400	0.4		2 000		400
合　　计		2 400		13 200		15 600			12 680		2 920

注："直接人工"的定额行登记为工时数。

月末在产品原材料定额费用：1 500 元+8 500 元-8 000 元=2 000 元

月末在产品定额工时：1 500 小时+4 500 小时-5 000 小时=1 000 小时

$$直接材料分配率=\frac{1\ 400\ 元+8\ 200\ 元}{1\ 500\ 元+8\ 500\ 元}=0.96$$

$$直接人工分配率=\frac{600\ 元+3\ 000\ 元}{1\ 500\ 小时+4\ 500\ 小时}=0.6\ 元/小时$$

$$制造费用分配率=\frac{400\ 元+2\ 000\ 元}{6\ 000\ 小时}=0.4\ 元/小时$$

采用定额比例法分配完工产品与月末在产品费用，不仅分配结果比较合理，而且还便于将实际费用与定额费用相比较、分析和考核定额的执行情况。但是，在月初消耗定额和费用定额降低时，如果月末在产品定额费用是采用前述倒挤的简化方法计算，那么，月初在产品定额费用应按新的定额重新计算。否则，本月定额费用和本月完工产品定额费用应按降低后的定额计算，月初在产品应降低而未降低的定额费用，全部计入月末在产品定额费用中，会使月末在产品定额费用剧增，从而使月末在产品所分配的实际费用虚增，影响完工产品与月末在产品之间费用分配的合理性。这种方法适用于各项消耗定额和费用定额比较准确、稳定，而且各月在产品数量变化较大的产品。

4.3　完工产品成本的计算及结转

生产费用在各种产品之间，以及在同种产品的完工产品与月末在产品之间分配以后，分别计算出各种产品的总成本和单位成本。

以上述甲、乙产品为例，将产品成本明细账中归集的生产费用采用在产品按定额成本计价分配计入月末完工产品成本和月末在产品成本，月初月末在产品定额成本资料见［例 4.7］，最终求得甲、乙产品的月末完工产品成本和月末在产品成本。

工业企业生产产品发生的各项生产费用在各种产品之间进行分配,在此基础上又在同种产品的完工产品和月末在产品之间进行了分配,计算出各种完工产品的成本,据以反映和监督各种产品的成本计划完成情况。

例如,根据上述资料甲、乙产品的产品成本明细账(见表4.6、表4.7),汇总编制产成品成本汇总表(见表4.8)。

表4.6 产品成本明细账

车间:基本生产车间

产品名称:甲产品   20××年×月   产量:180件

成本项目		直接材料/元	直接人工/元	制造费用/元	合计/元
月初在产品成本		540	336.20	380	1 256.20
本月生产费用		12 000	8 618.40	19 138.50	39 756.90
生产费用合计		12 540	8 954.60	19 518.50	41 013.10
月末在产品成本		480	306	360	1 146
完工产品	总成本	12 060	8 648.60	19 158.50	39 867.10
	单位成本	67	48.05	106.44	221.49

表4.7 产品成本明细账

车间:基本生产车间

产品名称:乙产品   20××年×月   产量:120件

成本项目		直接材料/元	直接人工/元	制造费用/元	合计/元
月初在产品成本		560	331.60	400	1 291.60
本月生产费用		4 350	5 745.60	12 759	22 854.60
生产费用合计		4 910	6 077.20	13 159	24 146.20
月末在产品成本		448	238	280	966
完工产品	总成本	4 462	5 839.20	12 879	23 180.20
	单位成本	37.18	48.66	107.33	193.17

表4.8 产成品成本汇总表

20××年×月

产品名称	产量/件	成 本	直接材料/元	直接人工/元	制造费用/元	合计/元
甲产品	180	总成本	12 060	8 648.60	19 158.50	39 867.10
		单位成本	67	48.05	106.44	221.49
乙产品	120	总成本	4 462	5 839.20	12 879	23 180.20
		单位成本	37.18	48.66	107.33	193.17
合 计			16 522	14 487.80	32 037.50	63 047.30

根据产成品成本明细账和产成品成本汇总表资料,将完工产品成本从基本生产成本账户的贷方,转入有关账户的借方,其中,完工入库产成品的成本,应转入"库存商品"账户的借方;完工自制材料、工具、模具等的成本,应分别转入"原材料""周转材料——低值易耗品"账户的借方。基本生产成本账户的借方余额,就是基本生产期末在产品的成本,也就是占用在基本生产过程中的生产资金。工业企业的完工产品,包括产成品、自制材料、工具和模具等入库的账务处理如下:

借:库存商品——甲产品　　　　　　　　　　　　　39 867.10
　　　　　　——乙产品　　　　　　　　　　　　　23 180.20
　贷:基本生产成本——甲产品　　　　　　　　　　　　　39 867.10
　　　　　　　　　——乙产品　　　　　　　　　　　　　23 180.20

练习题

一、填空题

①月初在产品费用+本月生产费用=_____+_____。

②本月完工产品费用=_____费用+_____费用-_____费用。

③在月末计算产品成本时,如果某种产品已经全部完工,该种产品成本明细账中归集的生产费用之和,就是该种_____的成本;如果某种产品全部未完工,该种产品成本明细账中归集的生产费用之和,就是该种_____的成本。

④在月末计算产品成本时,如果某种产品全部完工或全部未完工,就不需要在_____与_____之间进行分配。

⑤月末计算产品成本时,如果某种产品既有完工产品又有在产品,该种产品成本明细账中归集的生产费用,还应在_____与_____之间进行分配,分别计算_____成本和_____成本。

⑥企业的在产品包括正在车间加工中的_____和已经完成一个或几个生产步骤,但还需继续加工的_____两部分。

⑦完工产品与月末在产品之间分配费用采用什么方法,应该根据月末在产品_____、各月末在产品_____、产品成本中各项费用_____以及_____的好坏等具体条件确定。

⑧采用在产品按所耗原材料费用计价法分配完工产品与月末在产品费用时,月末在产品只计算_____费用,不计算_____费用。

⑨如果各月末在产品数量变化较小,月初在产品费用与月末在产品费用的差额较小,各月在产品的费用的差额对于完工产品费用影响_____,为了简化产品成本计算工作,各月末在产品费用可以_____。

⑩约当产量比例法适用于月末在产品数量_____,各月末在产品数量变动_____、产品成本中原材料费用和工资等其他费用的比重_____的产品。

⑪采用约当产量比例法,应将月末在产品数量按照_____折算为相当于_____的数量,即_____,然后按照_____产量与月末在产品_____的比例分配计算_____

和_____的费用。

⑫采用约当产量比例法,在产品_____的测定,对于费用分配的_____有着决定性影响。

⑬在计算产品成本时,如果月末在产品已经接近完工,只是尚未包装或尚未验收入库,在产品可按_____计算。

二、判断题

①各月末的在产品数量变化不大的产品,可以不计算月末在产品成本。（ ）

②月末在产品数量较小,或者在产品数量较大,各月之间在产品数量变化也较大的产品,其月末在产品可以按年初数固定成本计价。（ ）

③采用按年初数固定计算在产品成本法时,某种产品本月发生的生产费用就是本月完工产品的成本。（ ）

④采用在产品按所耗原材料费用计价法时,某种产品月末在产品只计算所耗的原材料费用,不计算工资等其他费用,产品的其他费用全部计入完工产品成本。（ ）

⑤约当产量比例法适用于月末在产品数量较小、各月末在产品数量变化也较小、产品成本中原材料费用和工资等其他费用比重相差不多的产品。（ ）

⑥完工产品与在产品之间分配费用的约当产量比例法适用于工资等其他费用的分配,不适用于原材料费用的分配。（ ）

⑦某工序在产品的完工率为该工序止累计的工时定额与完工产品工时定额的比率。（ ）

⑧在完工产品与在产品之间分配费用,采用在产品按完工产品成本计价法时,在产品就是完工产品,全部生产费用之和就是完工产品成本。（ ）

⑨在完工产品与月末在产品之间分配费用,采用月末在产品按定额成本计价法时,定额成本与实际成本的差异由完工产品与在产品共同负担。（ ）

⑩根据月初在产品费用、本月生产费用和月末在产品费用的资料,完工产品的费用＝月初在产品费用＋本月生产费用－月末在产品费用。（ ）

三、单项选择题

①完工产品与在产品之间分配费用的不计算在产品成本法,适用于( )的产品。

  A.各月在产品数量很小   B.各月在产品数量很大

  C.没有在产品   D.各月末在产品数量变化很小

②某种产品月末在产品数量较大,各月末在产品数量变化也较大,原材料费用占产品成本比重较大,月末在产品与完工产品之间费用分配,应采用( )。

  A.约当产量比例法   B.在产品按定额成本计价法

  C.定额比例法   D.在产品按所耗原材料费用计价法

③在完工产品与在产品之间分配费用,采用在产品所按耗原材料费用计价法,适用于( )的产品。

  A.各月末在产品数量较大

  B.各月末在产品数量变化较大

C.原材料费用在产品成本中比重较大

D.以上 3 个条件同时具备

④按完工产品和月末在产品数量比例分配计算完工产品成本和月末在产品成本,必须具备下列条件(　　)。

A.在产品已接近完工　　　　B.原材料在生产开始时一次投料

C.在产品原材料费用比重较大　　D.各项消耗定额比较准确稳定

⑤在计算完工产品成本时,如果不计算在产品成本,必须具备下列条件(　　)。

A.各月末在产品数量比较稳定　　B.各月末在产品数量很少

C.各月末在产品数量较大　　　　D.定额管理基础较好

⑥在产品完工率为下列工时定额与完工产品工时定额的比率(　　)。

A.所在工序工时定额

B.所在工序工时定额之半

C.所在工序累计工时定额

D.上道工序累计工时定额与所在工序工时定额之半的合计数

⑦原材料在每道工序开始时一次投料的情况下,分配原材料费用的在产品完工率,为原材料的下列消耗定额与完工产品消耗定额的比率(　　)。

A.所在工序消耗定额　　　　　　B.所在工序累计消耗定额

C.所在工序累计消耗定额之半　　D.所在工序消耗定额之半

⑧产品所耗原材料费用在生产开始时一次投料,其完工产品与月末在产品的原材料费用应按完工产品与月末在产品的下列比例分配计算(　　)。

A.所耗原材料数量　　　　　　　B.在产品约当产量

C.在产品数量之半　　　　　　　D.完工产品在产品数量

⑨按完工产品和月末在产品数量比例,分配计算完工产品和月末在产品的原材料费用,必须具备下列条件(　　)。

A.产品成本中原材料费用比重较大

B.原材料随生产进度陆续投料

C.原材料在生产开始时一次投料

D.原材料消耗定额比较准确、稳定

⑩某企业定额管理基础比较好,能够制订比较准确、稳定的消耗定额,各月末在产品数量变化不大的产品,应采用(　　)。

A.在产品按定额成本计价法

B.定额比例法

C.在产品按所耗原材料费用计价法

D.固定成本计价法

四、多项选择题

①在完工产品与在产品之间分配费用,采用在产品按固定成本计价,适用于(　　)的产品。

A.各月末在产品数量很大

B.各月末在产品数量较小

C.各月末在产品数量变化较大

D.各月末在产品数量虽大,但各个月之间变化不大

②完工产品与在产品之间分配费用的方法有( )。

A.约当产量比例法 B.交互分配法

C.固定成本计价法 D.定额比例法

③选择完工产品与在产品之间费用分配方法时,应考虑的条件是( )。

A.在产品数量的多少 B.各月在产品数量变化的大小

C.各项费用比重的大小 D.定额管理基础好坏

④约当产量比例法适用于( )的产品。

A.月末在产品接近完工

B.月末在产品数量较大

C.各月末在产品数量变化不大

D.产品成本中原材料费用和工资等其他费用比重相差不大

⑤采用在产品按所耗原材料费用计价法,分配完工产品和月末在产品费用,应具备下列条件( )。

A.原材料费用在产品成本中占比重较大

B.各月在产品数量比较稳定

C.各月末在产品数量较大

D.各月末在产品数量变化较大

⑥采用在产品按定额成本计价法分配完工产品和月末在产品费用,应具备下列条件( )。

A.定额管理基础较好 B.各项消耗定额变动较大

C.各月末在产品数量变化较小 D.各月末在产品数量变化较大

⑦采用定额比例法分配完工产品和在产品费用,应具备以下条件( )。

A.消耗定额比较准确 B.消耗定额比较稳定

C.各月末在产品数量变化不大 D.各月末在产品数量变化较大

⑧采用约当产量比例法时必须正确计算在产品的约当产量,而在产品约当产量正确与否,取决于在产品完工程度的测定,测定在产品完工程度的方法有( )。

A.定额工时

B.按50%平均计算各工序完工率

C.分工序分别计算完工率

D.按定额比例法计算

五、业务实训题

业务实训题1

(1)业务实训资料:某产品经两道工序完成,原材料分次在各工序开始时一次投入,各工序内的在产品完工程度按50%计算。单位产品原材料消耗定额为500千克,其中:第一工序320千克,第二工序180千克;单位产品工时消耗定额为150小时,其中第一工序90小时,第

二工序 60 小时。月末盘存在产品 310 件,其中第一工序 150 件,第二工序 160 件。

(2)要求:根据以上资料分成本项目计算该产品月末在产品的完工程度和约当产量(见表 4.9)。

表 4.9　在产品完工程度和约当产量计算表

工　序	月末在产品数量/件	直接材料项目			加工费用项目		
		投料定额/千克	投料程度(完工程度)	约当产量/件	工时定额/小时	完工程度	约当产量/件
一							
二							
合　计							

业务实训题 2

(1)业务实训资料:某企业生产 A 产品,其月初在产品成本和本月生产费用见表 4.10。

表 4.10　A 产品月初在产品成本和本月生产费用表

成本项目	直接材料	直接人工	制造费用	合　计
月初在产品成本	5 095	2 600	2 160	9 855
本月生产费用	9 780	5 200	4 800	19 780

A 产品所耗原材料是在生产开始时一次投入。本月完工产品 300 件,月末在产品 125 件,完工程度 80%。

(2)要求:根据以上资料采用约当产量比例法计算完工产品成本和月末在产品成本,并编制完工产品入库的会计分录(见表 4.11)。

表 4.11　A 产品成本计算单

20××年×月　　　　　　　　　　　　　　　　　　　　　　　单位:元

项　　目	直接材料	直接人工	制造费用	合　计
月初在产品成本				
本月发生生产费用				
生产费用合计				
完工产品数量				
在产品数量				
费用分配率(单位成本)				
完工产品成本				
月末在产品成本				

业务实训题 3

(1)业务实训资料:某企业生产 B 产品,原材料在生产开始时一次投入。其月初在产品成本和本月生产费用见表4.12。

表4.12 B产品月初产品成本和本月生产费用表

成本项目	直接材料	直接人工	制造费用	合 计
月初在产品成本	9 200	6 600	6 200	22 000
本月生产费用	15 800	12 000	9 600	37 400

该产品本月完工400件,月末在产品160件,单位在产品的材料费用定额为58元;据统计,月末在产品所耗定额工时共420小时,直接人工费用定额3.40元/小时,制造费用定额2.60元/小时。

(2)要求:根据以上资料,采用定额成本法(即在产品按定额成本计价法)计算B产品月末在产品定额成本和完工产品成本,并编制完工产品入库会计分录(见表4.13、表4.14)。

表4.13 B产品月末在产品定额成本计算表

20××年×月 单位:元

成本项目	在产品数量或定额工时数	每件或每小时费用定额	定额成本
直接材料			
直接人工			
制造费用			
定额成本合计			

表4.14 B产品成本计算单

20××年×月 产量:件

项 目	直接材料	直接人工	制造费用	合 计
月初在产品成本				
本月发生生产费用				
生产费用合计				
月末在产品定额成本				
完工产品成本				
单位成本				

业务实训题4

(1)业务实训资料:某企业生产C产品,本月初在产品成本:直接材料3 500元,直接人工1 500元,制造费用500元;本月发生费用为:直接材料20 500元,直接人工7 500元,制造费用2 500元。本月完工C产品10 000件,单件原材料费用定额2元,单件工时定额1.25小时;月末C在产品2 500件,单件原材料费用定额2元,工时定额1小时。

(2)要求:根据以上资料,采用定额比例法分配计算C产品完工成本和月末在产品成本,并编制相应会计分录(见表4.15)。

表 4.15 C 产品成本计算单

20××年×月 产量:件

项 目		直接材料	直接人工	制造费用	合 计
月初在产品成本					
本月发生生产费用					
合 计					
费用分配率					
完工产品成本	定 额				
	实 际				
月末在产品成本	定 额				
	实 际				

第2编 产品成本计算方法

第 5 章　产品成本计算方法概述

[本章提示]　计算产品成本,首先要确定产品成本计算的对象,然后在各个成本计算对象之间归集与分配费用,再在一个成本计算对象的完工产品和月末在产品之间归集与分配费用,以便分别计算各个成本对象的完工产品成本和月末在产品成本。本章主要阐述企业生产特点与生产类型、企业生产特点和管理要求对产品成本计算的影响,以及产品成本计算方法。

通过本章的学习,了解企业生产特点与生产类型及其生产特点和管理要求对产品成本计算的影响;掌握产品生产成本计算的主要方法,即品种法、分批法、分步法 3 种基本方法;了解产品成本计算方法的各自特点、适用范围及其在实践中的应用;了解成本计算的辅助方法。

[本章重点、难点]　掌握企业生产特点与生产类型、企业生产特点和管理要求对产品成本计算的影响。

5.1　企业生产特点与生产类型

产品成本是在生产过程中形成的,它必须如实反映生产中的各种耗费,而生产耗费的形成过程又与生产的类型和特点有关。成本计算是成本管理的中心环节,必须满足成本管理对成本核算资料的要求。不同的企业和车间,具有不同的生产类型和特点,其成本管理的要求也不同。因此,生产类型以及成本管理要求是确定成本对象和形成成本计算方法的主要因素,只有根据不同的生产类型的特点和管理要求,选择不同的成本计算方法,才能正确计算产品成本。

所谓产品的生产特点,一般是指生产类型的特点。企业生产类型的特点是就产品的生产工艺技术过程和生产组织两个方面的特点而言的。由于企业生产组织类型的多样性、产品生产工艺技术过程的复杂性以及成本管理的不同要求,产品成本计算方法不尽相同,每一个生产企业在计算产品成本时,都要根据自己的生产特点和管理要求来确定具体的成本计算方法。

5.1.1　企业的生产工艺技术过程特点与生产类型

企业的生产工艺技术过程特点,对选择成本计算方法有着重要的影响。企业的生产类型,按照生产工艺技术过程特点可以分为单步骤生产和多步骤生产两种。

1）单步骤生产

单步骤生产也称简单生产,是指生产工艺技术过程不能间断的生产,或者由于工作地点限制不便于分散在几个不同的地点进行的生产。这类企业所生产产品的生产周期较短,通常没有自制半成品,一般只能由一个企业独立完成,而不是由几个企业协作生产。例如,发电、采掘等企业都是单步骤生产的典型企业。

2）多步骤生产

多步骤生产也称复杂生产,是指生产工艺技术过程由可以间断的若干个生产步骤所组成的生产。它的生产活动可以分别在不同的时间、不同的地点进行;可以由一个企业进行,也可以由几个企业协作进行。例如,冶金、纺织、机械制造等企业,都是多步骤生产的典型企业。多步骤生产按其产品生产过程的加工方式的不同,又可以分为连续式多步骤生产和装配式多步骤生产两类。连续式多步骤生产是指从材料投入生产以后,必须要经过许多相互联系的加工步骤,前一个步骤生产出来的半成品,是后一个加工步骤的加工对象,直到完成最后的加工步骤才能生产出产成品,如棉纺织、冶金工业等企业;装配式多步骤生产是指将材料投入生产以后,在各个生产步骤进行平行加工,生产出产成品所需要的各种零件和部件,最后再将各生产步骤加工的零件和部件组装成产成品,如机床、汽车、摩托车生产等企业。

5.1.2　企业的生产组织特点与生产类型

企业的生产类型,按照产品生产组织的特点,可以分为大量生产、成批生产和单件生产3种类型。

1）大量生产

大量生产是指不断地重复一种或者若干种产品的生产。在这种生产类型的企业车间中,生产的产品品种较少,各种产品的产量较大,而且比较稳定。例如,面粉、食糖、酿酒、造纸等企业都是大量生产的典型企业。

2）成批生产

成批生产是指按照预先确定的产品批别和数量进行的生产。在这种生产类型的企业或车间中,生产的产品品种较多,而且各种产品的生产往往成批地重复进行,生产具有一定的重复性。例如,服装生产和某些机械产品的生产都是成批生产的典型企业。成批生产按照产品批量的大小,又可以分为大批量生产和小批量生产。大批量生产的性质类似于大量生产,小批量生产的性质类似于单件生产。

3）单件生产

单件生产是指按照订货单位的要求,进行个别的、性质特殊的生产。在这种生产类型的企业或车间中,生产的产品品种较多、数量较少,而且很少重复生产。例如,重型机械、船舶和专用设备的制造等企业都是单件生产的典型企业。单件生产方式不仅适用于大型机械等生产,一些行业厂家也推出单件产品订货业务,如冰箱、电脑等。

在实际工作中,同一企业的不同车间,甚至同一车间内的不同产品的生产工艺技术过程和生产组织的特点也可能各不相同。

5.2 企业生产特点和管理要求对产品成本计算的影响

5.2.1 企业生产特点对产品成本计算的影响

企业生产特点对产品成本计算的影响,主要表现在成本计算对象的确定、成本计算期的选择以及生产费用在完工产品和在产品之间的分配3个方面。

企业进行成本计算首先应确定成本计算对象,而成本计算对象的确定应依据企业的生产特点。确定产品成本计算对象,是为了确定汇集生产费用,计算产品成本的范围。例如,一个品种、一批产品、一类产品,以及生产过程中各步骤的半成品,都可以作为成本计算的对象。

在大量大批的单步骤生产企业,由于产品生产工艺技术过程是连续不断的,大量大批生产着品种相同的产品,因此只要求也只能够按照产品的品种计算产品成本。在大量大批的多步骤生产企业,由于产品生产工艺技术过程是可以间断的,因此不仅可以按照产品的品种计算成本,还可以按照产品的生产步骤计算成本;但如果各步骤半成品无独立经济意义,管理上也不需要,则只需计算最终完工产品成本,而不计算各步骤半成品成本。

在小批单件的生产企业,一般是根据客户的订单或生产部门下达的生产批别组织生产,因此这类企业在进行成本计算时,是以产品批别作为成本计算对象,归集与分配生产费用,计算每一批别产品的成本。

在大批大量生产的企业,产品的生产周期较短,月内有大量的完工产品,其产品的成本计算期与会计报告期一致,而与产品的生产周期不一致,并且月末需要将生产费用在完工产品和在产品之间进行分配。相反,在小批单件的生产企业,只有每一订单或批别的产品全部完工时,才能计算完工产品的成本,其产品成本计算期与会计报告期不一致,而与产品的生产周期一致,并且月末不需要将生产费用在完工产品和在产品之间进行分配,因为当每一个订单或批别的产品全部未完工时,所有生产费用都是在产品成本,全部完工时,所有生产费用都是完工产品成本。

5.2.2 企业生产管理要求对产品成本计算的影响

企业采用何种成本计算方法计算产品成本,除了考虑生产特点外,还必须结合企业成本管理的要求,确定出适合企业生产特点和管理要求的成本计算方法。企业成本管理的要求主要表现在对成本信息的需求方面,需要的成本信息越多、越详细、越及时,成本计算对象就应越具体,成本计算期就越短。例如,大量大批的单步骤生产企业,在成本管理上为了分析和考核每批产品成本的水平,就有必须分批计算产品的成本。在多步骤生产企业的成本管理上,为了加强各生产步骤的成本责任分析和考核,往往不仅要求按照产品品种提供产品成本信息,还要求按照生产步骤计算产品成本,以便为分析和考核各种产品及其每一生产步骤的成本计划完成情况提供资料。但是对于规模较小的多步骤生产企业,在成本管理上不要求提供每一生产步骤的成本资料,只要求计算每种产品的成本,这时就可以采用品种法计算产品成本。

综上所述,企业生产特点和管理要求对产品成本计算方法的影响是多方面的,这也决定了每一种成本计算方法都有自身的适应范围。生产工艺技术过程不同,管理要求也就不同,成本计算对象、生产费用的归集及计算产品成本的程序、成本计算期、在产品的计算方法就有区别。

5.3 产品成本计算方法

5.3.1 产品成本计算的基本方法

如上所述,产品成本计算方法受企业生产特点和管理要求的影响。具体地说,不同生产类型的企业的不同特点和管理要求决定着产品成本的计算对象、成本计算期和生产费用在完工产品与在产品之间的分配方法;不同的成本对象、成本计算期和生产费用在完工产品与在产品之间分配方法相互结合,形成了工业企业产品成本的不同计算方法。但其中起决定作用的因素是成本的计算对象,成本计算对象是区别不同成本计算方法的主要标志。从上节可知,产品成本的计算对象一般分为产品品种、产品批别和产品生产步骤 3 种,因此产品成本计算的基本方法也就分为品种法、分批法和分步法 3 种。这 3 种方法,是计算产品实际成本必不可少的方法,也是产品成本计算的基本方法。

在实际工作中,企业应根据生产特点和管理要求选择一种成本核算方法计算产品成本,但是如果企业生产的产品种类较多,就可能出现同一企业或车间的不同产品的生产特点不同,管理要求也不完全相同的情况,这样就会在同一企业或车间同时采用几种成本核算方法来计算不同产品的成本。

这 3 种方法的基本特点见表 5.1。

表 5.1 产品成本计算的 3 种方法

产品成本计算方法	产品成本计算对象	生产特点	工艺技术过程和管理要求	产品成本计算期	生产费用在完工产品与在产品之间的分配
品种法	产品品种:各种产品	大量大批单步骤生产或大量大批多步骤生产	管理上不要求分步计算产品成本	每月月末定期计算,与会计报告期一致	单步骤生产下一般不需要分配;多步骤生产下通常要进行分配

续表

产品成本计算方法	产品成本计算对象	生产特点	工艺技术过程和管理要求	产品成本计算期	生产费用在完工产品与在产品之间的分配
分批法	产品批别:各批产品、单件产品	单件小批单步骤生产或单件小批多步骤生产	管理上不要求分步计算产品成本	不定期,完工月份计算与生产周期一致	一般不需要分配
分步法	产品生产步骤:各步骤的半成品和产成品	大量大批多步骤生产	管理上要求分步计算产品成本	每月月末定期计算与会计报告期一致	通常要进行分配

5.3.2　产品成本计算的辅助方法

在实际工作中,由于产品生产情况复杂多样,企业管理条件差异不一,为了简化成本计算工作或较好地利用管理条件,还需采用一些其他的成本计算方法,如分类法、定额法等。分类法是为了适应一些企业产品品种规格繁多、成本计算工作量繁重的情况而设计的一种简化成本计算方法,它的基本特点是:以产品类别为成本计算对象,将生产费用先按产品的类别进行归集以计算各类产品成本,然后再按照一定的分配指标在各类产品之间分配来计算各种产品的成本。它主要适用于产品的品种规格多,但每类产品的结构、所用原材料、生产工艺过程都基本相同的企业。

定额法是在定额管理基础较好的企业,为了加强生产费用和产品成本的定额管理,加强成本控制而采用的成本计算方法。它的基本特点是:以产品的定额成本为基础,加上或减去脱离定额差异以及定额变动差异来计算产品的实际成本。它适用于管理制度比较健全、定额管理基础比较好、产品生产定型和消耗定额合理且稳定的企业。

分类法和定额法从计算产品实际成本的角度来说,不是企业产品成本计算必需的方法,因而统称为辅助方法。这些方法是对基本方法的补充,有其本身的重要意义和作用,这些辅助方法必须结合基本方法使用。

通过产品成本计算出来的是产品在生产过程中消耗的直接生产费用和间接生产费用,即产品的生产成本,并不包括企业在生产经营过程中发生的为组织和管理生产、筹集资金及促进产品销售而发生的费用——期间费用。

练习题

一、思考题

①产品成本计算的主要方法有哪些?

②如何根据产品的生产特点和管理要求选择产品成本计算方法?

二、单项选择题

①生产特点和管理要求对产品成本计算的影响主要表现在(　　　)上。
　A.产品成本计算对象　　　　　　　B.产品成本计算期
　C.完工产品和在产品的费用分配　　D.要素费用的归集与分配

②区分各种产品成本计算基本方法的主要标志是(　　　)。
　A.产品成本计算对象
　B.产品成本计算期间
　C.完工产品与在产品之间的费用分配方法
　D.制造费用的分配方法

③在下列成本计算方法中,不属于成本计算基本方法的是(　　　)。
　A.品种法　　　　　B.分类法　　　　　C.分步法　　　　　D.分批法

④工业企业按生产工艺技术过程的特点,可以分为(　　　)。
　A.简单生产和单步骤生产
　B.复杂生产和多步骤生产
　C.单步骤生产和多步骤生产
　D.大量大批生产和单件小批生产

⑤产品成本计算的基本方法是(　　　)。
　A.直接法　　　　B.顺序法　　　　C.代数法　　　　D.品种法

⑥划分产品成本计算方法的首要标志是(　　　)。
　A.成本计算期　　　　　　　　B.成本计算对象
　C.产品的生产工艺技术过程　　D.生产组织

⑦下列成本计算方法中,成本计算期与生产周期一致的是(　　　)。
　A.品种法　　　　　B.分批法　　　　　C.分类法　　　　　D.分步法

⑧工业企业的(　　　)生产,是按照生产组织的特点划分的。
　A.单步骤　　　　B.多步骤　　　　C.复杂　　　　D.大量

三、多项选择题

①产品成本计算的辅助方法包括(　　　)。
　A.品种法　　　　　　　B.分步法　　　　　　　C.分类法
　D.分批法　　　　　　　E.定额法

②工业企业的生产按照生产组织划分,可以分为(　　　)。
　A.大量生产　　　　　B.成批生产　　　　　C.单件生产
　D.单步骤生产　　　　E.多步骤生产

③工业企业的生产按照工艺技术过程划分,可以分为(　　　)。
　A.大批生产　　　　　B.小批生产　　　　　C.单步骤生产
　D.多步骤生产　　　　E.单件生产

④决定一个企业采用何种成本计算方法的因素有(　　　)。
　A.企业生产组织特点　　　　　B.企业的生产工艺过程特点

C.企业的成本管理要求 D.成本会计机构的设置

E.成本会计人员的配置

⑤工业企业的产品生产组织的特点是指( )。

A.生产车间的多少 B.产品产量的大小

C.生产的重复性 D.品种的稳定程度

E.管理人员的多少

⑥一种成本计算方法的构成要素有( )。

A.成本计算对象 B.成本计算期

C.间接费用的分配方法 D.完工产品与在产品之间的费用分配

E.成本会计人员的配置

⑦品种法适用于( )。

A.大量生产 B.成批生产

C.单步骤生产 D.多步骤生产

E.管理上不要求分步骤计算成本的多步骤生产

四、填空题

①生产特点和管理要求对产品成本计算的影响,主要表现在＿＿＿＿＿＿＿＿＿＿＿＿的确定上。

②工业企业的生产,按照生产组织划分,可以分为＿＿＿＿＿＿、＿＿＿＿＿＿和＿＿＿＿＿＿3种类型。

③工业企业的生产,按照工艺技术过程划分,可以分为＿＿＿＿＿＿和＿＿＿＿＿＿两种类型。

④以产品成本计算对象为标志的3种不同的产品成本计算方法是＿＿＿＿＿＿、＿＿＿＿＿＿和＿＿＿＿＿＿。

⑤产品成本计算的辅助方法有＿＿＿＿＿＿和＿＿＿＿＿＿。

⑥基本成本计算方法是以＿＿＿＿＿＿命名的。

五、判断题

①生产特点和管理要求对产品成本计算的影响,主要表现在成本计算对象的确定上。
( )

②产品成本计算对象是区分成本计算各种方法的主要标志。 ( )

③产品成本计算对象是区分成本计算基本方法的主要标志。 ( )

④产品成本计算的基本方法包括品种法、分步法和分批法。 ( )

⑤品种法、分批法、分类法是产品成本计算的基本方法。 ( )

⑥品种法是各种成本计算方法中最基本的方法。 ( )

⑦单件生产,也可以说是小批生产,按件计算产品成本也可以说是按批计算产品成本。
( )

⑧生产类型不同,管理要求不同,产品成本计算对象也应有所不同。 ( )

第 **6** 章 品种法

[本章提示] 通过本章的学习,理解并掌握产品成本计算品种法的特点、适用范围、计算程序及具体方法;了解并掌握费用分配表的编制过程和成本明细账的登记方法;熟练运用品种法的基本原理解决实际问题,明确其优缺点,充分发挥其应有作用。

[本章重点、难点] 品种法的基本特点及运用;品种法的成本计算程序。

6.1 品种法的概述

6.1.1 品种法的概念及适用范围

产品成本计算的品种法是以产品的品种为成本计算对象归集生产费用,计算产品成本的一种方法。品种法是产品成本计算方法中最基本的方法。它主要适用于大量大批的单步骤生产,如发电、采掘等企业。在这类企业中,产品的生产工艺技术过程只有一个加工步骤,并且只能在同一地点加工完成,因此不能按照生产步骤计算产品成本。在大量大批多步骤生产中,如果企业或车间规模较小,或者车间是封闭式的,即从原材料投入到产品加工完成的全过程都是在一个车间内进行的,或者生产是按流水线组织的,尽管属于复杂生产,但是在成本管理工作中不要求提供各步骤成本资料时,也可以用品种法计算成本,如小型水泥厂、制砖厂以及辅助生产的蒸汽车间等。

品种法作为产品成本计算的最基本方法,是因为不同特点的工业企业在进行不同类型的产品生产时,不论其管理要求如何,最终必须按照产品品种计算出产品成本。

6.1.2 品种法的特点

采用品种法计算产品成本时,不要求按照产品批别计算成本,也不要求按照生产步骤计算成本,而只要求以产品品种作为成本计算对象,按不同的产品品种开设成本计算单,按成本项目开设专栏,归集生产费用。品种法的特点主要表现在以下 3 个方面。

1)以产品品种作为成本计算对象

采用品种法计算产品成本的企业往往是大量大批重复生产一种或几种产品的企业。如果企业只生产一种产品,成本计算对象就是这种产品,生产车间所发生的产品费用都是直接费用,按照成本项目归集后,就可以直接计入产品的成本计算单,不存在在各成本计算对象之间分配费用的问题。如果企业生产多种产品,成本计算对象则是每种产品,需要按不同的产品品种分别开设成本计算单,生产中所发生的生产费用按照成本项目归集,其中直接费用应直接计入各产品的成本计算单;间接费用则采用适当的分配方法,在各成本计算对象之间进行分配,然后分别计入各成本计算单中有关成本项目。

2)一般按月定期计算产品成本

采用品种法计算产品成本的企业一般是定期于每月月末计算产品成本。因为在大量大批单步骤生产过程中,所进行的生产是高度重复生产一种或几种产品,以致于不能在产品完工时立即计算它的成本,因此品种法的成本计算期就与会计报告期是一致的。

3)区别不同情况计算或不计算在产品成本

采用品种法月末计算产品成本时,如果是单步骤生产,一般不存在尚未完工的在产品,即使有,在产品数量也很小,因此不需计算月末在产品成本,而成本计算单中按成本项目归集的全部费用就是完工产品的总成本,总成本按完工产量平均,即为完工产品的单位成本。这是简单品种法。如果有在产品,并且数量较多,就需要将成本计算单中归集的费用采用适当的分配方法,在完工产品和月末在产品之间进行分配,计算完工产品成本和月末在产品成本,这是典型品种法。

6.1.3 品种法的成本计算程序

采用品种法进行成本计算时,应首先按照产品的品种开设基本生产成本明细账或成本计算单,然后按步骤归集和分配各项费用,计算产品成本。

①按产品品种开设基本生产成本明细账。如果一个企业只生产一种产品,则只需设置一个基本生产成本明细账;如果企业生产两种或两种以上产品,则应为不同的产品分别设置明细账,同时开设辅助生产明细账和制造费用明细账。

②根据各项生产费用发生的原始凭证和其他有关资料,分配各种要素费用,编制要素费用分配表。凡是某种产品直接发生的费用,直接计入其基本生产成本明细账;凡是几种产品共同发生的费用,采用适当的方法分配计入各种产品的基本生产成本明细账。

③根据辅助生产费用明细账所归集的全月费用,采用适当方法分配给各受益对象,编制辅助生产费用分配表,并根据分配结果,登记有关明细账。

④根据制造费用明细账归集的全月费用,采用适当方法在各种产品之间进行分配,编制制造费用分配表,并据以登记各种基本生产成本明细账。

⑤将基本生产成本明细账所归集的全部费用,采用适当的方法在本月完工产品与月末在产品之间进行分配,确定完工产品和月末在产品成本;编制完工产品成本汇总表,计算出各种完工产品的总成本和单位成本。

品种法的成本计算程序如图 6.1 所示。

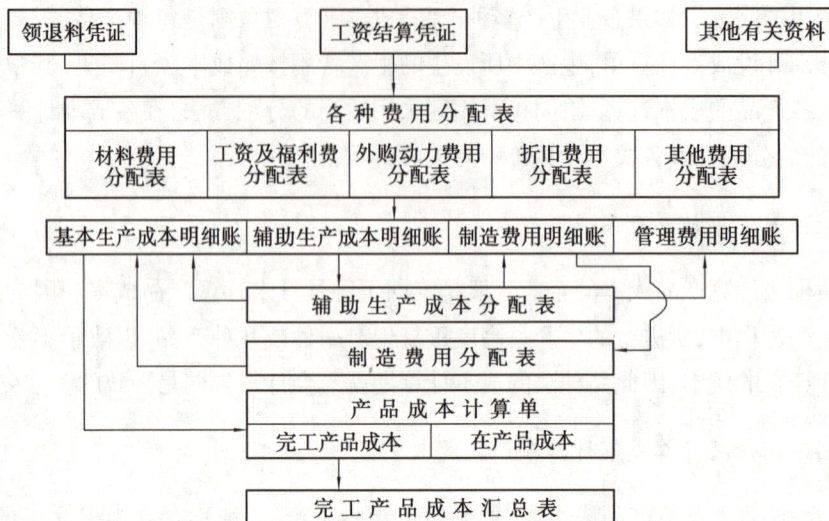

图 6.1　品种法成本计算程序

6.2　品种法的应用

6.2.1　企业基本情况及有关资料

某工业企业为单步骤生产企业,第一基本生产车间生产甲、乙两种产品;第二基本生产车间生产丙产品;机修车间为生产车间及管理部门提供修理服务。该企业采用品种法计算产品成本,设置"直接材料""直接人工"和"制造费用"3 个成本项目。各产品所耗材料在开工时一次投入,直接人工工资费用及制造费用随加工程度均匀发生。月末在产品成本按约当产量比例法计算,制造费用按各产品实际生产工时比例分配。

该企业 5 月份有关产品产量及成本资料如下:

1) 月初在产品成本(见表 6.1)

表 6.1　月初在产品成本

20××年 5 月

单位:元

产品名称	直接材料	直接人工	制造费用	合　计
甲产品	7 140	5 920	5 600	18 660
乙产品	6 350	2 920	4 100	13 370
丙产品	11 480	6 132	7 000	24 612
合　计	24 970	14 972	16 700	56 642

2）产量资料（见表6.2）

表6.2　本月产量及工时记录
20××年5月

项　目	甲产品	乙产品	丙产品
月初在产品数量	100	60	450
本月投入	650	330	550
本月完工产品数量	630	350	1 000
月末在产品数量	120	40	0
完工程度	60%	40%	—
生产工时	9 800	7 000	16 800

3）本月发生生产费用（见表6.3—6.6）

表6.3　本月材料费用表
20××年5月　　　　　　　　　　　　　　　　　　　　单位：元

领料用途		直接领用A材料	共同耗用B材料	辅助材料	耗料合计	B材料定额耗用量/千克
甲产品		63 000				950
乙产品		35 560				560
小　计		98 560	15 100		113 660	
丙产品		44 800			44 800	
合　计		143 360	15 100		158 460	
基本生产车间一般耗用	一车间			4 480	4 480	
	二车间			5 600	5 600	
机修车间		7 000		1 400	8 400	
总　计		150 360	15 100	11 480	176 940	

表 6.4 本月工资费用表
20××年 5 月　　　　　　　　　　单位:元

人员类别		职工工资	职工福利费
产品生产工人	一车间	25 200	3 528
	二车间	11 200	1 568
基本生产车间管理人员	一车间	2 240	313.60
	二车间	1 050	147
机修车间		4 200	588
合　计		43 890	6 144.60

表 6.5 折旧费用表
20××年 5 月　　　　　　　　　　单位:元

车间名称		金额
基本生产车间	一车间	2 800
	二车间	2 520
机修车间		1 680
合　计		7 000

表 6.6 其他费用表
20××年 5 月　　　　　　　　　　单位:元

车间名称		低值易耗品摊销	办公费	电费 生产用	电费 照明用	保险费	其他	合计
基本生产车间	一车间	3 360	2 830	26 880	4 200	1 400	2 300	40 970
	二车间	3 360	2 100	13 440	2 800	850	1 600	24 150
机修车间		2 800	690	2 800	1 400	640	350	8 680
合　计		9 520	5 620	43 120	8 400	2 890	4 250	73 800

4)机修车间劳务供应量(见表 6.7)

表 6.7 机修车间劳务供应量

受益单位		机修工时
基本生产车间	一车间	2 800
	二车间	1 300
合　计		4 100

5) 有关费用分配方法

① 甲、乙两种产品共同耗用的材料费用按两种产品定额耗用量比例分配。
② 甲、乙两种产品应负担工资按两种产品的生产工时比例分配。
③ 制造费用按甲、乙两种产品生产工时比例分配。

6.2.2 成本计算程序和计算方法

根据上述资料,按照品种法计算程序计算产品成本如下:
① 材料费用分配,见表6.8。
② 工资及职工福利费用分配,见表6.9。
③ 固定资产折旧费用分配,见表6.10。
④ 外购电费分配,见表6.11。
⑤ 其他费用分配,见表6.12。
⑥ 辅助生产费用明细账分配,见表6.13、表6.14。
⑦ 制造费用明细账分配,见表6.15—6.17。
⑧ 生产费用在完工产品和在产品之间分配,见表6.18—6.21。

表6.8 材料费用分配表

20××年5月 单位:元

应借科目		原材料和主要材料					辅助材料	原材料小计	低值易耗品	合 计
总账科目	明细科目	直接计入A材料	分配计入B材料			小 计				
			定额用量	分配率	分配额					
基本生产成本	甲产品	63 000	950	10	9 500	72 500		72 500		72 500
	乙产品	35 560	560		5 600	41 160		41 160		41 160
	小 计	98 560	1 510		15 100	113 660		113 660		113 660
	丙产品	44 800				44 800		44 800		44 800
合 计		143 360			15 100	158 460		158 460		158 460
制造费用	一车间						4 480	4 480	3 360	7 840
	二车间						5 600	5 600	3 360	8 960
合 计							10 080	10 080	6 720	16 800
辅助生产成本	机修车间	7 000				7 000	1 400	8 400	2 800	11 200
总 计		150 360			15 100	165 460	11 480	176 940	9 520	186 460

注:甲、乙两种产品共同耗用材料费用按两种产品定额耗用量比例分配。

根据表 6.8 做会计分录,并登记总分类账和有关明细账:

借:基本生产成本——甲产品——直接材料 72 500
　　　　　　　——乙产品——直接材料 41 160
　　　　　　　——丙产品——直接材料 44 800
　　辅助生产成本——机修车间 8 400
　　制造费用——一车间 4 480
　　　　　　——二车间 5 600
　　贷:原材料 176 940
借:辅助生产成本——机修车间 2 800
　　制造费用——一车间 3 360
　　　　　　——二车间 3 360
　　贷:周转材料——低值易耗品 9 520

表 6.9　工资及职工福利费用分配表

20××年 5 月　　　　　　　　　　　　　　　单位:元

应借科目		工资				职工福利费	合　计
总账科目	明细科目	生产工时	分配率	分配额	工资合计	职工福利费	合　计
基本生产成本	甲产品	9 800	1.5	14 700	14 700	2 058	16 758
	乙产品	7 000		10 500	10 500	1 470	11 970
	小　计	16 800		25 200	25 200	3 528	28 728
	丙产品			11 200	11 200	1 568	12 768
合　计				36 400	36 400	5 096	41 496
制造费用	一车间			2 240	2 240	313.60	2 553.60
	二车间			1 050	1 050	147	1 197
合　计				3 290	3 290	460.60	3 750.60
辅助生产成本	机修车间			4 200	4 200	588	4 788
总　计				43 890	43 890	6 144.60	50 034.60

注:甲、乙两种产品应负担工资按两种产品的生产工时比例分配。

根据表 6.9 做会计分录,并登记总分类账和有关明细账:
分配工资:

借:基本生产成本——甲产品——直接人工 14 700
　　　　　　　——乙产品——直接人工 10 500
　　　　　　　——丙产品——直接人工 11 200
　　辅助生产成本——机修车间 4 200
　　制造费用——一车间 2 240
　　　　　　——二车间 1 050
　　贷:应付职工薪酬——职工工资 43 890

分配福利费：

借：基本生产成本——甲产品——直接人工　　　　　　2 058
　　　　　　　　　——乙产品——直接人工　　　　　　1 470
　　　　　　　　　——丙产品——直接人工　　　　　　1 568
　　辅助生产成本——机修车间　　　　　　　　　　　　588
　　制造费用——一车间　　　　　　　　　　　　　　313.60
　　　　　　——二车间　　　　　　　　　　　　　　147
　　贷：应付职工薪酬——职工福利费　　　　　　　　6 144.60

表6.10　固定资产折旧费用分配表

20××年5月　　　　　　　　　　　　　　　　单位：元

项　目	辅助生产成本	制造费用		合　计
	机修车间	一车间	二车间	
折旧费	1 680	2 800	2 520	7 000

根据表6.10做会计分录，并登记总分类账和有关明细账：

借：辅助生产成本——机修车间　　　　　　　　　　1 680
　　制造费用——一车间　　　　　　　　　　　　　2 800
　　　　　　——二车间　　　　　　　　　　　　　2 520
　　贷：累计折旧　　　　　　　　　　　　　　　　　7 000

表6.11　外购电费分配表

20××年5月　　　　　　　　　　　　　　　　单位：元

应借科目		动力用			照明用		合　计
总账科目	明细科目	数　量	分配率	分配额	数　量	金　额	
基本生产成本	甲产品	（9 800工时）	1.6	15 680			15 680
	乙产品	（7 000工时）		11 200			11 200
	小　计	33 600（千瓦·时）		26 880			26 880
	丙产品	16 800（千瓦·时）		13 440			13 440
合　计				40 320			40 320
制造费用	一车间				4 200（千瓦·时）	4 200	4 200
	二车间				2 800（千瓦·时）	2 800	2 800
合　计					7 000（千瓦·时）	7 000	7 000
辅助生产成本	机修车间	3 500（千瓦·时）		2 800	1 400（千瓦·时）	1 400	4 200
总　计				43 120		8 400	51 520

注：基本生产车间动力用电度数为一车间33 600（千瓦·时），二车间16 800（千瓦·时），机修车间动力用电为3 500（千瓦·时）；照明用电一车间为4 200（千瓦·时），二车间为2 800（千瓦·时），机修车间为1 400（千瓦·时）。动力用电每千瓦·时计费0.8元，照明用电每千瓦·时计费1.00元。一车间按生产工时比例分配。动力用电计入直接材料成本项目。

根据表 6.11 做会计分录,并登记总分类账和有关明细账:

借:基本生产成本——甲产品——直接材料　　　　　　　　　　　　　　15 680

　　　　　　　　——乙产品——直接材料　　　　　　　　　　　　　　11 200

　　　　　　　　——丙产品——直接材料　　　　　　　　　　　　　　13 440

　　辅助生产成本——机修车间　　　　　　　　　　　　　　　　　　　4 200

　　制造费用——一车间　　　　　　　　　　　　　　　　　　　　　　4 200

　　　　　　——二车间　　　　　　　　　　　　　　　　　　　　　　2 800

　　贷:银行存款　　　　　　　　　　　　　　　　　　　　　　　　　51 520

表 6.12　其他费用分配表

20××年 5 月　　　　　　　　　　　　　　　　　　　　单位:元

应借科目						金　额
总账科目	明细科目	成本或费用项目				
		办公费	保险费	其　他		
辅助生产成本	机修车间	690	640	350		1 680
制造费用	一车间	2 830	1 400	2 300		6 530
	二车间	2 100	850	1 600		4 550
合　计		5 620	2 890	4 250		12 760

根据表 6.12 做会计分录,并登记总分类账和有关明细账:

借:辅助生产成本——机修车间　　　　　　　　　　　　　　　　　　　1 680

　　制造费用——一车间　　　　　　　　　　　　　　　　　　　　　　6 530

　　　　　　——二车间　　　　　　　　　　　　　　　　　　　　　　4 550

　　贷:银行存款　　　　　　　　　　　　　　　　　　　　　　　　　12 760

根据前述各种费用分配表登记辅助生产费用明细账,并按车间修理工时比例分配辅助生产费用。

表 6.13　辅助生产费用明细账

机修车间　　　　　　　　　　　20××年 5 月　　　　　　　　　　　单位:元

20××年		凭证号数	摘　要	机物料消耗	低值易耗品摊销	工资及福利费	折旧费	外购电费	其他支出	合　计
月	日									
5	31	略	材料费用分配表	8 400	2 800					11 200
	31		工资及福利费分配表			4 788				4 788
	31		折旧费分配表				1 680			1 680
	31		外购电费分配表					4 200		4 200
	31		办公费等(付款凭证)						1 680	1 680

续表

20××年		凭证号数	摘要	机物料消耗	低值易耗品摊销	工资及福利费	折旧费	外购电费	其他支出	合 计
月	日									
	31		合 计	8 400	2 800	4 788	1 680	4 200	1 680	23 548
	31		转 出	8 400	2 800	4 788	1 680	4 200	1 680	23 548

表 6.14　辅助生产费用分配表

机修车间　　　　　　　　　　　　　　20××年 5 月　　　　　　　　　　　　　　单位:元

应借科目	明细科目	机修工时	分配率	分配额
制造费用	一车间	2 800	5.743 414	16 081.56
	二车间	1 300		7 466.44
合 计		4 100		23 548

注:辅助生产费用按车间修理工时比例直接分配。

根据表 6.14 做会计分录,并登记总分类账和有关明细账:

借:制造费用——一车间　　　　　　　　　　　　　　　16 081.56

　　　　　　——二车间　　　　　　　　　　　　　　　　7 466.44

　　贷:辅助生产成本——机修车间　　　　　　　　　　　　　　23 548

表 6.15　制造费用明细账

第一车间　　　　　　　　　　　　　　20××年 5 月　　　　　　　　　　　　　　单位:元

20××年		凭证号数	摘要	机物料消耗	低值易耗品摊销	工资及福利费	折旧费	水电费	修理费	其他支出	合 计
月	日										
5	31		材料费用分配表	4 480	3 360						7 840
	31		工资及福利费分配表			2 553.60					2 553.60
	31		折旧费分配表				2 800				2 800
	31		外购电费分配表					4 200			4 200
	31		办公费等(付款凭证)							6 530	6 530
	31		辅助费用分配表						16 081.56		16 081.56
	31		合 计	4 480	3 360	2 553.60	2 800	4 200	16 081.56	6 530	40 005.16
	31		制造费用分配转出	4 480	3 360	2 553.60	2 800	4 200	16 081.56	6 530	40 005.16

表 6.16 制造费用明细账

第二车间　　　　　　　　　　　　20××年 5 月　　　　　　　　　　　　单位:元

20××年		凭证号数	摘　要	机物料消耗	低值易耗品摊销	工资及福利费	折旧费	水电费	修理费	其他支出	合　计
月	日										
5	31	略	材料费用分配表	5 600	3 360						8 960
	31		工资及福利费分配表			1 197					1 197
	31		折旧费分配表				2 520				2 520
	31		外购电费分配表					2 800			2 800
	31		办公费等(付款凭证)							4 550	4 550
	31		辅助费用分配表						7 466.44		7 466.44
	31		合　计	5 600	3 360	1 197	2 520	2 800	7 466.44	4 550	27 493.44
	31		制造费用分配转出	5 600	3 360	1 197	2 520	2 800	7 466.44	4 550	27 493.44

表 6.17 制造费用分配表

20××年 5 月　　　　　　　　　　　　单位:元

应借科目	明细科目	生产工时	分配率	分配额
基本生产成本	甲产品	9 800	2.381 259	23 336.34
	乙产品	7 000		16 668.82
	小　计	16 800		40 005.16
	丙产品	16 800		27 493.44
合　计		33 600		67 498.60

注:甲、乙两产品的制造费用按生产工时比例分配。

根据表 6.17 做会计分录,并登记总分类账和有关明细账:

借:基本生产成本——甲产品——制造费用　　　　　　　　22 336.34

　　　　　——乙产品——制造费用　　　　　　　　16 668.82

　　　　　——丙产品——制造费用　　　　　　　　27 493.44

　　贷:制造费用　　　　　　　　　　　　　　　　　　　67 498.60

表6.18　基本生产成本明细账

第一车间:甲产品　　完工产品:630件　　月末在产品:120件　　完工程度:60%

20××年		凭证	摘　要	约当产量	直接材料 /元	直接人工 /元	制造费用 /元	成本合计 /元
月	日							
5	1	略	月初在产品成本		7 140	5 920	5 600	18 660
	31		分配材料费用		72 500			72 500
	31		分配工资及福利费			16 758		16 758
	31		分配电费		15 680			15 680
	31		分配制造费用				23 336.34	23 336.34
	31		本月费用合计		88 180	16 758	23 336.34	128 274.34
	31		合　计		95 320	22 678	28 936.34	146 934.34
	31		分配率(单位成本)		127.09	32.30	41.22	200.61
	31		结转完工产品成本	630	80 066.70	20 349.00	25 968.60	126 384.30
	31		月末在产品成本	72	15 253.30	2 329.00	2 967.74	20 550.04

注:甲产品材料一次投入。

直接材料费用分配率=95 320元÷(630+120)件=127.093 3元/件

直接人工费用分配率=22 678元÷(630+120×60%)件=32.304 8元/件

制造费用分配率=28 936.34元÷(630+120×60%)件=41.219 8元/件

表6.19　基本生产成本明细账

第一车间:乙产品　　完工产品:350件　　月末在产品:40件　　完工程度:40%

20××年		凭证 总数	摘　要	约当产量	直接材料 /元	直接人工 /元	制造费用 /元	成本合计 /元
月	日							
5	1	略	月初在产品成本		6 350	2 920	4 100	13 370
	31		分配材料费用		41 160			41 160
	31		分配工资及福利费			11 970		11 970
	31		分配电费		11 200			11 200
	31		分配制造费用				16 668.82	16 668.82
	31		本月费用合计		52 360	11 970	16 668.82	80 998.82
	31		合　计		58 710	14 890	20 768.82	94 368.82
	31		分配率(单位成本)		150.54	40.68	56.75	247.97
	31		完工产品成本	350	52 689	14 238	19 862.50	86 789.50
	31		月末在产品成本	16	6 021	652	906.32	7 579.32

注:乙产品材料一次投入。

直接材料费用分配率=58 710 元÷(350+40)件=150.538 4 元/件

直接人工费用分配率=14 890 元÷(350+40×40%)件=40.683 0 元/件

制造费用分配率=20 768.82 元÷(350+40×40%)件=56.745 4 元/件

表 6.20　基本生产成本明细账

第二车间:丙产品 单位:元

20××年		凭证号数	摘　要	约当产量	直接材料	直接人工	制造费用	成本合计
月	日							
5	1	略	月初在产品成本		11 480	6 132	7 000	24 612
	31		分配材料费用		44 800			44 800
	31		分配工资及福利费			12 768		12 768
	31		分配电费		13 440			13 440
	31		分配制造费用				27 493.44	27 493.44
	31		本月费用合计		58 240	12 768	27 493.44	98 501.44
	31		累　计		69 720	18 900	34 493.44	123 113.44
	31		结转完工产品成本	1 000	69 720	18 900	34 493.44	123 113.44

表 6.21　完工产品成本汇总表

20××年 5 月 单位:元

产品名称	完工数量/件	直接材料		直接人工		制造费用		合　计	
		总成本	单位成本	总成本	单位成本	总成本	单位成本	总成本	单位成本
甲产品	630	80 066.70	127.09	20 349	32.30	25 968.60	41.22	126 384.30	200.61
乙产品	350	52 689.00	150.54	14 238	40.68	19 862.50	56.75	86 789.50	247.97
丙产品	1 000	69 720.00	69.72	18 900	18.90	34 493.44	34.49	123 113.44	123.11

根据表 6.21 做会计分录,并登记有关总分类账和明细分类账:

借:库存商品——甲产品 　　　　　　　　　　　　　　126 384.30

　　　　——乙产品 　　　　　　　　　　　　　　86 789.50

　　　——丙产品 　　　　　　　　　　　　　　123 113.44

　　贷:基本生产成本——甲产品 　　　　　　　　　　126 384.30

　　　　　　——乙产品 　　　　　　　　　　　　86 789.50

　　　　　　——丙产品 　　　　　　　　　　　　123 113.44

练习题

一、思考题

①什么是产品成本计算的品种法?

②为什么说品种法是产品成本计算的最基本方法?

③简要说明产品成本计算品种法的基本特点。

④简述品种法的适用范围。

⑤简述品种法的计算程序。

二、单项选择题

①在产品期末可采用不计算成本法,适用于(　　)的产品。

　　A.各月月末在产品数量很大　　　B.各月月末在产品数量很小

　　C.没有在产品　　　　　　　　　D.各月月末在产品数量变化很大

②按完工产品与月末在产品数量比例,分配计算完工产品与月末在产品的原材料费用,必须具备的条件是(　　)。

　　A.原材料在生产开始时一次投入　B.原材料陆续投入

　　C.产品成本原材料费用比重较大　D.原材料消耗定额比较准确

③品种法是产品成本计算的(　　)。

　　A.主要方法　　　　　　　　　　B.重要方法

　　C.最一般的方法　　　　　　　　D.最基本的方法

④品种法的特点是(　　)。

　　A.不分批计算产品成本

　　B.不分步计算产品成本

　　C.既不分批又不分步计算产品成本

　　D.既不分批又不分步,只分品种计算产品成本

⑤在品种法下,若只生产一种产品,则发生的费用(　　)。

　　A.全部直接计入费用

　　B.全部间接计入费用

　　C.部分是直接费用,部分是间接费用

　　D.需要将生产费用在各种产品之间进行分配

⑥品种法应以(　　)为成本核算对象,据以开设成本明细账。

　　A.生产单位　　　　　　　　　　B.生产车间

　　C.产品品种　　　　　　　　　　D.产品结构

⑦品种法的成本计算期应与(　　)一致。

　　A.生产周期　　　　　　　　　　B.月

　　C.会计期间　　　　　　　　　　D.年

⑧品种法的成本计算对象是(　　　)。

A.产品品种　　　　　　　　　　B.产品类别

C.批别或订单　　　　　　　　　D.生产步骤

三、多项选择题

①品种法的特点是(　　　)。

A.以产品的品种为成本计算的对象

B.按月定期计算产品成本

C.一般适用于大量大批生产

D.简单品种法一般要计算在产品成本

E.成本计算期与生产周期一致

②大量大批多步骤生产的企业,如果其规模较小且管理上不要求提供各生产步骤耗费的生产企业,计算成本时,可以(　　　)。

A.不按生产步骤计算产品成本

B.只按产品品种计算产品成本

C.不按产品批别计算产品成本

D.既按生产步骤又按产品品种计算产品成本

③工业企业生产类型按照产品的生产工艺技术过程特点,可以分为(　　　)。

A.大量生产　　　　B.简单生产　　　　C.成批生产

D.单件生产　　　　E.复杂生产

④品种法主要适用于(　　　)的工业企业。

A.单步骤生产

B.多步骤生产但管理上不要求分步骤计算产品成本

C.生产过程连续进行,不可间断

D.多步骤生产

E.复杂生产

⑤常见的品种法有(　　　)。

A.简单品种法　　　B.复杂品种法　　　C.典型品种法

D.分类法　　　　　E.系数法

四、填空题

①在分配计算完工产品和月末在产品成本时,如果各月末在产品的数量很小,可以采用_____的方法。

②产品成本计算的品种法,是按照_____计算产品成本的一种方法。

③品种法主要适用于_____生产和管理上不要求按照生产步骤计算产品成本的_____生产。

④多步骤生产多种产品的企业,如果管理上不要求分步计算各步骤的成本,则按_____分别开设成本计算单。

⑤为_____提供_____的辅助生产车间,成本计算可以采用品

种法。

⑥采用品种法计算产品成本的企业,若本企业生产多种产品,则应按＿＿＿＿＿＿＿＿＿＿分别设置产品成本计算单。

⑦品种法是以＿＿＿＿＿＿＿＿＿＿作为成本计算对象归集生产费用,计算产品成本的方法。

⑧品种法主要适用于大量大批＿＿＿＿＿＿＿＿＿＿生产企业和管理上不要求分步计算成本的＿＿＿＿＿＿＿＿＿＿生产企业。

⑨在品种法下,成本计算期应与＿＿＿＿＿＿＿＿＿＿相一致。

⑩在成本计算方法中,＿＿＿＿＿＿＿＿＿＿是最基本的方法。

五、判断题

①品种法主要适用于大量大批单步骤生产的企业。 （ ）

②由于每个工业企业最终都必须按照产品品种计算出成本,因此品种法适用于所有工业企业,应用范围最广泛。 （ ）

③从成本计算对象和成本计算程序看,品种法是最基本的成本计算方法。 （ ）

④品种法的成本计算周期与生产周期一致。 （ ）

⑤品种法不需要在各种产品之间分配费用,也不需要在完工产品和期末在产品之间分配费用,所以也称为"简单法"。 （ ）

⑥无论采用哪一种产品成本计算方法,月末都需要将本月归集的生产费用在完工产品与在产品之间进行分配。 （ ）

⑦在品种法下,应按生产单位开设产品成本计算单。 （ ）

⑧品种法的成本计算期与会计期间一致。 （ ）

⑨不论什么组织方式的制造企业,不论什么生产类型的产品,也不论成本管理要求如何,最终都必须按照产品品种计算出产品成本。 （ ）

⑩在月末计算产品成本时,如果没有在产品,或者在产品数量很少,则可以不计算月末在产品成本。 （ ）

六、业务实训题

（1）业务实训资料:

某企业20××年6月生产甲、乙两种产品,采用品种法计算成本。直接人工和制造费用按甲、乙两种产品的生产工时进行分配,月末生产费用采用约当产量比例法在完工产品与月末在产品之间分配。

该企业有关成本资料如下:

①月初在产品成本资料

单位:元

产品名称	直接材料	直接人工	制造费用	合 计
甲产品	2 000	1 905	1 000	4 905
乙产品	1 500	1 200	800	3 500

②产量、工时、单耗定额资料

产品名称	投料方式	月初在产品/件	本月投入/件	完工产品数量/件	月末在产品		生产工时/小时	单耗定额/元
					数量/件	完工程度		
甲产品	一次投料	20	60	70	10	50%	22 000	50
乙产品	一次投料	10	40	50			18 000	40

③本月生产甲产品直接领用原材料 8 000 元,生产乙产品直接领用原材料6 000 元。生产甲、乙两种产品共同耗用原材料 9 900 元。另外,生产车间管理耗用原材料 2 000 元;厂部管理部门管理生产耗用原材料 1 500 元。

④本月生产甲、乙两种产品的生产工人工资总额为 60 000 元,车间管理人员工资 1 500 元,厂部管理人员工资 3 000 元。

⑤本月生产车间发生办公费 1 000 元,折旧费 2 450 元。

(2)要求:

①根据以上资料编制"材料费用分配表""工资费用分配表"和"制造费用分配表";

②根据各种费用分配表开设和登记"产品成本计算单",计算本月完工产品成本和月末在产品成本,并编制完工产品入库会计分录。

第 7 章 分批法

[本章提示] 分批法是按照产品批别或客户订单归集生产费用,计算产品成本的一种方法。通过本章的学习,掌握一般分批法的特点和计算程序;理解累计间接费用分批法的特点、计算程序和适用条件;能运用分批法归集所发生的生产费用、计算并结转完工产品的成本。

[本章重点] 分批法的特点;分批法的运用。

[本章难点] 运用分批法,在实际工作中设立各批产品成本明细账,在批内产品有跨月陆续完工的情况下,分配生产费用,计算完工产品成本,了解累计间接费用分批法的特点。各月发生的间接计入费用登记在二级账,按成本项目累计起来,在有完工产品的月份,只对完工产品分配间接计入费用,计算完工产品成本。

7.1 分批法的概述

7.1.1 分批法概念及适用范围

分批法是按照产品批别或客户订单归集生产费用,计算产品成本的一种方法,一般适用于小批生产和单件生产,如造船、重型机械制造、专用设备、服装、精密仪器的生产等。

在小批单件生产的企业中,往往根据客户订单确定产品的品种和每批产品的批量,即按客户订单计算产品成本。因此,分批法也称订单法。

7.1.2 分批法的特点

1) 成本计算对象

在分批法下,要以产品的批别或客户订单作为成本计算对象。产品成本明细账要按照产品批别或客户订单来设立,并分别按成本项目来归集各批产品所发生的生产费用。

如果在一张订单中有几种产品,为了便于生产管理、分析和考核,每种产品成本计划的完成情况可以按照产品的品种划分批别组织生产,计算产品成本。如果在一张订单中有一种产品:①产品数量较大,不便于集中一次投产,或客户要求分批交货时,可以按照数批产品组织生产,计算产品成本;②产品只有一件,且产品价值高,生产周期长,可以按照产品的组成部分分批组织生产,计算产品成本。如果在同一时期内,几张订单中有相同的产品,为了更加经济地组织生产,也可将相同产品合并为一批进行生产,计算产品成本。

2)成本计算期

采用分批法时,各批或各订单产品的成本总额在其完工以后(完工月份的月末)计算确定,也就是各批产品成本明细账的设立和结转要求与生产任务通知单的签发和结束密切配合,协调一致。因此,在分批法下,成本计算期不固定,随各批别的生产周期而异。

3)生产费用在完工产品和在产品之间的分配

在分批法下,月终未完工的产品其成本明细账上与所归集的生产费用,就是该批产品的在产品成本;月内已完工的产成品其成本明细账上所归集的生产费用,就是该批产品的产成品成本。因此,一般不存在完工产品和在产品之间的费用分配问题。

但在实际工作中,在批内产品跨月陆续完工的情况下,月末计算成本时,一部分产品已完工,另一部分尚未完工,这时就要在完工产品和在产品之间分配生产费用,计算完工产品成本和月末在产品成本。如果批内产品跨月陆续完工的数量较少,且情况较少时,为简化核算工作,可按计划单位成本、定额单位成本或最近一期相同产品的实际单位成本计算完工产品成本。从产品成本明细账中转出完工产品成本后,各项费用余额之和即为在产品成本。为了正确考核和分析该批产品成本计划的完成情况,在该批产品全部完工时,还应计算该批产品实际总成本和实际单位成本,但对已经转账的产成品成本,则不做账面调整。如果批内产品跨月完工的数量较多,且情况较多时,为了正确计算完工产品成本,则应根据具体情况采用适当的分配方法(如约当产量法等)计算完工产品成本和月末在产品成本。

为了使同一批产品能够尽量同时完工,避免跨月陆续完工的情况,在合理组织生产的前提下,企业可适当缩小产品的批量,但也不是越小越好。

在实际工作中,还存在着一种按产品所用零件的批别计算成本的"零件分批法",即先按零件生产的批别计算各批零件的成本,再按照各批产品所耗各种零件的成本加上装配成本,计算各批产品的成本。

7.1.3 分批法成本计算程序

1)按批别或订单开设产品成本明细账

分批法以产品生产批别或产品订单为成本计算对象,设置产品成本明细账,归集费用计算产品成本。

2)将各有关费用归集和分配计入各批产品明细账的各有关成本项目中

凡各批产品领用、消耗的直接费用,直接计入各批产品成本明细账。

凡各批产品共同耗用的间接费用,先归集在各有关项目中,再按批别的耗用工时或其他分配标准计算有关分配率和各批别的分配额,编制间接费用分配表,最后计入各批产品成本明细账。分配计算公式如下:

$$分配率 = \frac{当月共同耗用的间接费用总额}{当月各批产品耗用工时(其他标准)总数}$$

某批产成品分配的间接费用 = 该批产品当月耗用工时(其他标准)×分配率

3)结转完工产品成本

①本月全部完工的产成品成本,就是该成本计算单中所归集的全部费用。

②本月末完工的在产品成本,就是保留在该成本计算单中的生产费用。

③跨月生产的部分完工的产成品成本,按约当产量法或定额成本确定并结转,成本计算单中剩余之和即为在产品成本。待本批别产品全部完工后,还要计算该批产品的实际总成本和单位成本,但对已结转的产品成本,则不做账面调整。

7.2 分批法的应用

7.2.1 分批法举例

【例7.1】 光明机械厂按订货单进行生产,采用分批法计算产品成本。各批原材料是一次投入的,工资和其他费用当月分配。8月份的产品批量为:106#甲产品、201#乙产品、202#丙产品、203#丁产品4批产品。其有关成本计算资料如下。

1)生产情况

①106#甲产品4月份投产150件,本月全部完工,其4—7月发生的费用见表7.1。

表7.1 甲产品4—7月发生费用

月 份	摘 要	直接材料/元	直接人工/元	制造费用/元	合计/元
4.30	本月发生的生产费用	254 203	43 670	12 514	310 487
7.31	至本月止累计生产费用	747 517	210 466	50 489	1 008 472

②201#乙产品本月投产200件,本月完工120件,尚有80件下月完工,按约当产量计算在产品成本,在产品完工程度为50%。

③202#丙产品本月投产120件,本月全部完工。

④203#丁产品本月投产180件,10月完工。

2)本月发生各项生产费用

①耗用原材料:

201#乙产品耗用　　　　　350 000 元

202#丙产品耗用　　　　　21 000 元

203#丁产品耗用　　　　　252 000 元

201#乙产品、202#丙产品、203#丁产品共同耗用 120 000 元,单耗原材料定额分别为 12 千克,60 千克,80 千克。

②发生的工资费用:

生产工人工资　　　　　91 000 元

车间管理人员工资　　　16 000 元

职工福利费 14 980 元,其中,生产工人福利费 12 740 元,车间管理人员福利费 2 240 元。

③计提车间固定资产折旧费 79 000 元。

④车间发生修理费 2 500 元,办公费 1 000 元,其他费用 3 260 元。

3)生产工人工时记录

106#甲产品　　　　8 000 工时

201#乙产品　　　　6 000 工时

202#丙产品　　　　4 000 工时

203#丁产品　　　　8 000 工时

4)编制费用分配表

根据上述资料编制费用分配表,见表 7.2—7.4。

表 7.2　原材料费用分配表

批　别	直接领用原材料/元	共用材料分配					耗用材料总额/元
		产量/件	单位消耗定额/千克	定额耗用量/千克	分配率	应分配材料费用/元	
201#乙产品	350 000	200	12	2 400		12 000	362 000
202#丙产品	21 000	120	60	7 200		36 000	57 000
203#丁产品	252 000	180	80	14 400		72 000	324 000
合　计	623 000			24 000	5	120 000	743 000

表 7.3　工资及职工福利费用分配表

批　别	工资分配			职工福利费分配		合计/元
	生产工时/小时	分配率/(元·小时$^{-1}$)	应分配费用/元	分配率/元	应分配费用/元	
106#甲产品	8 000		28 000		3 920	31 920
201#乙产品	6 000		21 000		2 940	23 940
202#丙产品	4 000		14 000		1 960	15 960
203#丁产品	8 000		28 000		3 920	31 920
合　计	26 000	3.5	91 000	0.14	12 740	103 740

注:职工福利费用按生产工人工资比例分配。

表 7.4 制造费用分配表

批 别	生产工时/小时	分配率/(元·小时$^{-1}$)	应分配费用/元
106$^{#}$甲产品	8 000		32 000
201$^{#}$乙产品	6 000		24 000
202$^{#}$丙产品	4 000		16 000
203$^{#}$丁产品	8 000		32 000
合 计	26 000	4	104 000

5)登记生产明细表

根据上述各费用分配表登记基本生产成本明细账,见表 7.5—7.8。

表 7.5 基本生产成本明细账

批别:106$^{#}$　　　　　　　　　　　　　　　　　　　产量:150 件

产品:甲　　　　　　　　　　　　　　　投产期:4 月　完工期:8 月

日 期	摘 要	直接材料/元	直接人工/元	制造费用/元	合计/元
4.30	本月发生生产费用	254 203	43 670	12 514	310 487
7.31	至本月止累计生产费用	747 517	210 466	50 489	1 008 472
8.31	工资及职工福利费用分配表		31 920		31 920
8.31	制造费用分配表			32 000	32 000
8.31	本月生产费用合计		31 920	32 000	63 920
8.31	至本月止累计生产费用	747 517	242 386	82 489	1 072 392
8.31	结转完工产成品(150件)成本	747 517	242 386	82 489	1 072 392
	本批产品单位成本	4 983.45	1 615.91	549.92	7 149.28

表 7.6 基本生产成本明细账

批别:201$^{#}$　　　　　　　　　　　　　　　　　　　产量:200 件

产品:乙　　　　　　　　　　　　　　　投产期:8 月　完工期:9 月

日 期	摘 要	直接材料/元	直接人工/元	制造费用/元	合计/元
8.31	原材料费用分配表	362 000			362 000
8.31	工资及职工福利费用分配表		23 940		23 940
8.31	制造费用分配表			24 000	24 000
8.31	本月生产费用合计	362 000	23 940	24 000	409 940
8.31	结转完工产成品(120件)成本	217 200	17 955	18 000	253 155
	产成品单位成本	1 810	149.63	150	2 109.63
8.31	至本月止累计生产费用余额	144 800	5 985	6 000	32 185

注:原材料单位成本 $=\dfrac{362\ 000\ 元}{(120+80)件}=1\ 810\ 元/件;$

工资单位成本 $=\dfrac{23\ 940\ 元}{(120+约当产量\ 40)件}=149.625/件;$

制造费用单位成本 $=\dfrac{24\ 000\ 元}{(120+约当产量\ 40)件}=150\ 元/件。$

表7.7　基本生产成本明细账

批别:202#　　　　　　　　　　　　　　　　　　　　　　　产量:120件

产品:丙　　　　　　　　　　　　　　　　　　　　投产期:8月　完工期:8月

日　期	摘　要	直接材料/元	直接人工/元	制造费用/元	合计/元
8.31	原材料费用分配表	57 000			57 000
8.31	工资及职工福利费用分配表		15 960		15 960
8.31	制造费用分配表			16 000	16 000
8.31	本月生产费用合计	57 000	15 960	16 000	88 960
8.31	结转完工产成品(120件)成本	57 000	15 960	16 000	88 960
	本批产品单位成本	475	133	133.33	741.33

表7.8　基本生产成本明细账

批别:203#　　　　　　　　　　　　　　　　　　　　　　　产量:180件

产品:丁　　　　　　　　　　　　　　　　　　　投产期:8月　完工期:10月

日　期	摘　要	直接材料/元	直接人工/元	制造费用/元	合计/元
8.31	原材料费用分配表	324 000			324 000
8.31	工资及职工福利费用分配表		31 920		31 920
8.31	制造费用分配表			32 000	32 000
8.31	本月生产费用合计	324 000	31 920	32 000	387 920
8.31	至本月止累计生产费用余额	324 000	31 920	32 000	387 920

从上述举例可以看出,在前面所述品种法的全部计算程序和各项计算工作在分批法中也要进行。

7.2.2　累计间接费用分批法

在小批单件生产的企业或车间中,如果同一月份投产的产品批数很多,有几十批甚至上百批,且月末未完工的批数也较多(如机械修配厂就属于这种情况)时,若将当月发生的间接计入费用全部分配给各批产品,而不管各批产品是否已经完工,则费用分配的核算工作将非常繁重。因此,为了简化核算工作,在投产批数较多而完工批数较少的企业,可采用累计间接费用分批法,即将各批产品的间接计入费用在基本生产成本二级账中先累计起来,待产品完工时,再根据累计间接计入费用分配率分配计算各批完工产品成本。其计算公式如下：

$$全部产品某项累计间接计入费用分配率 = \frac{全部产品该项累计间接计入费用}{全部产品累计生产工时}$$

某批完工产品应负担的某项间接计入费用 = 该批完工产品累计生产工时 × 全部产品该项累计间接计入费用分配率

1）累计间接费用分批法的计算程序

第一，按产品批别设立产品成本明细账。

第二，将各该批产品的直接计入费用（例如原材料费用）和生产工时，登记在各该批产品成本明细账中，再将该批全部产品的在产品成本分成本项目以总数登记在专设的基本生产成本二级账中。

第三，在有完工产品的那个月份，计算累计间接计入费用分配率，分配间接计入费用，计算、登记各该批完工产品的成本。

【例 7.2】 某工业企业小批生产多种产品，由于产品批数多，为了简化成本核算工作，采用累计间接费用分配法计算产品成本。该企业 5 月各批次生产量、基本生产成本二级账资料见表 7.9、表 7.10。

表 7.9 5 月各批次生产量资料

批 次	产 品	产量/件	投产月份	完工月份
301#	A1	2 000	3 月	5 月
302#	A2	2 600	3 月	7 月
303#	B3	3 000	4 月	7 月
304#	C5	4 000	5 月	6 月（5 月完工 1 000 件）
305#	C6	2 500	5 月	7 月

表 7.10 基本生产成本二级账
（各批全部产品总成本）

日 期	摘 要	直接材料/元	生产工时/小时	直接人工/元	制造费用/元	合计/元
	……	……	……	……	……	……
4.30	本月止累计余额	454 136	147 542	368 402	143 215	965 753
5.31	本月发生	154 213	56 426	148 721	42 352	345 286
5.31	本月止累计余额	608 349	203 968	517 123	185 567	1 311 039
5.31	全部产品累计间接费用分配率			2.54	0.91	
5.31	本月完工产品转出	195 279	91 000	231 140	82 810	509 229
5.31	本月止余额	413 070	112 968	285 983	102 757	801 810

在表 7.10 所示的基本生产成本二级账中,本月发生的原材料费用和生产工时应根据本月各批明细账平行登记;本月发生的各项间接计入费用,应根据各该费用分配表或汇总表汇总登记。全部产品累计间接计入费用分配率计算如下:

$$直接工资累计分配率 = \frac{517\ 123\ 元}{203\ 968\ 小时} = 2.54\ 元/小时$$

$$制造费用累计分配率 = \frac{185\ 567\ 元}{203\ 968\ 小时} = 0.91\ 元/小时$$

基本生产成本二级账中完工产品的原材料费用和生产工时,应根据后列各批产品成本明细账中完工产品的原材料费用和生产工时汇总登记。完工产品的各项间接计入费用,可以根据账中完工产品生产工时分别乘以各该累计费用分配率计算登记;也可以根据后列各批产品成本明细账中完工产品的各该费用分别汇总登记。基本生产成本二级账中月末在产品的原材料费用和生产工时,可以根据账中累计的原材料费用和生产工时分别减去本月已完工产品的原材料费用和生产工时计算登记,也可以根据后列各批产品成本明细账中月末在产品的原材料费用和生产工时分别汇总登记。基本生产成本二级账中月末在产品的各项间接计入费用,可以根据其生产工时分别乘以各该费用累计分配率计算登记,也可以根据各该费用的累计数分别减去已完工产品的相应费用计算登记。

该企业所设各批产品基本生产成本明细账见表 7.11—7.15。

表 7.11　基本生产成本明细账

批次:301#　　　　　　　　　　　　　　　　　　　　　　产量:2 000 件
产品:A1　　　　　　　　　　　　　　　　　　　投产期:3 月;完工期:5 月

日　期	摘　要	直接材料/元	生产工时/小时	直接人工/元	制造费用/元	合计/元
	……	……	……	……	……	……
4.30	本月止累计余额	174 236	74 138			
5.31	本月发生	1 250	5 862			
5.31	本月止累计余额	175 486	80 000			
	累计分配率			2.54	0.91	
5.31	完工产品转出	175 486	80 000	203 200	72 800	451 486
	完工产品单位成本	87.74		101.6	36.4	225.74

表 7.12　基本生产成本明细账

批次:302#　　　　　　　　　　　　　　　　　　　　　　产量:2 600 件
产品:A2　　　　　　　　　　　　　　　　　　　投产期:3 月;完工期:7 月

日　期	摘　要	直接材料/元	生产工时/小时	直接人工/元	制造费用/元	合计/元
	……	……	……	……	……	……
4.30	本月止累计余额	195 468	63 200			
5.31	本月发生	1 142	6 300			
5.31	本月止余额	196 610	69 500			

表7.13 基本生产成本明细账

批次:303#   产量:3 000件
产品:B3   投产期:4月;完工期:7月

日 期	摘 要	直接材料/元	生产工时/小时	直接人工/元	制造费用/元	合计/元
	……	……	……	……	……	……
4.30	本月止累计余额	84 432	10 204			
5.31	本月发生	2 568	8 400			
5.31	本月止累计余额	87 000	18 604			

表7.14 基本生产成本明细账

批次:304#   产量:4 000件
产品:C5   投产期:5月;完工期:6月
                                                      (5月完工1 000件)

日 期	摘 要	直接材料/元	生产工时/小时	直接人工/元	制造费用/元	合计/元
5.31	本月发生	79 172	18 220			
5.31	本月止累计余额	79 172	18 220			
	累计分配率			2.54	0.91	
	完工结转1 000件	19 793	11 000	27 940	10 010	57 743
	完工产品单位成本	19.79		27.94	10.01	57.74
	本月止余额	59 379	7 220			

表7.15 基本生产成本明细账

批次:305#   产量:2 500件
产品:C6   投产期:5月;完工期:7月

日 期	摘 要	直接材料/元	生产工时/小时	直接人工/元	制造费用/元	合计/元
5.31	本月发生	70 081	17 644			
5.31	本月止累计余额	70 081	17 644			

在各批产品基本生产成本明细账中,没有完工产品的月份只登记直接计入的原材料费用和生产工时。这些月份发生的原材料费用和生产工时,也就是各该月份月末在产品的原材料费用和生产工时。因此,在各批产品基本生产成本明细账中,属于在产品的各个月份的原材料费用或生产工时发生额之和,应该等于基本生产成本二级账所记在产品的原材料费用或生产工时。

在上述各批产品基本生产成本明细账中,对于有全批完工或批内部分完工产品的月份,除了登记原材料费用和生产工时以及各项累计数以外,还应根据基本生产成本二级账登记各项累计间接计入费用的分配率。

301#产品在月末全部完工,因此其累计的原材料费用和生产工时就是完工产品的原材料费用和生产工时,以其生产工时分别乘以各项间接计入费用累计分配率,即为完工产品的各项间接计入费用。

304#产品在月末部分完工,因此应在完工产品与月末在产品之间分配费用。该种产品所耗原材料假设在生产开始时一次投入,则原材料费用按完工件数分配:

$$完工产品原材料费用 = \frac{79\ 172\ 元}{4\ 000\ 件} \times 1\ 000\ 件 = 19\ 793\ 元$$

假定该批已完产品的定额工时每件为 11 小时,则已完工产品的总工时应为:11 小时/件× 1 000 件 = 11 000 小时。

以该工时分别乘以各项累计间接计入费用分配率,即可计算、登记该批产品基本生产成本明细账中的各项间接计入费用。

各批产品基本生产成本明细账登记完毕,其中完工产品的原材料费用和生产工时应分别汇总计入基本生产成本二级账,并据以计算、登记各批全部完工产品的总成本。

2)累计间接费用分批法的特点

综上所述,采用这种分批法时,每月发生的各项间接计入费用不是按月在各批产品之间进行分配,而是将其登记在二级账按成本项目累计起来,到产品完工时,先计算全部产品某项累计间接计入费用分配率,再乘以该批完工产品累计生产工时,计算该批完工产品分配间接计入的费用,最后确定该批完工产品的总成本。这种方法与前述的分批法不同之处在于:各批产品之间分配间接费用的工作和完工产品与在产品之间分配费用的工作,都是利用累计间接计入费用分配率到产品完工时合并在一起进行的。也就是累计间接计入费用分配率,既是在各批完工产品之间分配各该费用的依据,也是在完工产品批别与月末在产品之间以及某批产品的完工产品与月末在产品之间分配各该费用的依据。

3)累计间接费用分批法的优缺点和适用范围

采用这种方法时,对未完工的在产品不分配间接费用,这样可以简化费用的分配和登记工作,月末未完工产品批数越多,核算工作越简化。但它存在两个缺点:①各批未完工产品成本明细账上,仅反映直接原材料费用和生产工时,不能完整地反映各批产品的在产品成本;②完工产品的成本是按完工月份的分配率一次计入的,如果各月份工费成本的波动较大,就可能与实际发生的工费不相符合,会影响成本计算的正确性。例如,前几个月的间接计入费用水平比本月低,而某批产品本月投产,当月完工。在这种情况下,按累计间接计入费用分配率分配计算的该批完工产品的成本就会发生不应有的偏低。另外,如果各月投产批数不多或月末未完工产品的批数不多,也不宜采用这种方法。因为在这种情况下,绝大多数产品的批号仍然要分配登记各项间接计入费用,核算工作量虽少,但计算的正确性却会受到影响。因此,这种方法只适宜在各月间接计入费用的水平相差不多的情况下采用。

练习题

一、单项选择题

①分批法适用于(　　)。

  A.小批单件生产   B.大量大批多步骤生产

  C.大量大批单步骤生产   D.大批单件生产

②采用分批法计算产品成本,若批内产品跨月完工的数量较多,且情况较多时,为了正确计算完工产品成本,则应采用(　　)计算完工产品成本和月末在产品成本。

  A.计划单位成本

  B.定额单位成本

  C.最近一期相同产品的实际单位成本

  D.约当产量法

③分批法的产品成本明细账是按(　　)设置的。

  A.产品批别   B.产品类别

  C.产品步骤   D.产品品种

④采用累计间接费用分批法计算成本时,在产品完工之前,产品成本明细账(　　)。

  A.只登记原材料费用

  B.只登记间接费用

  C.既登记间接费用,也登记直接费用

  D.只登记直接原材料费用和生产工时

⑤下列方法中,必须设置基本生产成本二级账的是(　　)。

  A.品种法   B.分批法

  C.累计间接费用分批法   D.定额法

⑥分批法的特点之一是(　　)。

  A.一般不存在完工产品和在产品之间的费用分配

  B.按计划单位成本计算完工产品成本

  C.不计算完工产品成本与在产品的实际成本

  D.有产品完工时,只对该批产成品分配累计间接计入费用,计算产成品成本

⑦累计间接费用分批法适用于(　　)。

  A.各月间接费用水平相差不多的情况

  B.各月间接费用水平相差较大的情况

  C.同月投产的批数较少

  D.月末已完工的批数较多

⑧分批法的成本计算期是(　　)的。

  A.定期   B.不定期

C.与生产周期不一致　　　　　　　　D.与会计报告期一致

⑨累计间接费用分批法下,对未完工在产品(　　　)。

A.分配间接计入费用　　　　　　　　B.不分配间接计入费用

C.分批计算在产品成本　　　　　　　D.其成本全部反映在该成本明细账中

⑩累计间接费用分批法下所设立的基本生产成本二级账的作用主要是(　　　)。

A.按月提供企业或车间全部产品的本月生产费用和生产工时资料

B.按月提供企业或车间全部产品的累计的生产费用和生产工时资料

C.按月提供企业或车间全部产品的月初生产费用和生产工时资料

D.按月提供企业或车间全部产品间接计入费用分配率资料

二、多项选择题

①分批法的特点是(　　　)。

A.按产品的批别开设产品成本明细账

B.成本计算期不固定,随各批别的生产周期而异

C.成本计算期与会计核算期一致

D.一般不存在完工产品和在产品之间的费用分配

②采用分批法时,若小批生产的批内产品跨月完工较少,完工产品成本可采用(　　　)。

A.计划单位成本　　　　　　　　　　B.定额单位成本

C.近期同类产品的实际单位成本　　　D.约当产量法

③累计间接费用分批法的特点是(　　　)。

A.仍按产品批别设立产品成本明细账,且在产品完工前,账内只登记直接计入费用
　(如原材料)和生产工时

B.设立基本生产成本二级账

C.在有完工产品的月份,只对完工产品分配间接计入费用,计算完工产品成本

D.对未完工在产品不分配间接计入费用,不分批计算在产品成本

④累计间接计入费用分配率是(　　　)。

A.在各批完工产品之间分配各项费用的依据

B.在完工批别与月末在产品之间分配各项费用的依据

C.在某批产品的完工产品与月末在产品之间分配各项费用的依据

D.当生产费用的横向分配工作和纵向分配工作在有完工产品时一次分配的依据

⑤分批法适用于(　　　)。

A.小批生产的企业　　　　　　　　　B.单件生产的企业

C.新产品试制　　　　　　　　　　　D.机器设备的大修理

⑥累计间接计入费用分批法一般适用于(　　　)的情况。

A.月末未完工产品的批数多

B.月末未完工产品的批数少

C.各月间接计入费用水平相差不大

D.各月间接计入费用水平相差较大

⑦累计间接费用分批法下,在对完工产品分配间接计入费用,计算完工产品成本时,( ),计算出在产品成本。

A.只对各批全部完工产品分配间接计入费用

B.只对未完工的在产品分配间接计入费用

C.既对各批完工产品分配间接计入费用,也对未完工的在产品分配间接计入费用

D.只对各批部分完工产品分配间接计入费用

⑧基本生产成本二级账中完工产品的原材料费用和生产工时,应根据( ),完工产品的各项间接计入费用,可根据( )。

A.各批产品成本明细账中完工产品的原材料费用和生产工时汇总登记

B.完工产品生产工时分别乘以各项累计费用分配率计算登记

C.各批产品成本明细账中完工产品的各项费用分别汇总登记

D.各批产品原材料费用分配表、生产工时记录登记

⑨下列可以采用分批法计算产品成本的企业有( )。

A.钢铁   B.造船   C.服装   D.铁路机车制造

⑩采用分批法时,作为成本计算对象的某一批别可以是( )。

A.不同订单中的同种产品   B.同一订单同种产品的组成部分

C.同一订单中的不同产品   D.不同订单中的不同产品

三、填空题

①产品成本核算分批法,就是以企业生产的_____作为产品核算的对象。

②产品成本核算分批法适用于_____的企业。

③采用累计间接费用简化分批法一定要设立_____二级账。每月发生的间接计入费用不是按月在_____之间进行分配,而是先将其登记在_____,按成本项目累计起来。

④累计间接计入费用分配率,是在各批完工产品之间,也是在_____之间以及某批产品的完工产品与月末在产品之间分配_____的。

⑤在批内产品跨月陆续完工的情况下,月末计算成本时,一部分产品已完工,另一部分尚未完工,这时就要在_____计算_____。

四、判断题

①采用分批法时,完工产品成本可以按定额单位成本或计划单位成本计算。 ( )

②在月末未完工产品批数较多的情况下,不适宜采用简化的分批法。 ( )

③如果一张订单规定有几种产品,也应合为一批组织生产。 ( )

④为了使同一批产品同时完工,避免跨月陆续完工的情况,应减少在完工产品与月末在产品之间分配费用的工作,产品的批量越小越好。 ( )

⑤采用累计间接费用分批法时,每月发生的各项间接费用按月在各批产品之间进行分配。 ( )

⑥在小批单件生产的企业或车间中,如果同一月份投产的产品批数很多,就可以采用累

计间接费用的分批法计算产品成本。 ( )

⑦企业新产品试制一般不可采用分批法进行成本计算。 ( )

⑧分批法的特点是不按产品的生产步骤而按产品的批别计算成本。 ( )

⑨累计间接费用分批法只需按月登记直接费用。 ( )

⑩分批法比品种法简单。 ( )

五、业务实训题

业务实训题1

(1)业务实训资料:某企业采用分批法计算产品成本,本年9月份有关成本资料如下:

①生产情况(见表7.16)。

表7.16 生产情况表

产品批号	产品名称	批量	生产工时	完工情况	投产日期
8301	甲	50	12 600	无	9月
8302	乙	40	9 800	5台	8月
8303	丙	10	2 800	4台(另6台8月已完工)	7月
8304	丁	20	4 800	20台	7月
合　计			30 000		

②本月耗用半成品及原材料情况如下(共同耗用的原材料按直接耗用的半成品和原材料的金额比例进行分配,见表7.17)。

表7.17 耗用材料汇总表

材料名称	耗用情况					合　计
	甲产品	乙产品	丙产品	丁产品	共同耗用	
半成品	9 703	1 628				11 331
原材料	21 497	18 672	2 500	1 300	6 636	50 605
合　计	31 200	20 300	2 500	1 300	6 636	61 936

③本月生产工人的工资及福利费为16 650元(按生产工时比例进行分配)。

④本月制造费用总额为8 280元(按生产工时比例进行分配)。

⑤8302批号乙产品计划单位成本:原材料1 680元,工资及福利费430元,制造费用250元。

⑥以前月份发生的生产费用已计入相关批别产品成本明细账。

(2)要求:

①根据以上资料编制材料费用分配汇总表(见表7.18)、工资及福利费和制造费用分配表(见表7.19)。

②根据上述分配表登记产品成本明细账,并计算各批别完工产品成本和在产品成本

（见表 7.20—7.23）。

表 7.18 材料费用分配汇总表

20××年×月

产品批号	产品名称	直接耗用	共同耗用		合 计
			分配率	分配额	
8301	甲				
8302	乙				
8303	丙				
8304	丁				
合 计					

表 7.19 工资及福利费、制造费用分配表

20××年×月

产品批号	产品名称	生产工时	工资及福利费分配		制造费用分配	
			分配率	分配额	分配率	分配额
8301	甲					
8302	乙					
8303	丙					
8304	丁					
合 计						

表 7.20 产品成本明细账

产品批号:8301 投产日期:9 月

产品名称:甲 完工日期:

批量:50 台 完工产量:

20××年		凭证号数	摘 要	成本项目			
月	日			直接材料	直接人工	制造费用	合 计

表 7.21 产品成本明细账

产品批号:8302 　　　　　　　　　　　　　　　　　投产日期:8 月
产品名称:乙 　　　　　　　　　　　　　　　　　完工日期:9 月
批量:40 台 　　　　　　　　　　　　　　　　　完工产量:5 台

20××年		凭证号数	摘 要	成本项目			
月	日			直接材料	直接人工	制造费用	合 计
8	31		8 月份费用	36 474	3 672	1 529	41 675

表 7.22 产品成本明细账

产品批号:8303 　　　　　　　　　　　　　　　　　投产日期:7 月
产品名称: 丙 　　　　　　　　　　　　　　　　　完工日期:9 月
批量:10 台 　　　　　　　　　　　　　　　　　完工产量:4 台

20××年		凭证号数	摘 要	成本项目			
月	日			直接材料	直接人工	制造费用	合 计
7	31		7 月份费用	17 650	2 170	1 406	21 226
8	31		8 月份费用	6 310	1 646	1 020	8 976
8	31		累计	23 960	3 816	2 426	30 202
8	31		8 月完工 6 台转出	16 500	3 000	2 040	21 540
8	31		在产品成本	7 460	816	386	8 662

表7.23 产品成本明细账

产品批号:8304

产品名称:丁产品

批量:20台

投产日期:7月

完工日期:9月

完工产量:20台

20××年		凭证号数	摘 要	成本项目			
月	日			直接材料	直接人工	制造费用	合 计
7	31		7月份费用	22 540	3 640	2 880	29 060
8	31		8月份费用	10 670	3 120	2 142	15 932
8	31		累计	33 210	6 760	5 022	44 992

业务实训题2

(1)业务实训资料:某企业小批生产,产品批次较多,但月末完工批次数少,故采用累计分批法计算产品成本。本年10月份有关成本计算资料如下:

①生产情况(见表7.24)。

表7.24 生产情况表

产品批号	产品名称	本月工时	批 量	投产及完工情况
301	A	1 040	8件	8月投产,本月全部完工
302	B	3 000	10件	9月投产,尚未完工
303	C	2 400	16件	9月投产,本月完工4件
304	D	3 200	5件	9月投产,尚未完工
305	E	4 200	4件	10月投产,尚未完工
合 计		13 840		

②本月发生的生产费用(见表7.25)。

表7.25 本月生产费用表

产品批号	产品名称	费用项目			合 计
		直接材料	直接人工	制造费用	
301	A	1 600			
302	B				
303	C				
304	D	2 000			
305	E	8 600			
合 计		12 200	29 000	14 278	55 478

③以前月份发生的费用及消耗的生产工时已计入相关账户。基本生产成本二级账和产品成本明细账见表7.26—7.31。

（2）要求：

①将本月发生生产工时、直接材料费用计入基本生产二级账和各产品成本明细账；

②将本月发生的直接人工、制造费用总额计入基本生产二级账；

③计算直接人工、制造费用的累计分配率，并计算各批完工产品和在产品成本。

表 7.26   **基本生产成本二级账**

20××年		凭证号数	摘　要	生产工时	成本项目			
月	日				直接材料	直接人工	制造费用	合　计
8	31		8月份发生	1 700	48 000	2 500	1 052	51 552
9	30		9月份发生	10 760	107 480	21 100	13 600	142 180
			累计	12 460	155 480	23 600	14 652	193 732

表 7.27   **产品成本明细账**

产品批号：301　　　　　　　　　　　　　　　　　　　　　　　　投产日期：8 月

产品名称：A　　　　　　　　　　　　　　　　　　　　　　　　完工日期：10 月

批量：8 件　　　　　　　　　　　　　　　　　　　　　　　　　完工产量：8 件

20××年		凭证号数	摘　要	生产工时	成本项目			
月	日				直接材料	直接人工	制造费用	合　计
8	31		8月份发生	1 700	48 000			
9	30		9月份发生	1 960	16 000			
			累计	3660	64 000			

表7.28 产品成本明细账

产品批号:302   投产日期:9月

产品名称:B   完工日期:

批量:10件   完工产量:

20××年		凭证号数	摘 要	生产工时	成本项目			
月	日				直接材料	直接人工	制造费用	合 计
9	30		9月份发生	2 400	70 000			

表7.29 产品成本明细账

产品批号:303   投产日期:9月

产品名称:C   完工日期:10月

批量:16件   完工产量:4件

20××年		凭证号数	摘 要	生产工时	成本项目			
月	日				直接材料	直接人工	制造费用	合 计
9	30		9月份发生	2 800	12 880			

表7.30 产品成本明细账

产品批号:304   投产日期:9月

产品名称:D   完工日期:

批量:5件   完工产量:

20××年		凭证号数	摘 要	生产工时	成本项目			
月	日				直接材料	直接人工	制造费用	合 计
9	30		9月份发生	3 600	8 600			

表 7.31　产品成本明细账

产品批号:305　　　　　　　　　　　　　　　　　　　　投产日期:10 月

产品名称:E　　　　　　　　　　　　　　　　　　　　　完工日期:

批量:4 件　　　　　　　　　　　　　　　　　　　　　　完工产量:

20××年		凭证号数	摘　要	生产工时	成本项目			
月	日				直接材料	直接人工	制造费用	合　计

第 *8* 章 分步法

[**本章提示**]　分步法是按照产品生产过程中各个加工步骤归结生产费用,计算各步骤半成品和最后步骤产成品成本的成本核算方法。通过本章的学习,理解产品成本计算分步法的特点和种类;掌握综合结转法、分项结转法以及平行结转分步法等成本计算方法;理解综合结转法、分项结转法和平行结转分步法等成本计算方法的主要区别。

[**本章重点**]　分步法的特点,逐步结转分步法和平行结转分步法的区别;逐步结转分步法以及平行结转分步法的运用。

[**本章难点**]　综合结转法计算产品成本过程中的成本还原。由于上一步骤生产的半成品是综合地转入下一步骤的产品成本明细账的"直接材料(半成品)"项目,最后步骤计算的完工产品的成本不符合企业产品成本结构的实际情况,因此,就要采用一定的方法将最后步骤的产品成本中所包括的半成品的综合成本,逐步分解还原为原来的成本项目。平行结转分步法的各步骤发生的各项费用中应计入完工产品成本的"份额",也就是每一生产步骤所归集的生产费用,要采用适当的方法将其在完工产品与月末在产品之间进行分配。

8.1　分步法的概述

8.1.1　分步法概念及适用范围

分步法是按照产品的生产步骤归集生产费用,计算产品成本的一种方法。它适用于大批的多步骤生产,例如冶金、纺织、造纸、木材加工,以及大量大批生产的机械制造等。在这些生产企业中,产品生产可以分为若干个生产步骤进行,如纺织企业生产可分为纺纱、织布、印染等步骤;木材加工企业生产可分为原木、成材、成品等步骤;冶金企业生产可分为炼铁、炼钢、轧钢等步骤。为了加强成本管理,不仅要求按照产品品种归集生产费用,计算产品成本,而且要求按照产品的生产步骤归集生产费用,计算各步骤产品成本,提供反映各种产品及其各生产步骤成本计划执行情况的资料。

8.1.2 分步法的特点

1）成本计算对象

由于分步法是按照产品的生产步骤归集生产费用的，因此，其成本计算对象不仅要求按照产品的品种计算成本，还要求按照生产步骤计算成本。产品成本明细账也就要求按产品的生产步骤和产品的品种设置。假如企业只生产一种产品，成本计算对象就是该种产成品及其所经过的各生产步骤，产品成本明细账应该按照产品的生产步骤开立；假如企业生产多种产品，成本计算对象则应是各种产成品及其所经过的各生产步骤，产品成本明细账应该按照每种产品的各个步骤开立。在进行成本计算、归集和分配生产费用时，单设成本项目的直接费用，直接计入各该成本计算对象；单设成本项目的间接费用，单独分配计入各该成本计算对象；不单设成本项目的费用，先按车间或费用用途归集，月末再分配计入各该受益对象。

需要指出的是，在实际工作中，生产步骤的划分不一定与实际生产步骤完全一致，企业应根据管理的要求和简化核算程序的原则，可以只对管理上要求分步计算成本的生产步骤，设置产品成本明细账，单独计算成本；反之，不要求单独计算成本的步骤，则可与其他生产步骤合并计算成本。例如：造纸企业的包装步骤，如果费用不大，为了简化成本计算工作，也可以与制纸步骤合并在一起计算成本。另外，在按生产步骤设立车间的企业中，一般来说，分步计算成本也就是分车间计算成本。但是，如果企业生产规模很小，管理上不要求分车间计算成本，也可以将几个车间合并为一个步骤计算成本；相反，如果企业生产规模很大，车间内还可以分成几个生产步骤，管理上又要求分步计算成本，这时，也可在车间内分步计算成本。例如，混凝土预制构件厂钢筋铁件车间，分别以成型钢筋和镶入铁件为成本核算对象计算产品成本。可见，分步计算成本不一定就是分车间计算成本。

2）成本计算期

在大量、大批生产的企业里，生产具有连续性，无法明确分辨产品的间断期。也就是说，原材料连续不断地投入，产品也连续不断地完工，同时在生产过程中始终有一定数量的在产品存在，客观上不能等全部产品完工后再计算成本，只能在会计报告期（每月月底）进行。

3）生产费用在完工产品与在产品之间的分配

由于各生产步骤有完工的产成品或半成品，又有在产品，因此需要采用适当的方法，如约当产量法、定额法等，将各步骤生产费用在完工产成品或半成品和在产品之间划分计算，以便计算完工半成品成本和产成品成本。

4）各步骤之间成本的结转

产品生产是分步骤进行的，上一步骤生产的半成品是下一步骤的加工对象，为了计算各种产品的产成品成本,需要按照产品品种结转各步骤成本。这是分步法的一个主要特点。但因生产工艺过程的特点及成本管理对各步骤成本资料的要求(是否计算各生产步骤的半成品成本)不同,各生产步骤成本计算和结转采用两种不同的方法:逐步结转和平行结转。产品成本计算的分步法因而也就相应地分为逐步结转分步法和平行结转分步法两种。

8.1.3 分步法计算成本程序

第一,按照生产步骤和产品品种开设产品成本明细账,或者按照生产步骤设立产品成本明细账,账中按照产品品种反映。

第二,根据各费用分配表将各项有关费用计入产品成本明细账的各有关成本项目内。如果一个步骤只生产一种产品,那么这个步骤所发生的费用直接计入该产品成本明细账;如果一个步骤生产多种产品,凡可以明确的直接费用应计入各该产品成本明细账,凡由几种产品共同耗用的间接费用应分配计入各该产品成本明细账。

第三,采用适当的分配方法将生产费用在完工的半成品或产成品和月末在产品之间进行分配,计算各该生产步骤半成品成本、各该生产步骤的产成品成本和月末在产品成本。

第四,各生产步骤成本的计算和结转:

①在逐步结转分步法下,各步骤在产品成本计算后,将全部生产费用扣除在产品成本,即得半成品成本。上一步骤的半成品可直接转入下一步骤,也可先交自制半成品库,再领用转入下一生产步骤。无论采用哪种形式,半成品转入下一步骤成本明细账时,可按半成品成本综合反映,也可按半成品成本分项反映,如图 8.1、图 8.2 所示。

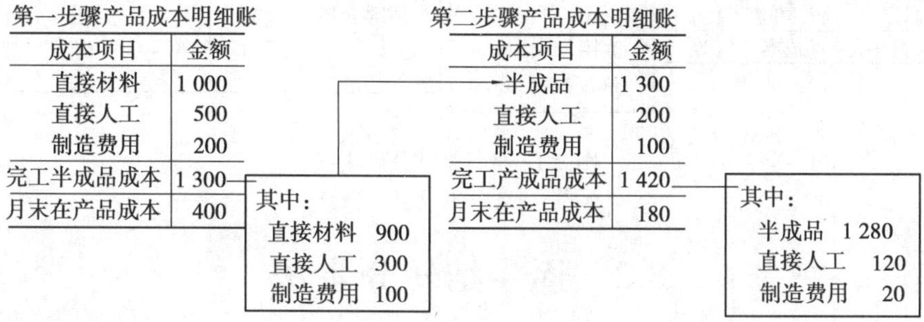

图 8.1 综合结转分步法

②在平行结转分步法下,各生产步骤不计算半成品成本,各步骤之间也不结转半成品成本。不论半成品实物是在各生产步骤之间直接转移,还是通过半成品库收发。各步骤只计算本步骤发生的生产费用,并将其划分为计入产成品的"份额"部分和尚未最后制成的在产品部分。这里的在产品包括:尚在本步骤加工中的在产品;本步骤已完工转入半成品库存的半成品;已从半成品库转入以后各步骤进一步加工、尚未最后制成的产成品。将各步骤费用中应计入产品的"份额"平行结转、汇总计算该种产成品成本,如图 8.3 所示。

第一步骤产品成本明细账

成本项目	金额
直接材料	1 000
直接人工	500
制造费用	200
完工半成品成本	1 300
月末在产品成本	400

其中：
直接材料 900
直接人工 300
制造费用 100

第二步骤产品成本明细账

成本项目	金额
直接材料	900
直接人工	300+200
制造费用	100+100
完工产成品成本	1 420
月末在产品成本	180

其中：
直接材料 900
直接人工 400
制造费用 120

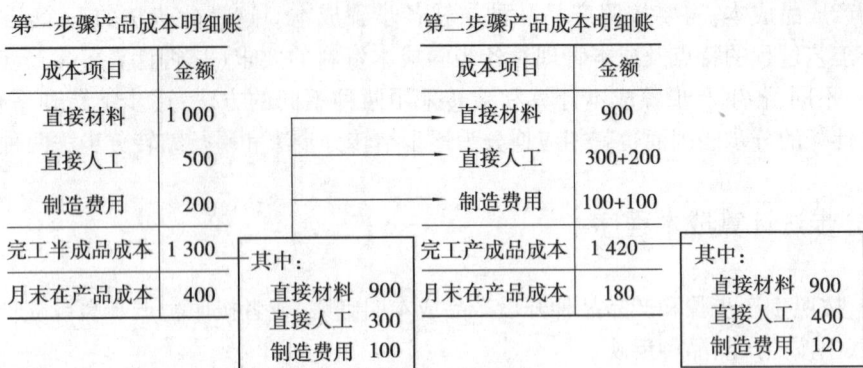

图 8.2　分项结转分步法

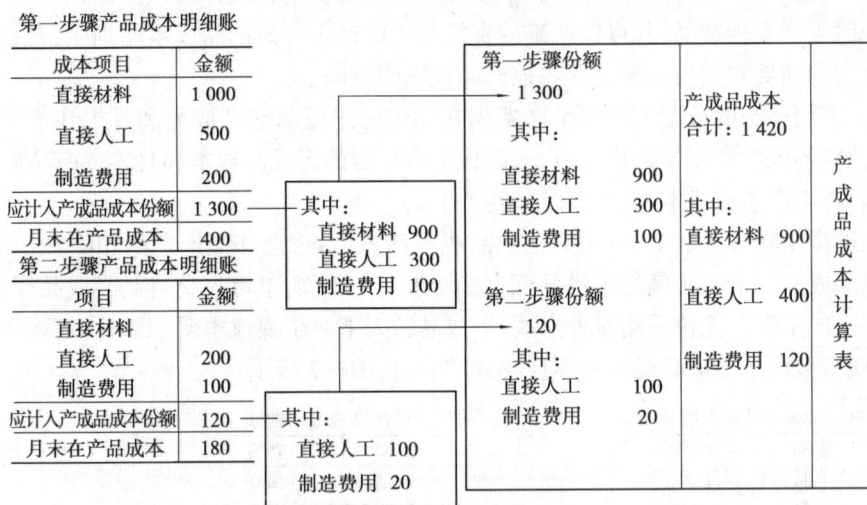

第一步骤产品成本明细账

成本项目	金额
直接材料	1 000
直接人工	500
制造费用	200
应计入产成品成本份额	1 300
月末在产品成本	400

第二步骤产品成本明细账

项目	金额
直接材料	
直接人工	200
制造费用	100
应计入产成品成本份额	120
月末在产品成本	180

其中：
直接材料 900
直接人工 300
制造费用 100

其中：
直接人工 100
制造费用 20

第一步骤份额
1 300
其中：
直接材料 900
直接人工 300
制造费用 100

第二步骤份额
120
其中：
直接人工 100
制造费用 20

产成品成本
合计：1 420
其中：
直接材料 900

直接人工 400

制造费用 120

产成品成本计算表

图 8.3　平行结转分步法

8.2　逐步结转分步法

8.2.1　逐步结转分步法概念及适用范围

在采用分步法的大量大批步骤生产企业中,由于各步骤生产的半成品不仅由本企业进一步加工,还经常作为商品产品对外销售,因此为了便于计算外售半成品的成本和行业成本的评比、分析,需要计算半成品成本。逐步结转分步法就是为了分步计算半成品成本而采用的一种分步法,亦称计算半成品成本的分步法。它是按照产品加工步骤的顺序计算完工半成品成本,并将其转入下一步骤而逐步转入产成品成本的。其适用范围是:半成品需要对外销售,要求计算外售半成品成本,或管理上要求提供半成品成本资料的大量、大批多步骤生产的企业。如钢铁厂的生铁、钢锭,化肥厂的合成氨,木材加工厂的成材等。

8.2.2 逐步结转分步法的特点

①以各生产步骤的半成品(最后一个步骤为产成品)为成本计算对象,开设成本明细账。

②半成品成本要随同半成品实物一道在各生产步骤之间按顺序转移,即各步骤的半成品成本要随着半成品的实物转移,有序地从上一步骤的成本计算单中转入下一步骤相同产品的成本计算单中,以便逐步计算出各步骤的产成品成本。逐步结转分步法按照半成品成本在下一步骤成本计算中反映的方式不同,又可分为综合结转和分项结转两种。

8.2.3 综合结转及成本还原

综合结转是将各生产步骤所耗用的半成品成本,综合计入各该步骤产品成本明细账的"原材料"或专设的"半成品"成本项目中。半成品成本的综合结转可以按实际成本结转,也可以按计划成本结转。

1)按实际成本综合结转法

(1)计价

按实际成本综合结转法,就是各步骤所耗上一步骤的半成品费用,按照所耗半成品的实际数量乘以半成品的实际单位成本计算确定。如果领用的半成品是由自制半成品仓库发出的,由于各月所产半成品的实际单位成本不完全相同,因此所耗半成品实际单位成本的计算可根据企业的实际情况,选择使用下列方法确定:

①先进先出法。以先入库的先发出这一假定为依据,按顺序确定半成品的发出和结存成本的一种方法。

②加权平均法。以期初结存数量和本期各批收入数量为权数计算的加权平均单位成本,作为发出半成品的实际单价,来确定发出半成品的实际成本的一种方法。其计算公式如下:

$$加权平均单位成本 = \frac{期初结存半成品的实际成本 + 本期收入半成品的实际成本}{期初结存半成品的数量 + 本期收入半成品的数量}$$

发出半成品的实际成本 = 本期发出半成品的数量 × 加权平均单位成本

③移动加权平均法。以本批收入数量加本批收入前的结存数量为权数计算的平均单价作为发出半成品的实际单价,来确定发出半成品实际成本的一种方法。计算公式如下:

移动加权平均单位成本 =

$$\frac{本批收入前结存半成品的实际成本 + 本批收入半成品的实际成本}{本批收入前结存半成品的数量 + 本批收入半成品的数量}$$

发出半成品的实际成本 = 本期发出半成品的数量 × 移动加权平均单位成本

为了提高各步骤成本计算的及时性,在半成品月初余额较大、本月所耗半成品全部或者大部分是以前月份所产的情况下,本月所耗半成品费用也可按上月末的加权平均单位成本计算确定。

(2)核算程序及举例说明

【例8.1】 假定A产品生产分两个步骤,分别由两个车间进行。第一车间生产的半成品,交半成品库验收;第二车间按所需数量从半成品库领用,所耗半成品费用按加权平均单位成本计算。现假定原材料在生产开始时一次投入,各步骤在产品的完工程度均为50%。采用约当产量法将生产费用在完工产成品(自制半成品)和在产品之间分配。

其成本计算程序如下:

第一,根据各种费用分配表、半成品交库单和第一车间在产品约当产量计算资料,登记第一车间A产品成本明细账。见表8.1。

表8.1 产品成本明细账

车间:第一车间

产品:A半成品
单位:元

20××年		摘　要	直接材料	直接人工	制造费用	合　计
月	日					
11	1	月初在产品成本	4 000	2 500	3 000	9 500
11	30	本月生产费用	16 000	11 500	13 000	40 500
11	30	本月生产费用累计	20 000	14 000	16 000	50 000
11	30	转出A半成品成本(120件)	12 000	10 500	12 000	34 500
11	30	月末在产品成本(80件)	8 000	3 500	4 000	15 000

在表8.1产品成本明细账中,月初(即10月末)在产品成本应根据上月有关数据计算登记;本月生产费用应根据上月各种费用分配表登记;月末在产品成本应根据约当产量法计算登记;本月完工转出的A半成品成本应根据生产费用累计数,减去月末在产品成本计算登记。其计算公式如下:

①直接材料 $\dfrac{20\ 000\ 元}{120\ 件+80\ 件}=100\ 元/件$

　月末在产品成本 = 80 件 × 100 元/件 = 8 000 元

　完工转出A半成品成本 = 20 000 元 - 8 000 元 = 12 000 元

②直接人工 $\dfrac{14\ 000\ 元}{120\ 件+80\ 件×50\%}=87.5\ 元/件$

　月末在产品成本 = 40 件 × 87.5 元/件 = 3 500 元

　完工转出A半成品成本 = 14 000 元 - 3 500 元 = 10 500 元

③制造费用 $\dfrac{16\ 000\ 元}{120\ 件+80\ 件×50\%}=100\ 元/件$

　月末在产品成本 = 40 件 × 100 元/件 = 4 000 元

　完工转出A半成品成本 = 16 000 元 - 4 000 元 = 12 000 元

根据第一车间的半成品交库单编制结转半成品成本的会计分录:

借:自制半成品——A半成品   34 500

　　贷:基本生产成本——第一车间(A半成品)   34 500

第二,根据计价后的一车间半成品交库单和第二车间领用半成品的领用单,登记自制半成品明细账。见表8.2。

表8.2 自制半成品明细账

半成品:A 半成品　　　　　　　　　　　　　　　　　　　　　　　　　　　　　　　　　单位:件

月份	月初余额		本月增加		累　计			本月减少	
	数　量	实际成本/元	数　量	实际成本/元	数　量	实际成本/元	单位成本/元	数　量	实际成本/元
11	30	10 500	120	34 500	150	45 000	300	110	33 000
12	40	12 000							

　　在表8.2自制半成品明细账中,月初余额应根据上月有关数据计算登记;本月增加的数量和实际成本,应根据本月半成品交库单登记;累计的单位成本是全月一次加权平均单位成本,应根据累计的实际成本除以累计的数量计算登记;本月减少的数量,应根据第二车间领用半成品的领用单登记;本月减少的实际成本,应根据本月减少数量乘以累计单位成本计算登记。

　　根据第二车间领用半成品的耗用单,编制结转半成品成本的会计分录:

　　借:基本生产成本——第二车间(A产成品)　　　　　　　　　　33 000

　　　　贷:自制半成品——A半成品　　　　　　　　　　　　　　　　33 000

　　第三,根据各种费用分配表,领用半成品领用单、产成品交库单等,登记第二车间A产品成本明细账。见表8.3。

表8.3 产品成本明细账

车间:第二车间

产品:A产成品　　　　　　　　　　　　　　　　　　　　　　　　　　　　　　　　　　单位:元

20××年		摘　要	半成品	直接人工	制造费用	合　计
月	日					
11	1	月初在产品成本	7 250	1 500	2 000	10 750
11	30	本月生产费用	33 000	16 000	16 750	65 750
11	30	本月生产费用累计	40 250	17 500	18 750	76 500
11	30	转出A产成品成本(110件)	31 625	15 400	16 500	63 525
11	30	月末在产品成本(30件)	8 625	2 100	2 250	12 975

　　在表8.3产品成本明细账中,"半成品"成本项目就是为了综合登记所耗第一车间半成品的成本而单独设列的。它应根据本月第二车间领用半成品领用单登记。本月完工转出的A产品成本计算如下:

　　①半成品 $\dfrac{40\ 250\ 元}{110\ 件+30\ 件}=287.5\ 元/件$

　　　　月末在产品成本=30件×287.5元/件=8 625元

　　　　完工转出A产成品成本=40 250元-8 625元=31 625元

②直接人工 $\dfrac{17\,500\,元}{110\,件+30\,件\times50\%}=140\,元/件$

月末在产品成本$=15\,件\times140\,元/件=2\,100\,元$

完工转出 A 产成品成本$=17\,500\,元-2\,100\,元=15\,400\,元$

③制造费用 $\dfrac{18\,750\,元}{110\,件+30\,件\times50\%}=150\,元/件$

月末在产品成本$=15\,件\times150\,元/件=2\,250\,元$

完工转出 A 产成品成本$=18\,750\,元-2\,250\,元=16\,500\,元$

根据第二车间半成品交库单编制结转产成品成本的会计分录：

借：库存商品——A 产成品   63 525

  贷：基本生产成本——第二车间（A 产成品）   63 525

2）按计划成本综合结转法

按计划成本综合结转法，就是日常收入发出的半成品均按计划成本计价，等月末半成品实际成本计算确定后，再计算半成品差异率，调整领用半成品的计划成本。采用这种结转法所用的账表其最大的特点是：

①自制半成品明细账不仅要反映半成品收发和结存的数量和实际成本，而且要反映半成品的收发和结存的计划成本、成本差异额和成本差异率。

②在产品成本明细账中，对于所耗用半成品的成本，可以直接按照调整成本差异后的实际成本登记；也可以按照计划成本和成本差异分别登记，以便分析上一步骤半成品成本差异对本步骤成本的影响。如果采用后一种做法，产品成本明细账中的"半成品"项目或"直接材料"项目，应分设"计划成本""成本差异"和"实际成本"三栏。

仍以上例企业资料为例，采用半成品按计划成本综合结转方法，自制半成品明细账的格式见表 8.4。

表 8.4　自制半成品明细账

半成品：A　　　　　　　　　　　　　　　　　　　　　　　　　　　计划单位成本：280 元

月份	月初余额			本月增加			累计					本月减少		
	数量	计划成本/元	实际成本/元	数量	计划成本/元	实际成本/元	数量	计划成本/元	实际成本/元	成本差异/元	成本差异率%	数量	计划成本/元	实际成本/元
11	30	8 400	10 500	120	33 600	34 500	150	42 000	45 000	+3 000	+7.143	110	30 800	33 000
12	40	11 200	12 000											

在表 8.4 自制半成品明细账中，本月增加和本月减少的计划成本，应根据半成品的交库单和领用半成品耗用单所列数量乘以计划单位成本后的总额登记。本月增加的实际成本，应根据第一车间 A 产品成本明细账中完工转出的半成品成本登记，累计的成本差异、成本差异率和本月减少的实际成本的计算公式如下：

累计成本差异 = 累计实际成本 - 累计计划成本

$$= 45\,000\,元 - 42\,000\,元$$

$$= 3\,000\,元$$

累计成本差异率 = $\dfrac{\text{累计成本差异}}{\text{累计计划成本}}$ × 100% = $\dfrac{3\,000\,元}{42\,000\,元}$ × 100% = 7.143%

本月减少的实际成本 = 本月减少的计划成本 × (1 + 成本差异率)

$$= 30\,800\,元 × (1 + 7.143\%) = 33\,000\,元$$

在第二车间 A 产品成本明细账中,如果"半成品"或"直接材料"成本项目按调整成本差异后的实际成本登记,其格式和金额与前列相同。如果"半成品"或"直接材料"成本项目按"计划成本""成本差异"和"实际成本"分列三栏,其格式和金额见表 8.5。

表 8.5　产品成本明细账

车间:第二车间　　　　　　　　　　　　　　　　　　　　　　　　　计划单位成本:268 元

月	日	摘　要	半成品			直接人工/元	制造费用/元	合计/元
			计划成本/元	实际成本/元	成本差异/元			
10	31	月初在产品成本	6 767	7 250	483	1 500	2 000	10 750
11	30	本月发生生产费用	30 800	33 000	2 200	16 000	16 750	65 750
11	30	本月生产费用累计	37 567	40 250	2 683	17 500	18 750	76 500
11	30	完工转出 A 产成品成本(110 件)	29 517	31 625	2 108	15 400	16 500	63 525
11	30	月末在产品成本(30 件)	8 050	8 625	575	2 100	2 250	12 975

在表 8.5 产品成本明细账中,本月所耗按计划单位成本计算的半成品费用,应根据按计划单位成本计价的半成品耗用单登记;本月所耗半成品的成本差异,应根据所耗半成品的计划成本乘以自制半成品明细账中的成本差异率计算登记。

本月所耗半成品应分配的成本差异 = 本月所耗半成品的计划成本 × 成本差异率

$$= 30\,800\,元 × 7.143\%$$

$$= 2\,200\,元$$

与按实际成本综合结转半成品成本方法相比较,按计划成本综合结转半成品成本具有两个显著优点:其一,简化和加速核算工作。主要体现在简化和加速半成品收发凭证的计价和记账工作上。半成品成本差异率如果不是按半成品品种而是按类别分类计算,则可以省去按品种、规格设立产品成本明细账逐一计算所产半成品的实际成本和成本差异率,逐一调整所耗半成品成本差异的大量计算工作;如果月初半成品存量较大,本月耗用的半成品大部分甚至全部是以前月份生产的,也可根据上月半成品成本差异率调整本月所耗半成品计划成本。这样不仅简化了计算工作,各步骤的成本计算还可以同时进行,从而加速了产品成本的计算工作。其二,便于各步骤进行成本分析和考核。按计划成本结转半成品成本,在产品成本明细账中可以分别反映所耗半成品的计划成本、成本差异和实际成本,因而在分析各步骤产品成本时,可以剔除上一步骤半成品成本变动对本步骤产品成本的影响,有利于分清经济责任,考核各步骤的经济效益。假定某步骤按计划应耗用半成品100件,每件计划单位成本180元,其所耗半成品费用应为18 000元;实际耗用半成品100件,每件实际单位成本170元,半成品费用为17 000元。如果不计算所耗半成品本月的成本差异,这一生产步骤似乎节约了半成品耗费1 000元,成本工作有成绩。在计算所耗半成品成本差异为节约10元(即180元-170元)以后,可以看出,该步骤所耗半成品成本数量实际与计划相同,都是100件,并未节约,上述半成品费用节约的1 000元,实际上是所耗半成品本身成本节约的1 000元(即18 000元-17 000元)。这种节约是生产半成品的上一生产步骤成本工作的成绩,而不是该步骤成本工作的成绩。

3)综合结转的成本还原

从前面举例的第二车间A产品成本明细账中可以看出,采用综合结转法的结果,表现在产成品成本中的大部分费用是最后一个步骤(第二车间)所耗用自制半成品的费用。其他直接人工、制造费用,只是最后一个步骤的费用,在产成品成本中所占的比重很小,不符合产品成本的实际构成,也不便于企业分析与考核产品成本的成本水平。因此,还必须对自制半成品项目进行成本还原。所谓成本还原,就是从最后一个步骤起,把所耗上一步骤半成品的综合成本逐步分解,还原为直接材料、直接人工和制造费用等原始成本项目,从而求得按原始成本项目反映的产成品成本资料。

成本还原,可采用以本月上一步骤各成本项目的实际成本构成百分比进行还原,即结构比率还原。

【例8.2】 仍以前面所列举的A产品成本为例:在第二车间产品成本明细账中,本月产成品成本63 525元所耗的半成品费用31 625元,应按照第一车间半成品成本构成百分比进行分解、还原。

即,第一车间半成品成本中:

直接材料所占百分比=(12 000元÷34 500元)×100%=34.78%

直接人工所占百分比=(10 500元÷34 500元)×100%=30.43%

制造费用所占百分比=(12 000元÷34 500元)×100%=34.78%

产成品成本中"自制半成品"31 625元还原如下:

直接材料=31 625元×34.78%=11 000元

直接人工=31 625元×30.43%=9 625元

制造费用=31 625元×34.78%=11 000元

合计: 31 625元

成本还原一般通过成本还原计算表进行。根据前列第一车间和第二车间A产品成本明细账的有关资料,编制A产成品的成本还原计算表,见表8.6。

表8.6 产成品成本还原计算表

单位:元

项 目		半成品	直接材料	直接人工	制造费用	合 计
还原前产成品成本		31 625		15 400	16 500	63 525
本月所产该种半成品成本			12 000	10 500	12 000	34 500
成本还原	各成本项目占全部成本比重/%		34.78	30.43	34.78	
	还原金额	−31 625	11 000	9 625	11 000	0
还原后产成品成本			11 000	25 025	27 500	63 525

成本还原还可以采用综合比率还原,即按各步骤耗用上一步骤半成品费用占上一步骤半成品总成本的比例,计算出成本还原分配率:

$$成本还原分配率=\frac{本月产成品所耗上一步骤半成品费用}{本月所产该种半成品成本合计}$$

以成本还原分配率分别乘以本月所产该种半成品各个成本项目的成本,即可计算出产成品所耗半成品成本中的各相应成本项目的费用。

【例8.3】 仍以前面所列举 A 产品成本为例,见表8.7。

$$成本还原分配率=\frac{31\ 625\ 元}{34\ 500\ 元}=0.916\ 666\ 7$$

产成品所耗半成品费用中的直接材料费用= 12 000 元×0.916 666 7

= 11 000元

产成品所耗半成品费用中的直接人工费= 10 500 元×0.916 666 7

= 9 625元

产成品所耗半成品费用中的制造费用= 12 000 元×0.916 666 7 = 11 000元

表8.7 产成品成本还原计算表

单位:元

项 目	产量	还原分配率	半成品	直接材料	直接人工	制造费用	合 计
还原前 A 产成品成本	110		31 625		15 400	16 500	63 525
本月所产 A 半成品成本				12 000	10 500	12 000	34 500
A 产品成本中 A 半成品成本还原		$\frac{31\ 625}{34\ 500}=$ 0.916 666 7	−31 625	11 000	9 625	11 000	0
还原后 A 产成品总成本	110			11 000	25 025	27 500	63 525
还原后 A 产成品单位成本				100	227.50	250	577.50

以上两种方法进行成本还原后结果是完全一样的。上例 A 产品生产步骤是两步,则还原一次;如果产品的生产步骤是三步,则应还原二次。以此类推,直至"半成品"项目的综合

费用全部分解,还原为原始成本项目时为止。

【例8.4】 假定B产品生产经过3个加工步骤,本月份成本资料见表8.8—8.10。

表8.8 产品成本明细账

车间:第一车间
产品:B 半成品 单位:元

月	日	摘 要	直接材料	直接人工	制造费用	合 计
6	30	月初在产品成本	300	100	100	500
7	31	本月发生生产费用	1 300	800	500	2 600
7	31	本月生产费用累计	1 600	900	600	3 100
7	31	转下步骤的半成品成本	1 000	600	400	2 000
7	31	月末在产品成本	600	300	200	1 100

表8.9 产品成本明细账

车间:第二车间
产品:B 半成品 单位:元

月	日	摘 要	半成品	直接人工	制造费用	合 计
6	30	月初在产品成本	500	45	55	600
7	31	本月发生生产费用	1 500	700	400	2 600
7	31	本月生产费用累计	2 000	745	455	3 200
7	31	转下步骤的半成品成本	1 500	625	375	2 500
7	31	月末在产品成本	500	120	80	700

表8.10 产品成本明细账

车间:第三车间
产品:B 产成品 单位:元

月	日	摘 要	半成品	直接人工	制造费用	合 计
6	30	月初在产品成本	400	100	100	600
7	31	本月发生生产费用	2 100	400	400	2 900
7	31	本月生产费用累计	2 500	500	500	3 500
7	31	转出完工产成品成本	2 000	300	300	2 600
7	31	月末在产品成本	500	200	200	900

对"自制半成品"进行成本分解还原(见表8.11),其结果比较客观地反映了成本的构成情况。但如果生产步骤较多,计算就比较费时,尤其是由于成本计算工作在月末进行,在很大程度上会影响成本考核、分析的及时性。且由于以前月份所产半成品的成本结构与本月所产半成品的成本结构不可能一致,按照以上方法进行成本还原,没有考虑以前月份所产半成品的成本结构对本月产成品所耗半成品成本结构的影响。因此,在各月所产半成品的成本结构变动较大的情况下,采用这种方法,对成本还原的正确性会有较大的影响。

表8.11 产品成本分解还原计算表

项　　目	还原分配率	半成品	直接材料	直接人工	制造费用	合　　计
还原前产成品成本		2 000		300	300	2 600
本月所产第二步骤半成品		1 500		625	375	2 500
产成品成本中半成品还原	$\frac{2\ 000}{2\ 500}=0.8$	1 200		500	300	2 000
本月所产第一步骤半成品成本			1 000	600	400	2 000
产成品成本中半成品还原	$\frac{1\ 200}{2\ 000}=0.6$		600	360	240	1 200
还原后产成品总成本			600	1 160	840	2 600

8.2.4　分项结转

分项结转是将各步骤所耗半成品成本,按照实际发生的成本项目分项转入各步骤产品成本明细账的各个相应的成本项目中。如果半成品通过半成品仓库收发,那么自制半成品明细账也要按照成本项目分别登记半成品成本。

分项结转可以按照半成品的实际单位成本结转;也可以按照半成品的计划单位成本结转,然后按成本项目分项调整成本差异。后一种做法的计算工作量较大。因此,一般采用按实际成本分项结转的方法。

【例8.5】 仍以前面所列举A产品成本为例,说明分项结转法的计算程序。

①根据前例第一车间A产品成本明细账,以及半成品的交库单和耗用单,登记自制半成品明细账,见表8.12。

表8.12 自制半成品明细账

半成品:A半成品　　　　　　　　　　　　　　　　　　　　　　　　　　单位:元

月	日	摘　　要	数量/件	成本项目			
				直接材料	直接人工	制造费用	合　　计
10	31	月初余额	30	3 652	3 195	3 653	10 500
11	30	本月增加	120	12 000	10 500	12 000	34 500
11	30	累　计	150	15 652	13 695	15 653	45 000

续表

月	日	摘　要	数量/件	成本项目			
				直接材料	直接人工	制造费用	合　计
11	30	单位成本		104.35	91.3	104.35	300
11	30	本月减少	110	11 478.50	10 043	11 478.50	33 000
12	1	月初余额	40	4 173.50	3 652	1 471.50	12 000

②根据各费用分配表、半成品耗用单、自制半成品明细账、产成品交库单等资料,登记第二车间 A 产品成本明细账,见表 8.13。

表 8.13　产品成本明细账

车间:第二车间

产品:A 产成品

单位:元

月	日	摘　要	直接材料	直接人工	制造费用	合　计
10	31	月初在产品成本	3 739	3 271	3 740	10 750
11	30	本月发生生产费用		16 000	16 750	32 750
11	30	上一步骤转入半成品成本	11 478.50	10 043	11 478.50	33 000
11	30	合　计	15 217.50	19 271	20 490	76 500
11	30	当约产量	140	125	125	
11	30	单位成本	108	154	163	577.50
11	30	转出产成品成本(110 件)	11 880	24 750	26 895	63 525
11	30	月末在产品成本(30 件)	3 337.50	4 564	5 073.50	12 975

在表 8.13 产品成本明细账中,本月本步加工费用,应根据人工费用分配表和制造费用分配表登记;本月耗用半成品费用,应根据半成品耗用单和自制半成品明细账所记半成品单位成本计算登记;转出完工的产成品成本,应根据完工转出产成品产量乘以单位成本计算登记;月末在产品成本,应根据生产费用累计数减去完工转出产成品成本计算登记。账中算出的产成品单位成本合计数 577.5 元,与前列 A 种产成品成本还原计算表中的还原后产成品单位成本合计数相同,但两者的成本结构不同。这是因为,产成品成本还原计算表中产成品所耗半成品各项费用是按本月所产半成品的成本结构还原算出的,没有考虑以前月份所产半成品,即月初结存半成品成本结构的影响;而上列产品成本明细账中产成品所耗半成品的各项费用,不是按本月所产半成品的成本结构还原算出,而是其原始成本项目逐步转入的,包含以前月份所产半成品成本结构的影响,是比较正确的。

8.2.5　综合结转与分项结转的评价及比较

综上所述,综合结转与分项结转都有各自的优缺点。

1）优点

①两种结转方法都提供了转入下步骤的半成品成本和月末在产品成本资料,从而保证了计算半成品销售成本的正确性和在产品的实物管理、资金管理的可靠性。

②两种结转方法的本月完工产品成本合计相同,都是 63 525 元,但成本构成不同。采用综合结转分步法,各生产步骤产品成本包含所耗上一步骤半成品成本,各步骤完工产品中清晰地反映了所耗上一步骤半成品费用和本步骤加工费用,有利于各生产步骤的成本管理;采用分项结转法,可以直接提供按原始成本项目反映的产成品成本资料,便于从整个企业角度考核和分析产品成本计划的执行情况。

2）缺点

①两种结转方法下各生产步骤的半成品都要顺序结转,所以核算工作比较复杂,提供核算资料的及时性也较差。

②在综合结转时,由于完工产成品成本中绝大部分是本车间所耗上一步骤半成品的费用,而人工费和制造费用只是本车间发生的费用,在产品成本中所占比重很少,这完全不符合产品成本构成的实际情况,因此需要进行成本还原来反映其原始成本项目。在分项结转时,核算工作量较大,如半成品按计划成本结转,还要计算和调整半成品成本差异;如半成品按实际成本结转,需要分别核算上步骤成本和本步骤成本。

8.3 平行结转分步法

8.3.1 平行结转分步法概念及适用范围

相对于逐步结转分步法而言,平行结转分步法是指不计算各步骤所产的半成品成本,也不计算各步骤所耗上一步骤的半成品成本,而只计算本步骤发生的各项其他费用以及这些费用中应计入产成品成本的"份额",并将其相同产品各步骤成本明细账中的这些份额平行结转、汇总,最后计算出该种产品的成本,故也称为不计算半成品成本分步法。其适应范围是:半成品种类较多,且不对外出售或很少出售,仅供下一步骤继续加工,在管理上不要求提供各步骤半成品的成本信息,只要求反映和考核各步骤发生的生产耗费的大量、大批多步骤生产的企业,如机械修配厂、搪瓷厂等。

8.3.2 平行结转分步法的特点

1）各步骤完工的半成品不计算也不结转其成本

在平行结转分步法下,不论半成品是在各生产步骤之间直接转移,还是通过半成品库收发,都不通过"半成品"科目进行总分类核算,即半成品成本不随着半成品实物的转移而结转,而是在什么步骤发生,就留在该步骤成本明细账内的在产品中。这表明平行结转分步法下各步骤的在产品是广义的在产品,它包括:①尚在本步骤加工中的在产品,即狭义在产品;②本步骤已完工转入半成品库的半成品;③已从半成品库转移到以后各步骤进一步加工、尚未最后加工完成的在产品。

2) 从各步骤加工费中计算并结转其应计入产成品成本的"份额"

在平行结转分步法下,确定各步骤加工费中应计入产成品成本的份额,也就是将每一生产步骤的生产费用在完工产成品和广义在产品之间进行分配。通常采用在产品按约当产量法或定额成本计价法。计算公式如下:

计入产成品成本的份额=产成品产量×单位产成品耗用该步骤完工产品的数量×该步骤半成品单位成本

$$某步骤完工产品单位成本=\frac{该步骤生产费用累计}{该步骤约当产量}$$

约当产量=产成品耗用本步骤半成品的数量+以后各步骤期末在产品耗用本步骤半成品的数量
　　　　　+本步骤期末在产品折合为本步骤完工半成品的数量

约当产量=本步骤完工半成品数量+本步骤期末在产品折合为本步骤完工产品数量
　　　　　+以后各步骤期初在产品耗用本步骤半成品的数量

8.3.3 平行结转分步法计算程序

【例 8.6】 某企业甲产品的产量成本资料如下:

第一步骤产量记录

项　目	数量/件
月初在产品	40
本月投入	200
本月完工	220
月末在产品	20

第二步骤产量记录

项　目	数量/件
月初在产品	10
本月投入	220
本月完工	200
月末在产品	30

第三步骤产量记录

项　目	数量/件
月初在产品	20
本月投入	200
本月完工	210
月末在产品	10

各步骤月末在产品完工程度均为 50%,生产费用按约当产量法在产成品与在产品之间分配,直接材料在生产开始时一次投入。

①根据各费用分配表和产成品交库单、登记第一、第二、第三车间甲种产品成本明细账见表 8.14—8.16。

②采用约当产量法,计算确定各步骤生产费用中应计入产成品成本的"份额",并入账。

表 8.14　产品成本明细账

20××年×月

车间:第一车间　　　　　　　　　　　　　　　　　　　　　　　　　　　　单位:元

项　　目	直接材料	直接人工	制造费用	合　计
月初在产品成本	2 000	1 600	2 400	6 000
本月发生生产费用	25 000	11 400	6 960	43 360

续表

项 目	直接材料	直接人工	制造费用	合 计
本月生产费用累计	27 000	13 000	9 360	49 360
计入产成品成本份额	21 000	10 500	7 560	39 060
月末在产品成本	6 000	2 500	1 800	10 300

各车间约当产量计算如下:

第一车间约当产量:

直接材料:20 件+30 件+10 件+210 件=270 件

直接人工:20 件×50%+30 件+10 件+210 件=260 件

制造费用:20 件×50%+30 件+10 件+210 件=260 件

第二车间约当产量:

直接人工:30 件×50%+10 件+210 件=235 件

制造费用:30 件×50%+10 件+210 件=235 件

第三车间约当产量:

直接人工:10 件×50%+210 件=215 件

制造费用:10 件×50%+210 件=215 件

在表 8.14 产品成本明细账中,计入产成品成本份额的计算如下:

①应计入产成品成本(直接材料)的份额 $=\dfrac{27\ 000\ 元}{270\ 件}×210\ 件=21\ 000\ 元$

月末在产品成本=27 000 元-21 000 元=6 000 元

②应计入产成品成本(直接人工)的份额 $=\dfrac{13\ 000\ 元}{260\ 件}×210\ 件=10\ 500\ 元$

月末在产品成本=13 000 元-10 500 元=2 500 元

③应计入产成品成本(制造费用)的份额 $=\dfrac{9\ 360\ 元}{260\ 件}×210\ 件=7\ 560\ 元$

月末在产品成本=9 360 元-7 560 元=1 800 元

表 8.15 产品成本明细账

车间:第二车间 单位:元

项 目	直接材料	直接人工	制造费用	合 计
月初在产品成本		1 200	1 100	2 300
本月发生生产费用	27 000	20 050		47 050
本月生产费用累计	28 200	21 150		49 350
计入产成品成本份额	25 200	18 900		44 100
月末在产品成本	3 000	2 250		5 250

在表 8.15 产品成本明细账中,计入产成品成本份额的计算如下:

①应计入产成品成本（直接人工）的份额 $=\dfrac{28\ 200\ 元}{235\ 件}\times 210\ 件 = 25\ 200\ 元$

月末在产品成本 $= 28\ 200\ 元 - 25\ 200\ 元 = 3\ 000\ 元$

②应计入产成品成本（制造费用）的份额 $=\dfrac{21\ 150\ 元}{235\ 件}\times 210\ 件 = 18\ 900\ 元$

月末在产品成本 $= 21\ 150\ 元 - 18\ 900\ 元 = 2\ 250\ 元$

表 8.16　产品成本明细账

车间：第三车间　　　　　　　　　　　　　　　　　　　　　　　　　　单位：元

项　目	直接材料	直接人工	制造费用	合　计
月初在产品成本		1 070	2 760	3 830
本月发生生产费用		20 000	11 000	31 000
本月生产费用累计		21 070	13 760	34 830
计入产成品成本份额		20 580	13 440	34 020
月末在产品成本		490	320	810

在表 8.16 产品成本明细账中，计入产成品成本份额的计算如下：

①应计入产成品成本（直接人工）的份额 $=\dfrac{21\ 070\ 元}{215\ 件}\times 210\ 件 = 20\ 580\ 元$

月末在产品成本 $= 21\ 070\ 元 - 20\ 580\ 元 = 490\ 元$

②应计入产成品成本（制造费用）的份额 $=\dfrac{13\ 760\ 元}{215\ 件}\times 210\ 件 = 13\ 400\ 元$

月末在产品成本 $= 13\ 760\ 元 - 13\ 440\ 元 = 320\ 元$

根据第一、第二、第三车间产品成本明细账中计算登记的各该车间的产成品成本份额，平行汇总产成品成本，编制产成品成本汇总表，见表 8.17。

表 8.17　产成品成本汇总表

产品名称：甲产品　　　　　　　　　　　　　　　　　　　　　　　　　单位：元

车间份额	产量/件	直接材料	直接人工	制造费用	合　计
第一车间份额	210	21 000	10 500	7 560	39 060
第二车间份额	210		25 200	18 900	44 100
第三车间份额	210		20 580	13 440	34 020
合　计	210	21 000	56 280	39 900	117 180
产成品单位成本		100	268	190	558

综上所述，按照一般的平行结转分步法计算产品成本，若产品生产过程经过的步骤（或车间）较多，每一步骤均按本步骤的加工程度分别计算在产品的约当产量，然后计算各步骤的单位成本，确定计入产成品成本的份额，工作量较烦琐。

如果管理上不要求计算产成品成本在各步骤的份额，对各步骤的在产品资金按定额成本或计划成本进行控制,就可以对平行结转分步法实施简化,即各步不计算产成品成本的份额,只计算并向厂部报告下列资料:①本步骤发生的生产费用(不包括所耗上步半成品的费用,下同);②本步骤月末加工中在产品和库存半成品的数量。厂部以最终产品作为成本计算对象,汇总各步上报的有关成本资料,期末各步骤在产品的加工程度以最终产品100%为基础计算,然后根据最终产品的数量和在产品的约当产量比例,计算完工产品和期末在产品成本。

【例8.7】 丙产品的生产分3个车间来加工,原材料在一车间一次投入,逐步加工,有关的生产资料见表8.18、表8.19。

表8.18　生产记录

单位:件

摘　要	一车间	二车间	三车间
月初在产品数量	6	4	8
本月投入生产或上车间转来数量	24	26	24
本月完工或转入下车间数量	26	24	22
月末在产品数量	4	6	10
月末在产品加工进度	10%	30%	60%

表8.19　厂部汇总各步月初在产品成本和本月生产费用

单位:元

成本项目	月初在产品成本	本月发生生产费用
直接材料	16 000	31 000
直接人工	4 500	7 250
制造费用	3 800	9 350
合　计	24 300	47 600

①根据上述资料计算约当产量(见表8.20):

表8.20　约当产量计算表

单位:件

摘　要		数量	计算原材料用量			计算其他费用		
			投料程度	约当产量	百分率	加工程度	约当产量	百分率
本月完工产品		22	100%	22	52.38%	100%	22	72.85%
月末在产品	一车间	4	100%	4		10%	0.4	
	二车间	6	100%	6		30%	1.8	
	三车间	10	100%	10		60%	6	
	小　计	20	100%	20	47.62%		8.2	27.15%
约当产量合计		42		42			30.2	

②厂部产品成本计算(见表8.21):

表8.21　产品成本明细账

20××年×月

产品名称:丙产品　　　　　　　　　　　　　　　　　　　　单位:元

项　目	直接材料	直接人工	制造费用	合　计
月初在产品成本	16 000	4 500	3 800	24 300
本月发生生产费用	31 000	7 250	9 350	47 600
本月生产费用累计	47 000	11 750	13 150	71 900
完工转出产成品成本	24 618.60	8 559.87	9 579.77	42 758.24
月末在产品成本	22 381.40	3 190.13	3 570.23	29 141.76

在表8.21产品成本明细账中,月末在产品成本计算如下:

月末在产品直接材料 = 47 000 元×47.62% = 22 381.40 元

月末在产品直接人工 = 11 750 元×27.15% = 3 190.13 元

月末在产品制造费用 = 13 150 元×27.15% = 3 570.23 元

由此可见,上述简化的平行结转分步法,可以简化各步骤的成本计算工作,但也在不同程度上影响各步骤成本管理所需资料的提供,而且与一般的平行结转分步法一样,都不能通过各步骤的成本计算工作很好地为在产品资金管理提供所需的成本资料。

8.3.4　平行结转分步法与逐步结转分步法相比较

1)在产品的含义不同

在平行结转分步法下,在产品是指广义在产品,它不仅包括正在本步骤加工的在产品,还包括经过本步骤加工完毕,但没有最后成为产成品的所有半成品;而在逐步结转分步法下,在产品是指狭义在产品,即本步骤正在加工的在产品。

2)半成品账务处理不同

对平行结转分步法来说,半成品成本不随半成品实物的转移而结转,即不通过"自制半成品"科目进行总分类核算,而是在什么步骤发生,就留在该步骤成本明细账内,直到最后加工成产成品时才将其成本从各步骤的明细账中转出;而逐步结转分步法要计算各步骤的完工半成品成本,半成品成本随实物转移而转移。

3)产成品成本计算方法不同

在平行结转分步法下,各步骤发生的生产费用是在企业最后完工的产成品与广义在产品之间分配,产成品成本是由各步骤应计入产成品成本的份额平行汇总而成;而在逐步结转分步法下,各步骤发生生产费用是在企业完工的产成品(或自制半成品)与狭义在产品之间进行分配,产成品成本是由最后步骤所耗上一步骤半成品成本加上最后步骤的加工费用求得。

4)提供成本管理资料详略不同

平行结转分步法不计算和不结转各生产步骤的半成品成本,不利于全面反映各步骤生产耗费的水平,不利于各步骤的成本管理;而采用逐步结转分步法时,半成品成本随半成品实物的转移而结转,从各步骤的产品成本明细账中可以看出各步骤完工产品所耗上一步骤半成品费用水平和本步骤加工费用水平,从而有利于各生产步骤的成本管理。特别是逐步分项结转法可以直接提供原始成本项目反映的产成品成本资料,便于从整个企业角度考核和分析产品成本计划的执行情况。

练习题

一、单项选择题

①甲产品分 3 个生产车间,采用逐步结转分步法计算成本。本月第一车间转入第二车间的生产费用 2 300 元,第二车间转入第三车间的生产费用为 4 100 元。本月第三车间发生加工费 2 000 元,第三生产车间月初在产品费用为 1 000 元,月末在产品费用为 800 元。本月该种产品的产成品成本为(   )元。

    A.10 200   B.6 300   C.2 200   D.4 500

②采用逐步结转分步法时,半成品入库应借记(   )科目。

    A.基本生产成本   B.自制半成品   C.辅助生产成本   D.制造费用

③采用平行结转分步法时,完工产品与在产品之间的费用分配是(   )。

    A.各生产步骤完工半成品与月末加工中在产品之间的费用分配

    B.产成品与月末狭义在产品之间的费用分配

    C.产成品与月末广义在产品之间的费用分配

    D.产成品与月末加工中在产品之间的费用分配

④下列中的(   )方法下需要进行成本还原。

    A.平行结转分步   B.分项结转分步

    C.逐步结转分步   D.综合结转分步

⑤在大量大批的生产产品、管理上又要求分步计算成本的多步骤生产企业里,应采用的成本计算方法是(   )。

    A.品种法   B.分批法   C.分步法   D.分类法

⑥某产品由两个生产步骤组成,采用综合结转分步法计算产品成本时,需要进行成本还原的次数是(   )。

    A.1 次   B.2 次   C.3 次   D.4 次

⑦综合结转分步法与分项结转分步法对比,其主要区别在于(   )。

    A.本月完工产品成本构成不同

    B.管理上要求不同

    C.有利于反映各步骤完工产品所耗上一步骤半成品费用水平和本步骤加工费用水平

D.从整个企业角度考核和分析产品成本计划的执行情况

⑧成本还原的对象是(　　　)。

A.在产品成本中的"原材料或自制半成品"成本项目

B.各步骤所耗上一步骤半成品的综合成本

C.最后步骤的产成品成本中的"自制半成品"项目

D.各步骤半成品成本

⑨逐步结转分步法与平行结转分步法比较,最大区别在于(　　　)。

A.在产品的含义不同　　　　　　　　　　B.半成品成本结转不同

C.产成品成本计算方法不同　　　　　　　D.成本计算的及时性不同

⑩按分项结转分步法结转的半成品成本,反映了(　　　)。

A.各步骤完工产品所耗上一步骤半成品的综合成本

B.各步骤完工产品所耗上一步骤半成品的原始成本

C.本步骤完工半成品成本的综合成本

D.本步骤完工半成品成本的原始成本

二、多项选择题

①逐步结转分步法按将半成品成本转入下一步骤成本明细账不同反映方式又可分为(　　　)。

A.综合结转分步法　　　　　　　　　　B.平行结转分步法

C.按计划成本综合结转法　　　　　　　D.分项结转分步法

②采用计划成本综合结转法时,成本明细账中的"半成品"项目应分设(　　　)栏目。

A.实际成本　　　　　B.计划成本　　　　C.定额成本　　　　D.成本差异

③平行结转分步法与逐步结转分步法相比,主要缺点有(　　　)。

A.各步骤不能同时计算产品成本

B.需要进行成本还原

C.不能为实物管理和资金管理提供资料

D.不能提供各步骤半成品成本资料

④采用分步法时,作为成本计算对象的生产步骤可以(　　　)。

A.按生产车间设立

B.在一个车间内按不同生产步骤设立

C.在一个车间内按不同产品品种设立

D.几个车间合并设立

⑤半成品成本综合结转时可采用按(　　　)方法结转。

A.定额成本　　　　B.实际成本　　　　C.计划成本　　　　D.原始成本项目

⑥在(　　　)情况下需要成本还原。

A.各步骤半成品按实际成本结转

B.各步骤半成品按计划成本结转

C.各步骤半成品按综合成本结转

D.管理上要求反映产品成本的构成

⑦采用分项结转分步法的主要优点是(　　　)。

　A.直接提供产品成本的原始成本资料

　B.便于全面考核和分析产品成本计划的执行情况

　C.便于各生产步骤进行成本管理

　D.便于同行间产品成本对比分析

⑧平行结转分步法的特点是(　　　)。

　A.各生产步骤不计算半成品成本,只计算本步骤所发生的生产费用

　B.各步骤间不结转半成品成本

　C.各步骤应计算本步骤所发生的生产费用中应计入产成品成本的"份额"

　D.各步骤相同产品成本"份额"平行结转,汇总计算产成品成本

⑨广义的在产品是指(　　　)。

　A.本步骤正在加工的在产品

　B.转入半成品库的半成品

　C.转入下一步骤加工,但尚未最后加工完成的半成品

　D.全部加工中的在产品和半成品

⑩企业各生产步骤计算半成品成本的意义在于(　　　)。

　A.计算对外销售半成品成本

　B.提供本月产成品所耗上一步骤半成品的费用

　C.提供半成品和在产品实物管理和资金管理所需的数据

　D.有利于各个生产步骤的成本管理

三、填空题

①分步法的分步与实际的生产步骤可能＿＿＿＿＿＿＿＿＿＿＿＿＿＿,也可能＿＿＿＿＿
＿＿＿＿＿＿＿＿。

②按计划成本综合结转半成品成本的优点之一是＿＿＿＿＿＿＿＿和＿＿＿＿＿＿＿
核算工作。

③可以直接提供按原始成本项目反映的产成品成本资料,便于从整个企业角度考核和
分析产品成本计划的执行情况,这种方法叫＿＿＿＿＿＿＿＿。

④综合结转分步法一般适用于管理上＿＿＿＿＿＿＿＿分别提供各步骤完工产品所耗
上一步骤半成品费用和本步骤加工费用资料,但要求按＿＿＿＿＿＿＿＿反映产品成本的
企业。

⑤成本还原的依据是按当月＿＿＿＿＿＿＿＿＿＿＿进行分解、还原。

⑥成本还原率就是每1元本月所产该种＿＿＿＿＿＿＿＿＿＿相当于多少元产
成品所耗＿＿＿＿＿＿＿＿＿＿。

⑦上一步骤完工半成品各成本项目的比重 $= \dfrac{\text{上一步骤完工半成品各项目成本}}{(\qquad\qquad\qquad)}$

⑧在平行结转分步法下,完工产品与在产品之间费用的分配,是指各步骤发生的生产费
用在企业最后完工的＿＿＿＿＿＿＿＿与＿＿＿＿＿＿＿＿之间的分配。

⑨平行结转分步法的各步骤发生的各项费用中应计入完工产品成本的"份额",是指将所归集的生产费用采用适当的方法分配计入＿＿＿＿＿＿＿＿＿＿＿＿的数额。

⑩综合结转法的成本还原方法,一般是按本月＿＿＿＿＿＿＿＿＿＿＿＿的成本结构进行还原。

四、判断题

①产成品成本需要成本还原的次数与其成本计算的生产步骤一致。　　　　　　(　　)

②平行结转分步法的产成品成本是由各步骤应计入产成品成本的份额平行汇总而成的。

(　　)

③逐步结转分步法一般在半成品不对外销售而管理上要求提供各生产步骤半成品成本资料的情况下采用。　　　　　　　　　　　　　　　　　　　　　　　　(　　)

④在逐步结转分步法下,不论是综合结转还是分项结转,半成品成本都是随着半成品的实物的转移而结转。　　　　　　　　　　　　　　　　　　　　　　　　　(　　)

⑤平行结转分步法的成本计算对象是最终产成品及其各步骤的半成品。　　　(　　)

⑥在平行结转分步法下,不论半成品是在各生产步骤之间直接转移,还是通过半成品库收发,都不通过"自制半成品"科目进行总分类核算。　　　　　　　　　　　　(　　)

⑦逐步结转分步法是为计算半成品成本而设置的一种方法。　　　　　　　(　　)

⑧成本还原分配率 $=\dfrac{\text{本月产成品所耗上一步骤半成品费用}}{\text{本月所产半成品成本合计}}$　　　(　　)

⑨平行结转分步法实际上就是品种法的多次连接应用。　　　　　　　　　(　　)

⑩半成品按实际成本综合结转时,如果领用的半成品是由自制半成品仓库发出,只能按该批次半成品的实际成本计价。　　　　　　　　　　　　　　　　　　　(　　)

五、业务实训题

业务实训题1

(1)业务实训资料:某企业生产完工甲产品100件,在产品25件。该企业生产甲产品,需经两个基本生产车间加工而成,原材料系一次投入。月末在产品按定额成本计算。有关资料见表8.22、表8.23。

表8.22　产品成本计算单

第一车间　　　　　　　　　　　　　　20××年×月　　　　　　　　　　　　单位:元

项　目	直接材料	直接人工	制造费用	合　计
月初在产品成本	8 000	2 400	5 600	16 000
本月发生费用	20 000	3 600	12 400	36 000
合　计				
完工半成品成本				
月末在产品定额成本	12 000	2 000	8 000	22 000

表 8.23 产品成本计算单

第二车间 20××年×月 单位:元

项 目	自制半成品	直接人工	制造费用	合 计
月初在产品成本	6 000	3 000	1 000	10 000
本月发生费用		16 000	6 000	
合 计				
完工产品成本				
月末在产品定额成本	9 000	3 200	1 200	13 400

(2)要求:根据以上资料,采用综合结转分步法计算第一、第二车间产品成本,并分别按结构比率和综合比率进行成本还原,并编制相应的会计分录。

业务实训题2

(1)业务实训资料:某企业生产 A 产品,顺序经过第一、第二车间加工完成,不设半成品库。各车间月末在产品按定额成本计价。采用分项逐步结转方式,计算 A 产品成本,有关资料见表 8.24—8.26。

表 8.24 产量记录

20××年×月

项 目	单位	一车间	二车间
月初在产品	件	200	300
本月投入或上车间转入	件	1 000	900
本月完工转入下车间	件	900	1 000
月末在产品	件	300	200

表 8.25 月末在产品定额成本资料

20××年×月

项 目	一车间		二车间	
	单位消耗定额	计划单价	单位消耗定额	计划单价
直接材料	20	1.50	40	1.50
直接人工	40	0.50	20	3.50
制造费用	40	2.40	20	5.50
单位成本		146		240

表 8.26 成本资料

20××年×月   单位:元

项　目	一车间			二车间		
	直接材料	直接人工	制造费用	直接材料	直接人工	制造费用
月初在产品	10 000	18 000	54 000	13 400	15 800	40 600
本月发生费用	32 000	29 000	203 000	24 000	38 000	165 000
合　计	42 000	47 000	257 000	37 400	53 800	205 600

（2）要求:根据以上资料,运用分项结转分步法原理,计算 A 产品成本。

业务实训题 3

（1）业务实训资料:某企业生产甲产品,需连续经过 3 个基本生产车间加工而成,原材料在开工时一次投入,有关资料见表 8.27、表 8.28。

表 8.27 生产记录

20××年×月   单位:件

项　目	一车间	二车间	三车间
月初在产品	100	200	500
本月投入或转入	600	500	400
本月完工产品	500	400	800
月末在产品	200	300	100
完工程度	50%	60%	80%

表 8.28 成本资料

20××年×月   单位:元

项　目	一车间			二车间		三车间	
	直接材料	直接人工	制造费用	直接人工	制造费用	直接人工	制造费用
月初在产品成本	40 000	30 000	10 000	60 000	20 000	73 000	28 000
本月发生费用	120 000	60 000	70 000	50 000	40 000	64 000	35 000
合　计	160 000	90 000	80 000	110 000	60 000	137 000	63 000

（2）要求:根据以上资料,运用平行结转分步法原理,按约当产量法计算完工产品成本和在产品成本。

第 9 章 分类法

[**本章提示**] 本章对分类法下产品成本的具体计算进行了阐述。通过本章的学习，全面掌握分类法这一成本计算的辅助方法。具体应掌握分类法的特点和计算程序；掌握按照系数分配同类产品内各种产品成本的系数法；了解分类法的适用范围、优缺点和应用条件；运用分类法来解决副产品的成本计算问题。

[**本章重点**] 分类法的应用。

[**本章难点**] 系数分配法。

9.1 分类法的特点

9.1.1 分类法的概念、适用范围和应用条件

有些企业的产品品种很多，如果在成本计算时按照每一品种设置成本明细账，核算工作就非常烦琐。特别是一些相近品种，许多费用是共同的，在这种情况下，可将其归类，按照产品类别来计算成本，这种成本计算方法可以称为分类法。

成本计算分类法是按照产品类别归集生产费用，在计算出各类产品成本的基础上，再按一定的标准在类别内部各种产品之间分配费用的一种成本计算方法，它是品种法的一种延伸。分类法不是一种独立的方法，必须与前面的3种成本计算方法结合使用。

分类法适用于品种、规格繁多的产品，这些产品可以按照一定的标准划分为若干类别的生产。具体适用于：

①使用同样的原材料，通过基本相同的加工工艺过程所生产的品种、规格、型号繁多，可以按照一定标准予以分类的产品的成本计算。例如，灯泡厂生产的各种不同类别和瓦数的灯泡；针织厂生产各种不同类别和规格的针织品等。

②使用同样的原材料进行加工而同时生产出几种主要产品——联产品的成本计算。联产品所耗用的原材料和生产工艺过程相同，只能归为一类计算成本。

③除主要产品之外的零星产品生产。虽然零星产品所耗原材料、生产工艺过程不同，规格、品种繁多，但是由于数量比较少，费用比较小，为了简化成本计算，可以归类计算产品成本。

④在生产主要产品的过程中，附带生产一些非主要产品——副产品的生产。例如，炼钢厂的炉渣；煤气厂的水柏油等。先将主副产品归为一类计算成本，然后将副产品按照一定的

计价方法从总成本中扣除,余额为主产品的成本。

⑤因内部结构、所耗原材料质量或工艺技术等客观因素而发生变化所形成的不同等级的产品。但是如果不同等级的产品是由人工操作失误造成的,则不能采用分类法计算成本。

总之,分类法可以在各种类型的生产中应用,对于一般的可以分类的产品来说,可以采用也可以不采用分类法;对于联产品来说,必须采用分类法计算产品的成本。对于等级产品,不能采用分类法;对于不同质量的产品,如果是因内部结构、所用原材料的质量或工艺技术上的要求不同而生产的,可以采用分类法计算成本。企业的零星产品,如果品种、规格多、数量少,费用比重小,也可以采用分类法计算成本。

采用分类法计算产品成本,可以简化成本计算工作,还能够在产品品种、规格繁多的情况下,分类掌握产品成本的水平。

由于同类产品内各种产品的成本均按一定的比例分配计算,分类法的计算结果有一定的假定性。因此,产品的分类和分配标准(或系数)的确定是否适当是采用分类法的关键。分类法的应用条件如下:

①对各种产品按照要求进行分类,类距不宜过小,也不能过大。

②要选择与成本水平高低有密切联系的分配标准分配费用。

9.1.2 分类法的特点

产品成本计算分类法的特点是:按照产品类别归集费用,计算成本;同一类产品内,不同品种产品的成本采用一定的分配标准进行分配确定。

1)产品类别的划分

一般将产品的结构、生产工艺技术和所耗原材料基本相同或相近的产品归为一类。类距过大,会影响成本计算的真实性;类距过小,则起不到简化成本计算工作的作用。

2)类内产品之间分配标准的选择

每类产品内各种产品之间分配费用的标准有:定额消耗量、定额费用、产品售价以及产品的体积、长度和质量等。为简化成本计算工作,可将上述某一种分配标准折算成相对固定的系数,按照产品产量与系数的乘积(总系数)的比例,分配计算各产品的成本。这种方法也叫系数法。但应注意:系数法是分类法的一种,即简化的分类法。各成本项目可以采用同一分配标准,也可以采用不同的分配标准,以便使分配结果更合理。

3)标准产品的选择

采用系数法分配类内产品成本时,需要在同类产品中选择一种产品作为标准产品来确定分配系数。作为标准产品必须具有代表性,一般选择产量大、生产比较稳定和规格适中的产品作为标准产品。

9.2 分类法的应用

9.2.1 分类法的成本计算程序

分类法的成本计算程序是：

①根据产品所用原材料和工艺技术过程的不同,将产品划分为若干类,按照产品的类别开立产品成本明细账,按类别归集产品的生产费用,计算各类产品成本。

②选择合理的分配标准,分别将每类产品的成本,在类内的各种产品之间进行分配,计算每类产品内部各种产品的成本。

假定某企业产品品种、规格繁多,但可以按照一定标准将其分为甲、乙、丙3类产品。其中甲类产品包括A,B两种产品;乙类产品包括C,D两种产品;丙类产品包括E,F,G3种产品。那么产品成本明细账的设置,以及分类法成本计算的一般程序如图9.1所示。

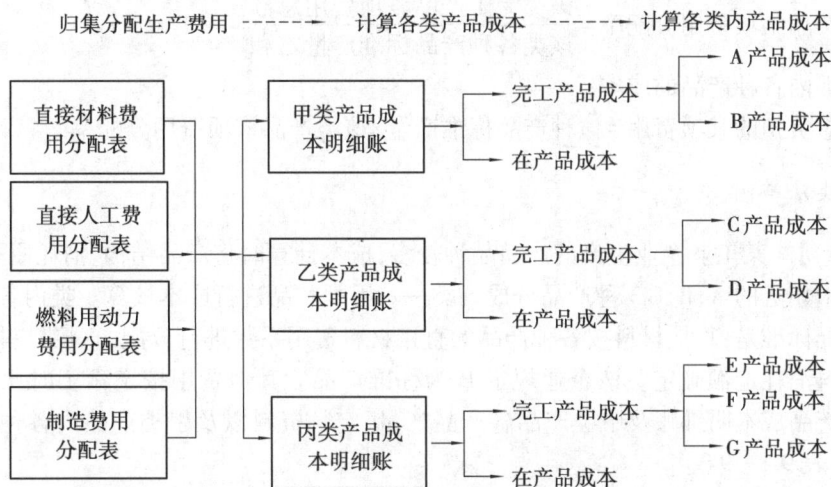

图9.1 分类法成本计算程序示意图

分类法下类别总成本在各种产品之间的分配方法是根据生产特点来确定的,可以采用产品的经济价值指标(计划成本、定额成本、销售价格),也可以采用产品的技术性指标(质量、长度、体积、浓度、含量等),或者用产品的原材料消耗定额等比例或系数作为分配标准。

9.2.2 类内产品成本的分配方法及其举例

1)定额比例法

如果企业的定额基础比较好,各项消耗定额比较齐全、准确和稳定,某类完工产品的总成本就可按照该类内各种产品的定额消耗指标比例进行分配,这种方法叫作定额比例法。

$$某类产品某项费用分配率=\frac{该类完工产品该项费用总额}{该类各种产品该项费用的定额成本(定额耗用量)之和}$$

类内某种产品某项费用的实际成本=类内该种产品该项费用的定额成本(或定额耗用量)
×该类产品该项费用的分配率

2)系数法

系数法是将分配标准折算成相对固定的系数,按照系数在类别内部各种产品之间分配费用,计算产品成本。确定系数时,在该类产品中选一种产品作为标准产品。作为标准产品必须具有代表性,一般应该具有产量大、生产比较稳定和规格比较适中的特点。将单位标准产品的分配标准数量的系数定为1,再将类内其他各种产品的分配标准数量与标准产品的分配标准数量相比,其比率即为类内其他各种产品系数。

将各种总产品的实际产量按照系数折算成标准产品产量:

某产品的标准产量=该产品实际产量×该产品系数

计算费用分配率:

$$某类产品某项费用分配率=\frac{该类完工产品该项费用总额}{该类各种产品标准产量之和}$$

计算类内各种产品的成本:

某种产品应负担的某项费用=该种产品标准产量×该类产品该项费用分配率

3)分类法举例

【例9.1】　某工业企业生产的产品品种较多,成本计算时将产品结构、消耗原材料、生产工艺和技术相近的 A,B,C 3 种产品分成一类——甲类产品进行成本核算。类内各种产品间费用的分配标准是:直接材料按各种产品的直接材料费用系数进行分配,直接材料费用系数按直接材料消耗定额确定。该企业规定 B 为标准产品。其他费用按定额工时比例进行分配。甲类产品成本明细账及甲类产品各产品产量、定额资料以及甲类产品内各种产品成本计算表,见表9.1—9.3。

表9.1　甲类产品成本计算单

20××年×月　　　　　　　　　　　　　　　　　　　　单位:元

项　目	直接材料	直接人工	制造费用	合　计
月初在产品成本	7 500			7 500
本月生产费用	19 680	5 390	3 388	28 458
合　计	27 180	5 390	3 388	35 958
完工产品成本	26 000	5 390	3 388	34 778
月末在产品成本	1 180			1 180

表 9.2 甲类各产品系数及定额计算表

20××年×月

项 目	实际产量/件	单位产品直接材料定额/千克	系 数	标准总系数	工时定额/小时	定额工时/小时
A	450	8	0.8	360	14	6 300
B	500	10	1	500	15	7 500
C	100	14	1.4	140	16	1 600
合 计				1 000		15 400

表 9.3 甲类各产品成本计算表

20××年×月

单位:元

项 目	直接材料	直接人工	制造费用	总成本	单位成本
分配率	26 000÷1 000＝26	5 390÷15 400＝0.35	3 388÷15 400＝0.22		
A	9 360	2 205	1 386	12 951	28.78
B	13 000	2 625	1 650	17 275	34.55
C	3 640	560	352	4 552	45.52
合 计	26 000	5 390	3 388	34 778	—

9.3 联产品、副产品成本计算

9.3.1 联产品、副产品概述

在工业生产中,对某种基本材料进行加工,在生产的一定环节会同时生产出多种不同的产品,如果这些产品的经济价值很大,在企业生产经营中具有基本相同的重要性,则称为联产品;如果其中有的产品相对来说价值很小,对比其他产品处于无足轻重的地位,则称为副产品。

联产品可以有两种或两种以上,它们虽然在性质上和用途上不同,但在经济上都有重要的意义,它们都是企业生产的主要目的。各种类型的企业都可以有联产品,如化工厂投入一种以上的化学原料,经过化学反应,可以同时生产出焦炭和煤气等产品;再如奶制品加工厂可以同时生产出牛奶、奶油等产品。较典型的是炼油厂,投入原油后,经过加工,可以生产出各种联产品,如催化原油经过催化,可以生产出汽油、轻柴油、重柴油和气体4种联产品。

副产品是指企业在生产主要产品过程中,附带生产出的一些非主要产品。副产品有一定的经济用途和经济价值。例如,炼油厂在提炼原油过程中所产生的石焦油、油渣。又如,炼钢厂生产中所产生的炉渣,它可以用来生产制造水泥。

9.3.2 联产品、副产品的成本计算原理

企业的原材料,经过同一生产过程以后,可以从中分离出各种联产品。而联产品分离的这个点称为分离点。分离点前发生的成本称为联合成本或共同成本,分离以后有的可直接销售,有的需要进一步加工后再销售。而进一步加工的成本称为可归属成本。

联产品的成本计算就是联产品分离以前共同生产费用的归集以及分离时共同成本的分配。分离前共同生产费用的归集应根据生产的特点和成本管理的要求确定。联产品联合成本的分配,常用的有系数分配法、实物量分配法、相对销售价值分配法等。其中系数分配法是确定各联产品系数,将各联产品产量折算成标准产量,然后按标准产量比例进行分配,这种系数分配法使用比较广泛。实物量分配法是将联产品的共同成本按照各联产品之间的质量比例进行分配。实物量分配法又可以分为简单平均单位成本法和加权平均单位成本法,前者是将共同成本除以各联产品的产量之后各得到平均单位成本,这种方法计算出的各种联产品的单位成本是一致的;后者是将各联产品的质量换算成相对质量以后再按比例分配各联产品的总成本,最后分别计算各种产品的单位成本,这一方法类似于系数分配法。相对销售价值分配法是分别按各种联产品的销售价格的比例分配联产品的共同成本,使这些联产品能够取得一致的利润率。这一方法将联合成本的分配和联产品的销售收入联系起来,按各联产品的销售收入比例来分摊联产品的共同成本。

由于企业的副产品和主要产品是在同一生产过程中生产出来的,因此,副产品和主要产品发生的费用很难严格划分,只能将副产品和主要产品作为一类产品,采用产品成本计算的分类法来归集费用并计算生产成本。但是一般情况下,副产品单位价值都比较低,在企业全部产品成本中所占比重较小,因此副产品成本的计算可以简化。首先计算副产品成本,然后从发生的费用总额中减去副产品成本,余额就是主要产品成本。副产品成本的确认有下面两种方法:

①对于回收或提炼出来的副产品,企业不需要对其继续加工时,副产品成本等于其售价减去销售费用、税金和相应的利润;如果企业分离后的副产品需要继续加工,那么再加工过程的加工费也应从售价中减去。

②对于在同一生产过程中收回的副产品比较多的情况,企业为了简化核算,也可以按照计划单价或者定额成本对副产品计价。

9.3.3 联产品、副产品成本计算举例

1)联产品成本计算举例

(1)系数分配法

产量分配法比较简单,它假定各种联产品的单位成本相同,联合成本只与产量相关,在很多情况下,联合成本不仅仅只与产量相关。而系数分配法以产量为基础,确定各联产品系数,将各联产品产量折算成标准产量,然后按标准产量比例进行分配。

【例9.2】 某企业在同一生产过程中生产联产品 A,B,C,D。本期发生原材料成本共计58 000元,直接人工9 500元,制造费用8 490元;本期联产品 A,B,C,D 的实际产量分别为3 150千克,1 700千克,550千克和900千克;计划产量分别为3 000千克,1 800千克,600千克和900千克。

联产品在同一过程中分离出来时,从理论上说,各种联产品的产量会形成一定比例,因此可以按照计划产量(理论产量)进行分配,但是在实际生产中,由于受生产条件的影响和制约,实际产量和理论产量会有所偏离。在化工企业表现尤为突出。实际产量与计划产量分配过程见表9.4、表9.5。

表9.4 联产品成本计算表(实际产量——系数分配法)

20××年×月

品 名	产量/千克	系 数	相对产量/千克	分配比例	应负担成本/元	单位成本/元
A	3 150	1	3 150	0.692 3	52 608	16.70
B	1 700	0.6	1 020	0.224 2	17 036	10.02
C	550	0.2	110	0.024 2	1 837	3.34
D	900	0.3	270	0.059 3	4 509	5.01
合 计	6 300		4 550	1.000 0	75 990	

表9.5 联产品成本计算表(计划产量——系数分配法)

20××年×月

品 名	计划产量/千克	系 数	相对产量/千克	分配比例	应负担成本/元	实际单位成本/元
A	3 000	1	3 000	0.671 2	51 004	16.19
B	1 800	0.6	1 080	0.241 6	18 359	10.80
C	600	0.2	120	0.026 8	2 037	3.70
D	900	0.3	270	0.060 4	4 509	5.10
合 计	6 300		4 470	1.000 0	75 990	

(2)相对销售价值分配法

不同的联产品售价不同。一般情况下,售价高往往是因为成本高,当然,售价还和市场供需关系相关。相对销售价值分配法分别按各种联产品的销售价格的比例分配联产品的共同成本,使这些联产品能够取得一致的利润率。这一方法将联合成本的分配和联产品的销售收入联系起来,按各联产品的销售收入比例来分摊联产品的共同成本,从另一方面弥补了产量分配法的不足。

【例9.3】 假设某厂生产 A,B 两种产品,本期发生直接材料、直接人工和制造费用共计24 000元;A 产品产量为1 500千克,售价为5元/千克;B 产品产量为2 500千克,售价为8元/千克。

相对销售价值分配法分配过程见表9.6。

表9.6 **联产品成本计算表**(相对销售价值分配法)

20××年×月

产 品	产量/千克	单价/元	销售价值/元	比例/%	应负担成本/元	单位成本/元	毛利/元	毛利率/%
A	1 500	5	7 500	27.27	6 545.45	4.36	954.55	12.73
B	2 500	8	20 000	72.73	17 454.55	6.98	2 545.45	12.73
合 计	4 000		27 500	100.00	24 000		3 500	

（3）实物量分配法

该方法是国外分摊联产品的联合成本时普遍采用的方法。它将联合成本按各联产品间的质量比例来分配。它又可以分为简单平均单位成本法和加权平均单位成本法，前者是将共同成本除以各联产品的产量之后各得到平均单位成本，这种方法计算出的各种联产品的单位成本是一致的；后者是将各联产品的质量换算成相对质量以后再按比例分配各联产品的总成本，最后分别计算各种产品的单位成本，这一方法类似于系数分配法。实物量分配法简单易行，但是实际上并非所有成本都与实物量相关，该法忽略了产品的售价，忽略了产品的特性和含量，易造成售价低的联产品亏损。以［例9.3］资料为例，简单平均单位成本分配法分配过程见表9.7。

表9.7 **联产品成本计算表**(简单平均单位成本分配法)

20××年×月

品 名	产量/千克	比重/%	应负担成本/元	单位成本/元
A	1 500	37.5	9 000	6
B	2 500	62.5	15 000	6
合 计	4 000	100.00	24 000	

2）副产品成本计算举例

某化工企业生产甲、乙联产品的同时，生产丙副产品，假定本期的生产费用是600 000元，其中直接材料300 000元，直接人工200 000元，制造费用100 000元。丙副产品产量10 000单位，单位售价12元，单位税金2元，单位销售费用1元，单位销售利润2元。假定丙副产品成本分成本项目从联合成本中扣除，则成本分摊情况见表9.8。

应从联合成本中扣除的丙副产品成本 =（12-2-1-2）元/单位×10 000

$$= 70\ 000\ 元$$

表 9.8　丙副产品成本计算表

20××年×月

成本项目	联合成本/元	项目比重/%	丙副产品成本/元	甲乙联产品成本/元
直接材料	300 000	50	35 000	265 000
直接人工	200 000	33.33	23 331	176 669
制造费用	100 000	16.67	11 669	88 331
合　计	600 000	100	70 000	530 000

本例中,如果丙副产品在分离后还需要继续进一步加工,其加工成本(可归属成本)为25 000 元,其中直接材料15 000 元,直接人工60 000 元,制造费用40 000 元。丙副产品产量为8 500 单位,每单位售价14 元,单位税金2 元,单位销售费用1 元,单位销售利润2.50 元。则丙副产品应负担的联合成本计算如下:

丙副产品应负担的联合成本＝8 500×(14-2-1-2.50)元/单位-25 000

＝47 250 元

丙副产品成本的计算见表9.9。

表 9.9　丙副产品成本计算表

20××年×月　　　　　　　　　　　　单位:元

成本项目	分摊的联合成本	分离后的成本	丙副产品总成本
直接材料	23 625	15 000	38 625
直接人工	15 748	6 000	21 748
制造费用	7 877	4 000	11 877
合　计	47 250	25 000	72 250

丙副产品分摊的联合成本各成本项目计算如下:

直接材料＝47 250×50%＝23 625 元

直接人工＝47 250×33.33%＝15 748 元

制造费用＝47 250×16.67%＝7 877 元

副产品成本采用以上方法计算会受副产品销售价格的波动的影响,从而影响主产品成本计算的正确性,因此,副产品应分摊的联合成本,可按计划(或定额)单位成本固定计价。

练习题

一、思考题

①什么是产品成本计算的分类法？它适用于何种生产类型的企业？
②什么是系数法？为什么目前已经很少采用此方法？
③简述分类法的优缺点。

二、单项选择题

①产品成本计算的分类法适用于（　　　）。
　A.品种、规格繁多的产品
　B.可以按照一定标准分类的产品
　C.品种、规格繁多，且可以按照产品结构、所用原材料和工艺过程的不同划分为若干
　　类别的产品
　D.大批大量生产的产品
②采用分类法的目的在于（　　　）。
　A.分类计算产品成本　　　　　　　　B.简化各种产品的成本计算工作
　C.简化各类产品成本的计算工作　　　D.准确计算各种产品的成本
③按照系数比例分配同类产品中各种产品成本的方法是一种（　　　）。
　A.在完工产品和月末在产品之间分配费用的方法
　B.单独的产品成本计算方法
　C.简单的分类法
　D.分配间接费用的方法
④必须采用分类法计算成本的产品是（　　　）。
　A.等级品　　　　　　　　　　　B.主产品
　C.副产品　　　　　　　　　　　D.联产品
⑤联产品与副产品的区别在于（　　　）。
　A.成本的计算方法不同　　　　　B.投入的原材料不同
　C.生产工艺流程不同　　　　　　D.出售的价值大小不同

三、多项选择题

①采用分类法计算成本的优点有（　　　）。
　A.可以简化成本计算工作
　B.可以分类掌握产品成本情况
　C.可以使类内的各种产品成本的计算结果更为准确
　D.便于成本日常控制

②在采用分类法的情况下,做到既简化成本计算工作,又使成本计算相对正确的关键是( )。

A.产品类距越小越好

B.适当地进行产品分类

C.必须对各成本项目采用同一费用分配标准

D.恰当地选择费用分配标准

③采用分类法计算产品成本是,同类产品内各种产品之间分配费用的标准有( )。

A.定额消耗量　　　　　　　　　B.定额费用

C.产品体积、长度或质量　　　　D.售价

④采用分类法计算产品成本时,同类产品内各种产品之间分配费用的方法,主要有( )。

A.按定额消耗量或定额费用比例分配

B.将分配标准折合成相对固定的系数,按系数分配

C.按不同的成本项目分别采用不同的标准分配

D.按标准产品产量比例分配

⑤副产品的计价,可以采用( )。

A.按售价减去销售税金、销售费用和销售利润后的余额计价

B.按标准产品单位成本计价

C.按计划单价计价

D.按主产品单位成本计价

四、填空题

①产品成本计算的分类法是按_____归集生产费用,计算产品成本的一种方法。

②在分类法中,按照系数分配类内各种产品成本的方法,也叫_____。

③确定系数时,一般是在类内选择一种_____、_____或_____的产品作为标准产品,将这种产品的系数定为"1"。

④原材料费用总系数,是_____与_____的乘积。

五、判断题

①只要产品的品种、规格繁多,就可以采用分类法计算产品成本。　　　　　( )

②按照系数分配计算类内各种产品成本的方法,是一种简化的分类法。　　　( )

③分类法的适用与否与产品的生产类型有着直接的关系。　　　　　　　　( )

④用分类法计算出的类内产品的成本具有一定的假定性。　　　　　　　　( )

⑤主产品、副产品在分离前应合为一类产品计算成本。　　　　　　　　　( )

⑥采用分类法计算产品成本,每类产品内各种产品的直接计入费用和间接计入费用,均采用分配方法计算。　　　　　　　　　　　　　　　　　　　　( )

⑦若副产品的销售成本很小,主、副产品的联合成本可以全部由主产品负担。　( )

⑧主副产品在分离前作为同一类产品归集生产费用。　　　　　　　　　　( )

⑨由于产品内部结构、所耗原材料质量或工艺技术上的要求不同而造成的等级品,可以

采用分类法计算成本。 （　　）

⑩联产品必须采用分类法计算成本。 （　　）

六、业务实训题

业务实训题1

（1）业务实训资料：某企业，甲类产品本月完工总成本为196 320元，其中直接材料36 720元，直接人工95 760元，制造费用63 840元。甲类产品包括A,B,C,D,E 5 种产品,5种产品单位原材料消耗定额分别为7.5元,6元,5元,4.5元和4;单位产品工时消耗定额分别为4.8小时,4.4小时,4小时,3.8小时和3.6小时;本月实际产量分别为1 000件,1 200件,2 400件,1 800件和1 500件。

（2）要求：根据以上资料，计算甲类产品中各种产品的实际总成本和单位成本，选择C产品为标准产品并填写表9.10、表9.11。

表9.10　甲类产品系数计算表

20××年×月

产品名称	实际产量/件	单位产品材料定额/元	系　数	材料总系数	单位产品工时定额/小时	系　数	工时总系数
A							
B							
C							
D							
E							
合　计							

表9.11　甲类产品成本计算单

20××年×月

产品名称	实际产量/件	直接材料分配率/%	直接人工分配率/%	制造费用分配率/%	完工产品总成本/元	完工产品单位成本/元
A						
B						
C						
D						
E						
合　计						

业务实训题2

（1）业务实训资料：某企业用B原材料，经过同一生产过程同时生产出甲、乙两种联产品。本月共生产甲产品 450 千克、乙产品 300 千克,本月发生的联合成本为:直接材料 6 000 元,直接人工 2 500 元,制造费用 3 800 元。甲产品每千克售价 40 元、乙产品每千克售价 60 元,且产品已全部售出。

(2)要求:根据以上资料,分别用系数分配法(甲产品为标准产品)、相对销售价值分配法和实物量分配法计算分配甲、乙产品成本。

业务实训题 3

(1)业务实训资料:某企业在生产 A 产品过程中附带生产出副产品 B 产品和 C 产品。本月份该企业月初在产品成本为 32 000 元,其中直接材料 16 000 元,直接人工 4 000 元,制造费用 12 000 元;本月生产费用为 368 000 元,其中直接材料 240 000 元,直接人工 60 000 元,制造费用 68 000 元,各成本项目的比重分别为 60%,25% 和 15%。本月生产 A 产品 2 000 千克,B 产品 80 千克,C 产品 400 千克。月末均无在产品。B 产品计划单位成本 200 元,C 产品计划单位成本 75 元。

(2)要求:根据以上资料,计算 A 产品、B 产品和 C 产品成本。

第 *10* 章 定额法

[**本章提示**] 通过本章的学习,理解定额法的特点;掌握产品定额成本的核算;熟练掌握原材料、生产工资和制造费用脱离定额差异的核算;理解材料成本差异的分配;掌握定额变动差异的核算;熟练掌握完工产品实际成本和月末在产品成本的计算和分析;理解定额法的特点、适用范围和应用条件。

[**本章重点**] 定额法的实际运用。

[**本章难点**] 原材料、生产工资和制造费用脱离定额差异的核算、定额变动差异的核算、完工产品实际成本和月末在产品成本的计算和分析。

10.1 定额法的特点

10.1.1 定额法的概念、应用条件

前面我们介绍了产品成本计算的品种法、分批法、分步法和分类法,在这些计算方法下,生产费用的日常核算、产品的实际成本,都是按照生产过程中实际发生的生产费用归集和分配的,产品的实际成本与定额的差异及其发生的原因,只有在月末通过实际资料与定额资料的对比、分析才能得出,这样不利于及时对产品成本进行控制和管理。产品成本计算的定额法,就是为了及时反映和监督生产费用和产品成本脱离定额的差异,加强定额管理和成本控制而采用的一种成本计算方法。它是将产品成本的定额工作、核算工作和分析工作有机地结合起来,将事前、事中、事后反映和监督融为一体的一种产品成本核算方法和成本管理制度。定额法不能单独应用,必须与确定产品成本计算对象的基本方法结合起来应用。

使用定额成本法能够加强成本的日常控制;便于进行产品成本的定期分析;有利于提高成本的定额管理水平;能够比较合理和简便地分配完工产品和月末在产品的费用。但是计算的工作量比较大。定额法与生产类型没有直接联系,适用于定额管理制度比较健全,定额管理工作基础比较好,产品的生产已经定型,各项消耗定额比较准确、稳定的企业,主要是大批量生产的企业。

10.1.2 定额法的特点

定额法的特点主要表现在：

①事前制订产品的消耗定额、费用定额和定额成本作为降低成本的目标，对产品成本进行事前控制；

②在生产费用发生的当时，将符合定额的费用和发生的差异分别核算，加强对成本差异的日常核算、分析和控制；

③月末在定额成本的基础上，加减各种成本差异，计算产品的实际成本，为成本的定期考核和分析提供数据。

10.2　产品定额成本的计算

采用定额成本法必须先制订产品的定额成本。定额成本与计划成本既有相同之处，又有不同之处。相同之处是：两者都是以产品生产耗费的消耗定额和计划价格为依据而确定的目标成本。不同之处是：计算计划成本的消耗定额是计划期内平均的消耗定额，在计划期内通常不变；计算定额成本的消耗定额是现行定额，它应随着生产技术的进步和劳动生产率的提高不断修订；在主管企业的上级机构（或公司）对企业下达成本指标的情况下，计划成本是上级机构对企业进行成本考核的依据，定额成本则是企业自行制订、自我控制和考核的依据。

定额成本的计算公式如下：

单位产品定额成本＝直接材料费用定额＋直接人工费用定额＋制造费用定额

其中：

直接材料费用定额＝直接材料消耗定额×材料计划单价

直接人工费用定额＝产品工时定额×计划小时工资率

制造费用定额＝产品工时定额×计划小时费用率

产品的定额成本包括零部件定额成本和产成品定额成本，通常由计划、会计等部门共同制订。

如果产品的零部件不多，一般先计算零部件定额成本，然后再汇总计算部件和产成品的定额成本。零部件定额成本还可以作为在产品和报废零部件计价的依据。

如果产品的零部件较多，为了简化核算工作，可以不计算零部件定额成本，而是根据零部件定额卡，以及原材料计划单价、计划工资率和制造费用率，计算部件定额成本，然后汇总计算产品定额成本。

如果产品的零部件繁多，计算每一个零部件的定额成本的工作量太大，则可按照单位产品直接汇总材料消耗量、工时定额，再分别乘以材料计划单价、计划小时工资率、计划小时制造费用率，计算出产品的定额成本，即根据零部件定额卡直接计算产成品的定额成本。

制订定额成本应编制定额成本计算表。编制定额成本计算表时采用的成本项目和成本计算方法,应该与计划成本、实际成本包括的成本项目和成本计算方法一致,这样才便于成本分析和考核。

单位零件定额卡、单位部件定额成本计算表、单位产品定额成本计算表见表10.1—10.3。

表 10.1　单位零件定额卡

零件编号:201　　　　　　　　零件名称:××　　　　　　　　20××年6月

材料编号	材料名称	计量单位	材料消耗定额
1401	××	千　克	4

工　序	工时定额	累计工时定额
1	2	2
2	4	6
3	3	9

表 10.2　单位部件定额成本计算表

部件编号:210　　　部件名称:××　　　20××年6月　　　　　　单位:元

| 所用零件编号或名称 | 所用零件数量 | 部件材料费用定额 | | | | | | 金额合计 | 工时定额 |
| | | 1401 | | | 1402 | | | | |
		消耗定额	计划单价	金额	消耗定额	计划单价	金额		
201	6	24	2	48				48	54
202	4				16	6	96	96	36
装　配									5
合　计				48			96	144	95

| 定额成本 | | | | | 定额成本合计 |
| 直接材料 | 直接人工 | | 制造费用 | | |
	工资率	金额	费用率	金额	
144	0.8	76	1.2	114	334

表 10.3　单位产品定额成本计算表

产品编号:200　　　　　　　　产品名称:甲　　　　　　　20××年 6 月

所用部件 名称或编号	所用部件数量	材料费用定额		工时定额	
		部件	产品	部件	产品
210	3	144	432	95	285
211	1	56	56	15	15
装配					10
合计			488		310
产品定额成本					
直接材料	直接人工		制造费用		产品定额 成本合计
	小时工资率	金额	小时费用率	金额	
488	0.8	248	1.2	372	1 108

10.3　脱离定额差异的计算和材料成本差异的分配

脱离定额差异,是指生产耗费或生产费用偏离现行定额或预算而发生的差异。脱离定额差异的计算就是在发生生产费用时,为符合定额的费用和脱离定额的差异,分别编制定额凭证和差异凭证,并在有关费用分配表和明细分类账中分别予以登记。这样就能及时正确地核算和分析生产费用脱离定额的差异,控制生产费用的支出。因此,对定额差异的核算是实行定额法的重要内容。为了防止生产费用超支,避免浪费和损失,差异凭证填制以后,还必须按照规定办理审批手续。有条件的企业可以将脱离差异的日常核算同车间或班组经济责任结合起来,依靠各生产环节的职工控制生产费用。

按照生产耗费的构成项目来分,脱离定额的差异通常有 3 种:原材料脱离定额差异、工资费用脱离定额差异和制造费用脱离定额差异。

10.3.1　原材料脱离定额差异的计算

在各成本项目中,原材料费用(包括自制半成品费用)一般占有较大比重,且属于直接费用,对生产耗费的控制必须从原材料的领用、耗费抓起。在费用发生时,就要按照产品的投产量计算定额费用和脱离定额差异,从生产耗费的源头做好成本费用的控制工作。对原材料脱离定额差异的计算方法一般有:限额法、切割核算法和盘存法 3 种。

1)限额法

限额法也叫差异凭证法,是指对原材料的领用实行限额领料制度,以对原材料的耗用进行控制的一种方法。符合定额的原材料应根据限额领料单等定额凭证领发。如果增加产品产量,需要增加用料,在办理追加限额手续以后,也可根据定额凭证领发。由于其他原因需要超额领料或者领用代用材料,应根据专设的超额领料单、代用材料领料单等差异凭证,经过一定的审批手续领发。

采用限额法时,在每批生产任务完成之后,应根据车间余料办理退料手续,退料单也是一种差异凭证。退料单中的原材料数额和限额领料单中的原材料余额都是原材料脱离定额的节约差异。超限额领料单中的超领料数额为原材料脱离定额的超支差异。

限额领料单见表10.4。

表10.4 限额领料单

领料单位:二车间　　　　　　　　　　　　　　　　　　　　　　　　　　编号:0504

用途:A零件　　　　　　　　　　　　　　20××年5月　　　　　　　　　发料仓库:甲仓库

材料类别	材料编号	材料名称及规格	计量单位	全月领用限额	全月实发数量	计划单价/元	金额/元	备注
有色金属	0158	黄铜	千克	500	480	30	14 400	

供应部门负责人:(签章)　　　　　　　生产计划部门负责人:(签章)

日　期	请　领		实　发			扣除代用数量	退　料		限额余额
	数　量	领料单位负责人签章	数量	发料人签章	收料人签章		数　量	退料单编号	
1/5	100	×××	100	×××	×××				400
8/5	200	×××	200	×××	×××				200
20/5	180	×××	180	×××	×××				20
合　计	480		480						20

应注意的是,原材料脱离定额差异是产品生产过程中实际用了脱离现行定额而形成的成本差异。而在实际投产量与规定投产量不一致以及车间有期初、期末余额时,限额法就不能完全控制用料,因此该差异只是领料差异,而非用料差异。

【例10.1】 某限额领料单规定的产品数量为1 000件,每件产品的原材料消耗定额为2千克,那么领料限额为2 000千克;本期实际领料1 800千克,领料差异为少领200千克。现假定有以下3种情况:

第一,本期投产产品数量符合限额领料单规定的产品数量,即1 000件,期初、期末均无余料。那么上述少领的200千克的领料差异即为用料脱离定额的节约差异。

第二,本期投产产品的数量仍为1 000件,但是车间期初余料有50千克,期末余料为20千克。则

原材料定额耗用量=1 000件×2千克/件=2 000千克

原材料实际耗用量=1 800千克+50千克-20千克=1 830千克

原材料脱离定额差异=1 830千克-2 000千克=-170千克(节约)

第三,本期投产产品的数量为800件,车间期初余料有50千克,期末余料为20千

克。则

原材料定额耗用量＝800件×2千克/件＝1 600千克

原材料实际耗用量＝1 800千克+50千克-20千克＝1 830千克

原材料脱离定额差异＝1 830千克-1 600千克＝230千克(超支)

采用限额法对于控制领料,促进节约用料有重要作用。要控制用料不超支,不仅要控制领料不超过限额,还要控制产品的投产数量不少于计划规定的投产数量。除此之外,还要注意车间有无余料及其数量。

2)切割核算法

为了核算用料差异,更好地控制用料,对于经过切割(下料)才能使用的材料,除了采用限额法以外,还应采用切割核算法,即通过材料切割核算单,核算原材料定额耗用量和脱离定额的差异,从而控制用料。切割核算法,适用于某些贵重材料或经常大量使用的且又需要经过在准备车间或下料工段切割后才能进一步进行加工的材料。

材料的切割核算单按照切割材料的批别开立。单中填明应切割材料的种类、数量、消耗定额和应切割成的毛坯数量;切割完毕后,要填写实际切割成的毛坯数量和原材料的实际耗用量。根据实际切割成的毛坯数量和消耗定额,即可求得材料定额消耗量,将其与材料实际消耗量做比较,即可确定原材料脱离定额差异。原材料定额耗用量、脱离定额的差异以及产生差异的原因均应填入单中,由主管人员核实。材料切割核算单的格式详见表10.5。

表10.5 材料切割核算单

材料编号或名称:1211　材料计量单位:千克　材料计划单价:8元　废料回收单价:1.5元

产品名称:甲　　　　　　　　零件编号或名称:103　　　　　　图纸号:407

切割工人工号和姓名:×××　　　　　　　　　　　　　　　机车编号:CS××

发交切割日期:20××年5月6日　　　　　　　　　　　完工日期:20××年5月10日

发料数量	退回余料数	材料实际消耗量	废料回收数量
264	16	248	12

单件消耗定额	单件回收废料定额	应切割成的毛坯数量	实际切割成的毛坯数量	材料定额消耗量	废料定额回收量
11.5	0.5	22	20	230	10

材料脱离定额差异		废料脱离定额差异		差异原因	责任人
数　量	金　额	数　量	金　额	操作员技术不熟练,多留了边料,减少了毛坯。	切割工
18	144	-2	-3		

计算说明如下:

应切割成的毛坯数量＝264千克÷(11.5+0.5)千克/件＝22件

材料定额消耗量＝11.5千克/件×20件＝230千克

废料定额回收量＝0.5千克/件×20件＝10千克

材料脱离定额差异＝(248-230)千克×8元/千克＝144元

废料脱离定额差异＝(10-12)千克×1.5元/千克＝-3元

在上述切割核算单中,余料是指剩余的可以按照原来用途使用的材料,不是实际消耗的材料。废料是指剩余的不能按照原来用途使用的边角料,是实际消耗的一部分,其价值最终应冲减原材料费用。如果实际回收废料超过定额,则差异可以冲减材料费用,即表现为负数;反之,则增加材料费用,表现为正数。

采用材料切割核算单进行材料切割的核算,能及时反映材料的使用情况和发生差异的具体原因,有利于加强对材料的控制和监督。如果将此方法和车间或班组的经济核算结合起来,则可以得到更好的效果。

3)盘存法

对于不能采用切割核算的原材料,为了更好地控制用料,除了采用限额法以外,还应按期(按工作班、工作日或者按周、旬等)通过盘存的方法核算用料差异。核算的程序是:

①根据完工产品数量和在产品盘存数量算出投产产品数量再乘以单位产品原材料消耗定额,计算出原材料定额消耗量。公式如下:

产品投产数量=本期完工产品数量+期末在产品数量-期初在产品数量

如果没有在产品投产数量的原始记录,可以根据原始记录确定投产数量。

②根据限额领料单、超额领料单和退料单等凭证以及车间余料的盘存资料,计算原材料实际消耗量。公式如下:

实际耗用量=领料数量-盘点余料或退料数量

将材料的实际消耗量和定额消耗量做比较,确定原材料脱离定额差异。公式如下:

原材料脱离定额差异=(原材料实际耗用量-原材料定额耗用量)×材料计划单价

应该注意的是,按照上述公式计算本期投产产品数量,必须具备以下条件:原材料在生产开始时一次性投入,期初和期末在产品都不再耗用原材料。如果原材料是陆续投入的,那么在产品仍要耗用原材料,上述公式中的期初和期末在产品数量应该改为按照原材料定额计算的期初和期末在产品的约当产量。

【例10.2】 某厂生产甲产品耗用A材料。甲产品期初在产品为100件,本期完工产品为2 000件,期末在产品为300件。原材料在开始时一次性投入,甲产品的原材料消耗定额为每件2千克,原材料的计划单价为10元/千克。限额领料单中记录本期已领料4 200千克。车间期初余料为100千克,期末余料为40千克。计算如下:

投产产品数量=2 000件+300件-100件=2 200件

原材料定额耗用量=2 200件×2千克/件=4 400千克

原材料实际耗用量=4 200千克+100千克-40千克=4 260千克

原材料脱离定额差异(数量)=4 260千克-4 400千克=-140千克(节约差异)

原材料脱离定额差异(金额)=-140千克×10元/千克=-1 400元(节约差异)

不论采用哪一种方法核算原材料定额消耗量和脱离定额差异,都应分批或定期地将这些核算资料按照成本计算对象汇总,编制原材料定额费用和脱离定额差异汇总表。表中应填列该批或该种产品所耗各种原材料的定额耗用量、定额费用和脱离定额差异,并分析说明产生差异的原因。该表的主要作用是:①用来汇总反映和分析材料消耗定额的执行情况;②可以代替原材料费用分配表登记产品成本明细账;③可以报送有关领导或者向群众公布,以便根据差异产生原因采取措施,进一步挖掘降低原材料消耗的潜力。

原材料定额费用和脱离定额差异汇总表的格式见表10.6。

表10.6 原材料定额费用和脱离定额差异汇总表

产品名称:乙 　　　　　　　　20××年5月1—30日 　　　　　　　　单位:元

材料类别	材料编号	计量单位	计划单价	定额费用		实际费用		脱离定额差异		差异原因
				数 量	金 额	数 量	金 额	数 量	金 额	
原 料	501	千 克	10	5 000	50 000	5 150	51 500	+150	+1 500	(略)
主要材料	524	千 克	6	4 000	24 000	3 500	21 000	−500	−3 000	(略)
合 计					74 000		72 500		−1 500	

10.3.2 工资费用脱离定额差异的计算

在定额法下,产品计时工资费用的日常控制应通过核算生产工时脱离定额差异的方法,监督生产工时的利用情况和工时消耗定额的执行情况,以便帮助企业降低单位产品的工资费用。

在计件工资制度下,生产工人的工资属于直接费用,因此能够在费用发生时区分符合定额的费用和脱离定额的差异。核算方法与原材料脱离定额差异的核算相类似。

在计时工资制度下,由于实际工资总额要到月底才能确定,因此工资脱离定额的差异不能在费用发生时按照产品直接计算,只有在月末实际工资总额确定以后才能计算。如果生产工人工资可直接计入某产品成本,那么某产品的工资脱离定额的差异可按照下列公式计算:

某种产品生产工资脱离定额的差异=该产品实际生产工资费用-(该产品实际产量×该产品生产工资费用定额)

如果生产工资属于间接计入费用,则产品的生产工资脱离定额差异应按照下列公式计算:

$$计划单位小时工资率=\frac{某车间计划产量的定额生产工人工资}{该车间计划产量的定额生产工时}$$

$$实际小时工资率=\frac{某车间实际生产工人工资总额}{该车间实际生产工时总数}$$

某产品的定额工资费用=该产品实际产量的定额生产工时×计划小时工资率

某产品的实际生产工资=该产品实际产量的实际生产工时×实际小时工资率

某产品工资费用脱离定额差异=该种产品实际工资费用-该种产品定额工资费用

从以上公式可看出,要降低单位产品的计时工资,必须降低单位小时的生产工资和单位产品的生产工时。因此,企业要严格控制工资总额,使之不要超过计划;充分利用工时,使生产工时总额不低于计划;严格控制单位产品的工时耗费,使之不超过工时定额。

【例10.3】 某企业A车间(该车间生产乙产品和其他产品)9月份全部计划产量的定额工资费用为248 000元,计划产量的定额工时为124 000小时;本月实际生产工时为124 500

小时,实际工资费用为 261 450 元;本月乙产品定额工时为 7 500 小时,实际生产工时为 7 460 小时。乙产品定额生产工资费用和生产工资脱离定额的差异计算如下:

$$计划小时工资率 = \frac{248\ 000\ 元}{124\ 000\ 小时} = 2\ 元/小时$$

$$实际小时工资率 = \frac{261\ 450\ 元}{124\ 500\ 小时} = 2.1\ 元/小时$$

乙产品的定额工资费用 = 7 500 小时×2 元/小时 = 15 000 元

乙产品的实际工资费用 = 7 460 小时×2.1 元/小时 = 15 666 元

乙产品的工资费用脱离定额差异 = 15 666 元−15 000 元 = 666 元(超支差异)

在定额法下,不论采用哪种工资形式,都应根据上述核算资料,按照成本计算对象汇编定额生产工资及脱离定额差异汇总表。该表汇总反映了产品的定额工资、实际工资、工资脱离定额的差异及其形成原因(在计时工资形式下,还要汇总反映各种产品工时脱离定额的情况)等资料,以便对各产品工资定额的执行情况进行考核和分析,并计算产品的工资费用。

10.3.3　制造费用脱离定额差异的计算

制造费用与计时工资费用一样,属于间接计入费用,在日常核算中,不能按照产品直接核算脱离定额的差异,而只能根据月份的费用计划,按照费用发生的车间、部门和费用的项目核算脱离定额的差异,以控制和监督费用的发生。对其中的原材料费用,也可以采用限额领料单、超额领料单等定额凭证和差异凭证进行控制;对生产工具、零星费用,可以采用"领用手册""费用定额卡"等凭证进行控制。在这些凭证中,先要填明领用的计划数,然后登记实际发生数和脱离计划的差异。超计划领用要经过一定的审批手续。

由上述可知,制造费用差异的日常计算,通常是指脱离费用计划的差异计算。各种产品应负担的制造费用脱离定额的差异,只能到月末等实际费用分配给各种产品之后,才能以其实际费用与定额费用相比较加以确定。其计算方法与计时工资脱离定额差异的计算类似。计算公式如下:

$$计划小时制造费用率 = \frac{某车间计划制造费用总额}{该车间计划产量的定额生产工时总数}$$

$$实际小时制造费用率 = \frac{某车间实际制造费用总额}{该车间各种产品的实际生产工时总数}$$

某产品实际制造费用 = 该产品实际生产工时×实际小时制造费用率

某产品定额制造费用 = 该产品实际产量的定额工时×计划小时制造费用率

某产品制造费用脱离定额差异 = 该产品实际制造费用−该产品定额制造费用

【例 10.4】　某厂一车间 8 月份计划制造费用总额为 36 000 元,计划产量的定额生产工时总额为 6 000 小时;实际生产工时为 6 400 小时,实际发生制造费用为 38 000 元;本月生产的 A 产品的定额生产工时为 5 200 小时,实际生产工时为 5 000 小时。A 产品定额制造费用和制造费用脱离定额差异的计算如下:

$$计划小时制造费用率 = \frac{36\ 000\ 元}{6\ 000\ 小时} = 6\ 元/小时$$

实际小时制造费用率$=\dfrac{38\ 000\ 元}{6\ 400\ 小时}=5.937\ 5\ 元/小时$

A产品实际制造费用$=5\ 000\ 小时×5.937\ 5\ 元/小时=29\ 687.50\ 元$

A产品定额制造费用$=5\ 200\ 小时×6\ 元/小时=312\ 000\ 元$

A产品制造费用脱离定额差异$=29\ 687.50\ 元-312\ 000\ 元=-1\ 512.50\ 元$

制造费用脱离定额差异计算表的格式见表10.7。

表10.7 制造费用脱离定额差异计算表

20××年×月

产品名称	产量	单位工时定额	定额制造费用			实际制造费用			脱离定额差异/元
			定额工时/小时	计划小时费用率/%	定额制造费用/元	实际工时/小时	实际小时费用率/%	实际制造费用/元	
甲	400	4	1 600		3 200	1 800		4 540	1 340
乙	200	2	400		800	500		1 260	460
合 计			2 000	2	4 000	2 300	2.52	5 800	1 800

10.3.4 材料成本差异的分配

采用定额成本计算产品成本时,为了便于对产品的材料成本进行日常控制,便于分析和考核材料消耗水平,原材料的日常核算一般按照计划成本进行。前面所计算的原材料脱离定额差异,仅仅是以计划单价反映消耗数量上的差异,未包括价格因素,因此,还应在月末计算出材料成本差异率后分配应负担的材料成本差异。计算公式如下:

某产品应分配的原材料成本差异=(该产品原材料定额费用+原材料脱离定额差异)×原材料成本差异率

【例10.5】 某厂8月份甲材料的成本差异率为-1%,生产A产品所耗原材料定额费用为48 000元,脱离定额差异为超支差异1 200元。则

A产品应分配的原材料成本差异=(48 000+1 200)元×(-1%)

$=-492元$

各种产品应负担的成本差异,一般由这些产品的完工产品成本承担,月末在产品不再负担。

在多步骤生产企业中,若采用定额法和逐步结转分步法相结合计算产品成本,为了有利于对各生产步骤进行成本考核和分析,也为了简化和加速各生产步骤的成本计算,半成品的日常核算也可以按照计划成本或者定额成本进行,各生产步骤消耗原材料和半成品的成本差异均由厂部财会部门汇集与分配,在最终计算产成品实际成本时直接调整。

10.4 定额变动差异的计算

10.4.1 定额变动差异的概念

定额变动差异,是指由于修订消耗定额或生产耗费的计划价格而产生的新旧定额之间的差额。随着生产力的发展、生产技术的完善、劳动生产率的提高,企业的各项消耗定额、生产耗费的计划价格也应做出改变,这样才能真正发挥定额和计划成本对生产的监督和控制作用。在定额变动的月份,期初在产品成本是按照原来的定额或计划成本计算的,月份内发生的生产费用则是按照修改后的新定额或计划成本计算的,这样就造成期初在产品的定额成本和当月发生生产费用的定额成本计算口径不一致,为了将按旧定额计算的月初在产品的定额成本和按新定额计算的本月投入产品的定额成本,在新定额的基础上相加,以便计算产品的实际成本,就应计算月初在产品的定额变动差异,用以调整月初在产品的定额成本。

10.4.2 定额变动差异计算及月初在产品定额成本的调整

月初在产品定额变动的差异,可以根据定额发生变动的在产品盘存数量或者在产品账面结存数量和修订前后的消耗定额,计算出月初在产品消耗定额修订前的定额耗用量和修订后的定额耗用量,两者之差即为定额变动差异。在实际工作中,由于月初在产品的数量不一定能取得,以及如果是零部件种类繁多的企业,按照零部件和工序计算工作量太大,所以为了简化计算工作,可以按照单位产品,采用系数折算的方法计算。

定额变动系数是指产品新旧定额的比率。计算公式如下:

$$定额变动系数 = \frac{按新定额计算的单位产品费用}{按旧定额计算的单位产品费用}$$

月初在产品定额变动差异 = 月初在产品定额成本 × (1 - 定额变动系数)

【例 10.6】 某车间生产的 A 产品的原材料消耗定额由原来的 2 000 元调整为 1 600 元,定额变动当期 A 产品期初在产品材料费用定额成本为 15 000 元。其定额变动差异计算如下:

$$定额变动系数 = \frac{1\ 600\ 元}{2\ 000\ 元} = 0.8$$

定额变动差异 = 15 000 元 × (1 - 0.8) = 3 000 元

由于定额变动系数是按照单位产品而非零部件分别计算的,因此它只适用于零部件成套生产或者成套性较强的情况,否则会影响计算结果的正确性。

定额变动差异一般应按照定额成本比例在完工和月末在产品之间进行分配。因为这种差异不是本月工作的结果,所以不应全部计入当月完工产品成本。但是,如果定额变动差异数额较小,或者月初在产品本月全部完工,那么定额变动差异也可以全部计入本月完工产品成本,月末在产品不再负担定额变动差异。

在定额法下,产品的实际成本按下列公式计算:

产品实际成本=按现行定额计算的产品定额成本±脱离现行定额差异

±原材料或半成品成本差异±月初在产品定额变动差异

上列公式中的产品,包括完工产品和月末在产品。某种产品如果既有完工产品,又有月末在产品,也应在完工产品和月末在产品之间分配费用。首先计算完工产品和月末在产品的定额成本,然后分配各种成本差异。

10.5　定额法的应用

下面以电机厂为例说明定额成本法的应用。

【例10.7】　某企业大量生产电机,该产品各项定额比较准确、稳定,为了加强定额管理和成本控制,采用定额法计算产品成本。该产品由一个封闭式车间(一车间)生产,不分步计算产品成本。该企业规定,该产品的定额变动差异与材料的成本差异均由完工产品负担,脱离定额差异在完工产品与月末在产品之间按照定额成本比例分配。

1)产量资料

6月份,该厂投入电机80台,月初在产品30台,月末完工100台,月末在产品10台,完工程度为50%。材料在生产开始时一次性投入。

2)定额资料

①单位产品定额成本计算表见表10.8。

表10.8　单位产品定额成本计算表

产品:电机　　　　　　　　　　　　　　20××年6月

材料编号及名称		材料消耗定额/千克	计划单价/元	材料费用定额/元
××		80	50	4 000
工时定额 /小时	直接人工		制造费用		产品定额成本 合计/元

工时定额 /小时	工资率/%	金额/元	费用率/%	金额/元	产品定额成本 合计/元
40	5	200	7.5	300	4 500

②月初在产品定额成本及脱离定额差异见表10.9。

表 10.9　月初在产品定额成本及脱离定额差异

产品:电机　　　　　　　　　　　　　20××年6月　　　　　　　　　　　　　单位:元

成本项目	定额成本	脱离定额差异
直接材料	120 000	1 200
直接人工	3 000	150
制造费用	4 500	195
合　　计	127 500	1 545

③定额变动资料。该企业由于技术进步,本月决定将直接材料定额降低2千克,企业各项消耗定额不变。

3)本月实际发生的生产费用

直接材料353 700元,材料成本差异率为2%,直接工资19 110元,制造费用28 065元。

根据上述资料,按照下列程序计算电机成本:

①计算各成本项目的定额成本,编制本月定额成本和脱离定额成本差异汇总表,见表10.10。

表 10.10　本月定额成本和脱离定额差异汇总表

产品:电机　　　　　　　　　　　　　20××年6月　　　　　　　　　　　　　单位:元

成本项目	定额成本	实际费用	脱离定额差异
直接材料	312 000	353 700	41 700
直接人工	18 000	19 110	1 110
制造费用	27 000	28 065	1 065
合　　计	357 000	400 875	43 875

表10.10中,本月投产的80台电机的定额成本计算如下:

直接材料定额成本 = 80 台×(80-2)千克/台×50 元/千克 = 312 000 元

直接人工定额成本 = (100+10×50%-30×50%)台×200 元/台

　　　　　　　　= 18 000元

制造费用定额成本 = (100+10×50%-30×50%)台×300 元/台

　　　　　　　　= 27 000元

②计算月初在产品定额变动差异:

电机定额变动系数 = 78 千克/台×50 元/千克÷80 千克/台×50 元/千克 = 0.975

月初在产品定额变动差异 = 120 000 元×(1-0.975) = 3 000 元

③计算本月生产费用脱离定额的差异:

直接材料脱离定额的差异 = 353 700 元-312 000 元 = 41 700 元

直接人工脱离定额的差异 = 19 110 元-18 000 元 = 1 110 元

制造费用脱离定额的差异 = 28 065 元-27 000 元 = 1 065 元

④计算本月领用材料的成本差异：

材料的成本差异=353 700 元×2%=7 074 元

⑤计算脱离定额差异分配率(按成本项目计算)：

$$分配率=\frac{某项费用脱离定额费用差异总额}{月初在产品定额成本±月初在产品定额调整+本月投入产品定额成本}$$

直接材料脱离定额差异分配率=42 900 元÷(120 000-3 000+312 000)元=0.1

直接人工脱离定额差异分配率=1 260 元÷(3 000+18 000)元=0.06

制造费用脱离定额差异分配率=1 260 元÷(4 500+27 000)元=0.04

⑥计算本月完工产品与月末在产品定额成本：

完工产品成本：

直接材料定额成本=100 台×(80-2)千克/台×50 元/千克=390 000 元

直接人工定额成本=100 台×200 元/台=20 000 元

制造费用定额成本=100 台×300 元/台=30 000 元

合计：440 000 元

月末在产品定额成本：

直接材料定额成本=120 000 元+312 000 元-390 000 元-3 000 元=39 000 元

直接人工定额成本=3 000 元+18 000 元-20 000 元=1 000 元

制造费用定额成本=4 500 元+27 000 元-30 000 元=1 500 元

⑦计算完工产品与在产品应负担的脱离定额差异：

完工产品应负担的脱离定额差异=完工产品定额成本×脱离定额差异分配率

其中：

完工产品负担的直接材料脱离定额差异=390 000 元×0.1=39 000 元

完工产品负担的直接人工脱离定额差异=20 000 元×0.06=1 200 元

完工产品负担的制造费用脱离定额差异=30 000 元×0.04=1 200 元

在产品应负担的脱离定额的差异=脱离定额差异总额-完工产品应负担的脱离定额差异

其中：

在产品应负担的直接材料脱离定额的差异=42 900 元-39 000 元=3 900 元

在产品应负担的直接人工脱离定额的差异=1 260 元-1 200 元=60 元

在产品应负担的制造费用脱离定额的差异=1 260 元-1 200 元=60 元

⑧计算完工产品与在产品成本：

完工产品实际成本：

直接材料=390 000 元+39 000 元+7 074 元+3 000 元=439 074 元

直接人工=20 000 元+1 200 元=21 200 元

制造费用=30 000 元+1 200 元=31 200 元

在产品实际成本：

直接材料=39 000 元+3 900 元=42 900 元

直接人工=1 000 元+60 元=1 060 元

制造费用=1 500 元+60 元=1 560 元

根据以上计算结果,编制产品成本计算表,见表10.11。

表 10.11　产品成本计算表

车间名称:一车间
产品名称:甲产品　　　　　　　　20××年 6 月　　　　　　　　单位:元

项　目		直接材料	直接人工	制造费用	合　计
月初在产品成本	定额成本	120 000	3 000	4 500	127 500
	脱离定额差异	1 200	150	195	1 545
月初在产品定额变动	定额成本调整	−3 000			−3 000
	定额变动差异	3 000			3 000
本月发生费用	定额成本	312 000	18 000	27 000	357 000
	脱离定额差异	41 700	1 110	1 065	43 875
	材料成本差异	7 074			7 074
生产费用合计	定额成本	429 000	21 000	31 500	481 500
	脱离定额差异	42 900	1 260	1 260	45 420
	材料成本差异	7 074			7 074
	定额变动差异	3 000			3 000
脱离定额差异的分配率		0.1	0.06	0.04	
完工产品成本	定额成本	390 000	20 000	30 000	440 000
	脱离定额差异	39 000	1 200	1 200	41 400
	材料成本差异	7 074			7 074
	定额变动差异	3 000			3 000
	实际成本	439 074	21 200	31 200	491 474
月末在产品成本	定额成本	39 000	1 000	1 500	41 500
	脱离定额差异	3 900	60	60	4 020
	实际成本	42 900	1 060	1 560	45 520

10.6　各种成本计算方法的实际应用

　　产品成本计算方法主要包括本书第 2 编介绍的品种法、分批法、分步法,以及为了简化成本计算工作采用的分类法和为了加强定额管理而采用的定额法。其中:品种法、分批法、分步法是适应各种类型的生产特点和管理要求以及计算产品实际成本必不可少的方法,是产品成本计算的基本方法;分类法和定额法与生产类型没有直接联系,是在 3 种基本成本计算方法基础上,为了简化成本计算和加强成本管理而采用的,不是产品实际成本计算必不可少的方法,而是辅助方法。

在实际工作中,生产情况非常复杂,一个企业往往有若干个车间,一个车间往往生产若干种产品,这些车间或产品的生产类型和管理要求并不一定相同,因此,在一个企业或一个车间中,可能同时使用几种不同的成本计算方法;即使是同一产品,在各个生产步骤、各种半成品和各个成本项目之间,由于生产类型和管理要求不同,因此在同一产品的计算过程中,也有可能将几种成本计算方法结合起来应用。

10.6.1 几种成本计算方法同时应用

一个企业或车间,在下列情况下,可以同时采用几种成本计算方法。

1)一个企业的各个生产车间的生产类型不同,可以采用不同的成本计算方法

工业企业的基本生产车间和辅助生产车间的生产类型往往不同。例如,造纸厂的纸浆、制纸和成品等基本生产车间,属于大批量、多步骤生产,应该采用逐步结转分步法计算半成品和产成品成本,但是造纸厂,尤其是大、中型造纸厂,仅仅运用逐步结转分步法不能计算全部成本。大、中型造纸厂还设有配电、供水、机修车间和运输队等辅助生产部门,配电、供水车间是单步骤大量生产,因此应该用品种法计算供电、供水成本;运输队要计算每吨千米成本;机修车间是装配式单件小批生产,应该采用分批法计算修理成本。因此,要计算造纸厂的全部成本,必须综合应用逐步结转分步法、分批法、品种法等成本计算方法。即使生产类型相同,同为基本生产车间或者辅助生产车间,但是由于管理要求不一样,也可以采用不同的成本计算方法。

2)一个企业的各个生产车间的生产类型相同,但是管理要求不同,可以采用几种不同的成本计算方法

例如:企业第一、第二两个基本生产车间分别大批量、多步骤生产甲、乙两种产品。管理上要求分步骤计算甲产品成本,但是对乙产品则不要求分步骤计算产品成本。因此,应该采用分步法计算甲产品成本,采用品种法计算乙产品成本。

3)一个车间同时生产多种产品,由于各种产品的生产类型或管理上的要求不同,可以采用的成本计算方法也有所不同

例如,一个基本生产车间生产甲、乙两种产品,甲产品已定型,为大批量生产,因此对甲产品采用品种法计算其成本。乙产品是小批试制的非定型产品,属于试生产阶段,故对乙产品采用分批法计算其成本。

10.6.2 几种成本计算方法的结合应用

一个企业中,计算一种产品的成本,在下列情况下,可以结合采用几种成本计算方法。

1) 一种产品的不同生产步骤，由于生产特点和管理要求的不同，可以采用几种不同的成本计算方法

例如，在单件、小批生产的机械厂，最终产品要经过铸造、机械加工、装配等相互关联的生产阶段完成。从某产品生产的阶段来看，在铸造车间可以采用品种法计算铸件的成本；在加工、装配车间则可以采用分批法计算各批产品的成本；而在铸造和加工、装配车间之间，则可以采用逐步结转分步法结转铸件成本；如果在加工和装配车间之间要求分步骤计算成本，但是加工车间所生产的半成品种类较多，又不对外销售，那么在加工和装配车间之间则可以采用平行结转分步法结转成本。这样，该厂就在分批法的基础上，结合使用了品种法和分步法，在分步法中还结合使用了逐步结转和平行结转的方法。

2) 在构成一种产品的不同零部件（半成品）之间，也可以采用几种不同的成本计算方法

例如，某种产品由若干种零部件组装而成，其中不外售的零部件，一般不要求单独计算其成本；而需要外售的零部件，管理上要求计算其成本，则应按照这些零部件的生产类型和管理要求，采用适当的成本计算方法单独计算其成本。

3) 在一种产品各个成本项目之间，也可以采用几种不同的成本计算方法

例如，大批量、多步骤生产的产品。在该产品原材料费用所占比重较大的情况下，原材料费用可以采用逐步结转分步法，分步骤计算该产品的原材料费用；其他项目成本比重较小，则可以采用品种法等成本计算方法计算该产品的其他成本项目的费用。又如钢铁厂产品的原材料费用，在产品成本中所占比重较大，又是直接费用，应该采用分步法，按照产品的品种和生产步骤开设产品成本计算单计算成本；其他成本项目则可以结合采用分类法，按照产品类别开立成本计算单归集费用，然后按照一定的系数分配计算各种产品的成本。

另外，成本计算的辅助方法（分类法和定额法），一般应与基本方法（品种法、分步法、分批法）结合使用。

综上所述，由于实际生产情况错综复杂，相应的成本计算方法也是多种多样。在实际工作中，应该根据企业不同的生产特点和管理要求，熟练掌握几种典型的成本计算方法的基本原理，考虑企业规模和管理水平等具体条件，从实际出发，灵活运用各种成本计算方法。

练习题

一、思考题

① 简述定额法的适用范围及应用条件。

② 在什么样的情况下，可以同时采用几种不同的成本计算方法？

③ 计算一种产品的成本，在什么样的情况下，可结合采用几种不同的成本计算方法？

二、单项选择题

①某企业从年初起就修订 A 产品的部分零件原材料消耗定额,每件产品原材料费用的旧定额为 200 元,新定额为 192 元,则 A 产品定额变动系数为( )。

　A.0.04　　　　　　B.0.96　　　　　　C.0.041 7　　　　　　D.1.041 7

②产品成本计算的定额法,在适用范围上( )。

　A.只适用于小批单件生产的企业

　B.只适用于大批量生产的机械制造业

　C.与生产的类型没有直接关系

　D.适用于产品品种、规格繁多的生产企业

③计算零件的月初定额变动差异,与( )数量有关。

　A.本月初投产的该零件　　　　　　B.月初在产品中的该零件

　C.本月完工的该零件　　　　　　　D.本月投产的该零件

④原材料脱离定额差异是( )。

　A.数量差异　　　　　　　　　　B.价格差异

　C.一种定额变动差异　　　　　　D.原材料成本差异

⑤在完工产品成本中,如果月初在产品定额变动差异是正数,说明( )。

　A.定额提高了

　B.定额降低了

　C.本月定额管理和成本管理不力

　D.本月定额管理和成本管理取得了成绩

三、多项选择题

①在脱离定额差异的核算中,与原材料脱离定额差异核算方法相同或类似的有( )。

　A.自制半成品

　B.制造费用

　C.计件工资形式下的生产工人工资

　D.计时工资形式下的生产工人工资

②核算脱离定额差异,是( )。

　A.为了简化产品生产成本计算

　B.为了进行产品成本的日常分析和事中控制

　C.为月末进行产品实际成本计算提供数据

　D.为考核成本管理工作提供数据

③在定额法下,在月初修订提高消耗定额以后,可能引起( )。

　A.月初在产品定额成本增加

　B.月初在产品定额差异变动减少

　C.月初在产品定额成本及定额变动差异都增加

　D.月初在产品定额成本及定额变动差异都减少

　E.月初在产品成本与本月发生费用之和不变

④原材料脱离定额差异的计算方法有(　　　)。

A.限额法　　　　　　　　　　　B.计划成本法

C.系数法　　　　　　　　　　　D.定期盘存法

E.切割核算法

⑤定额法的优点有(　　　)。

A.有利于加强对成本的日常控制

B.便于对产品成本进行定期分析

C.有助于提高成本的定额管理工作

D.减少产品成本计算的工作量

E.能较全面、简便地解决在产品计价问题

四、填空题

①产品的定额成本,是根据各种有关的_____计算成本。

②脱离定额的差异,是指生产过程中各项生产费用脱离_____的数额。

③在定额法下,原材料的领用应实行 _____或 _____制度。

④在定额法下,退料单是一种 _____。

⑤在定额法下,对某些贵重材料或经常大量使用的且又需要切割后才能进一步进行加工的材料,应采用_____核算。

⑥本期投产产品数量等于本期完工产品数量加上_____在产品约当产量,减去_____在产品约当产量。

⑦定额法是将产品成本的 _____工作、_____工作、_____工作有机结合起来,将 _____、_____、_____的反映和监督为一体的一种产品成本计算方法和成本管理制度。

五、判断题

①在定额下,退料单是一种差异凭证。　　　　　　　　　　　　　　　(　　　)

②定额成本是一种目标成本,是企业进行成本控制和考核的依据。　　　(　　　)

③在计件工资形式下,生产工人工资属于直接计入费用,因此其脱离定额差异的核算与原材料相类似。　　　　　　　　　　　　　　　　　　　　　　　(　　　)

④在计时工资形式下,生产工人工资脱离定额的差异一般不能按照产品进行日常核算。

　　　　　　　　　　　　　　　　　　　　　　　　　　　　　　　　　(　　　)

⑤原材料脱离定额的差异是按计划单位成本反映的数量差异。　　　　　(　　　)

⑥产品的原材料定额费用与原材料脱离定额差异的代数和,乘以材料成本差异分配率,是产品所耗原材料应负担的原材料成本差异。　　　　　　　　　　　　(　　　)

⑦一个企业或车间有可能同时应用几种成本计算方法。　　　　　　　　(　　　)

⑧对于同一种产品只能采用一种成本计算方法。　　　　　　　　　　　(　　　)

⑨产品定额成本和计划成本相同之处是:两者均以现行定额作为消耗定额。(　　　)

⑩在定额法下,各生产步骤所耗原材料和半成品的成本差异应计入各生产步骤的产品成本。　　　　　　　　　　　　　　　　　　　　　　　　　　　　　(　　　)

六、业务实训题

业务实训题1

（1）业务实训资料：

①上月末甲在产品成本中材料定额成本为 100 000 元,脱离定额差异为+5 000元,其中 A 零件有 500 只,每只定额成本 50 元,本月初修订的定额成本为 45 元。

②上月末甲在产品成本中直接人工定额成本为 60 000 元,单位产品工时定额由上月的 4 小时改为 3.6 小时。

（2）要求：根据以上资料计算甲产品本月完工成本中的材料定额变动差异和直接人工定额变动差异。

业务实训题2

（1）业务实训资料：某厂乙产品采用定额法计算产品成本。本月份原材料有关资料见表 10.12。

表 10.12　某厂乙产品本月份原材料资料表

单位:元

成本项目	月初在产品		月初在产品定额调整	本月发生		本月完工产品定额成本
	定额成本	脱离定额差异		定额成本	脱离定额差异	
直接材料	15 300	−200	−300	135 000	500	120 000

本月材料成本差异率为+1%,脱离定额差异在完工产品和月末在产品之间按定额成本的比例分配,材料成本差异与定额变动差异全部由完工产品成本负担。

（2）要求：根据以上资料计算如下数据。

①月末在产品直接材料定额成本。

②材料脱离定额差异的分配率。

③本月材料应分配的材料成本差异。

④本月完工产品应负担的材料实际成本。

⑤月末在产品应负担的材料实际成本。

第 3 编　成本报表的编制和分析

第 *11* 章 成本报表

[本章提示] 本章介绍了在企业内部管理中成本报表的作用、种类和编制要求,商品产品成本表,主要产品单位成本表和制造费用明细表。通过本章的学习,掌握商品产品成本表、主要产品单位成本表和制造费用明细表的编制方法。

[本章重点] 商品产品成本表和主要产品单位成本表的编制。

[本章难点] 按产品品种反映的产品生产成本表的编制。

11.1 成本报表的作用、种类和编制要求

11.1.1 成本报表的概念及作用

1)成本报表的概念

成本报表是会计报表体系的重要组成部分。它是根据有关成本日常核算资料及其他有关资料编制的,用以反映企业在一定时期内产品成本水平及费用支出情况,据以分析成本计划完成情况、考核成本管理业绩的报告文件。

成本报表与财务报表有所不同,成本报表主要服务于企业内部经营管理需要,属内部报表。因此它在编报时间、格式和内容上可根据企业具体情况来定。

2)成本报表的作用

成本是综合反映企业生产、技术和经营管理工作水平的一项重要指标。正确、及时地编制和分析成本报表是成本会计工作中的一项重要内容。其作用表现为:

①利用成本报表,可以了解企业一定时期内的产品成本水平及费用支出情况。

②利用成本报表,可以检查成本计划的执行情况,考核成本工作业绩,对企业成本管理工作进行评价。

③利用成本报表,可以进行成本分析,以揭示产品成本指标和费用项目变动的因素及原因,及时发现在生产、技术、生产组织和经营管理等方面存在的问题,挖掘节约费用支出和降低产品成本的潜力,提高企业经济效益。

④利用成本报表的信息资料,还可以为制订成本计划,进行成本预测、决策,制定产品价格提供重要的参考依据。

11.1.2　成本报表的种类

成本报表是不对外报送或公布的报表,是一种对内报表。因此,成本报表的种类、项目、格式和编制方法等,国家对其不做统一规定,而由企业自行确定。企业的上级主管部门为了对本系统所属企业的成本管理工作进行指导,为了给经济综合管理部门提供所需的成本、费用数据,也可以要求企业将其成本报表作为会计报表的附表上报。在这种情况下,企业成本报表的种类、项目、格式和编制方法,也可以由企业的上级主管部门会同企业共同规定。

成本报表一般包括商品生产成本表、主要产品单位成本表、制造费用明细表、销售费用明细表、管理费用明细表和财务费用明细表。

会计部门除了定期编制全面反映成本、费用计划完成情况的报表外,为了加强成本的日常管理,还可以设计和编制日常的成本报表,对成本耗费的主要指标,也可以按旬、按周、按日编报,及时提供给有关部门负责人和值班人员,促使其及时地、有针对性地采取措施,解决生产经营中存在的问题。

1)按报表反映的内容分类

①反映成本计划执行情况的报表。这类报表主要有商品产品成本表、主要产品单位成本表、制造费用明细表。它们可以揭示企业为生产一定产品所付出的成本是否达到了预定的要求。在报表中,可将报告期实际成本水平与计划成本水平、历史成本水平以及同行业成本水平进行比较,以反映成本管理工作的成效,并为深入进行成本分析、挖掘降低成本的潜力提供资料。

②反映费用支出情况的报表。这类报表主要有财务费用明细表、管理费用明细表、销售费用明细表。通过它们可以了解企业在一定时期内费用支出的总额及其构成情况,了解费用支出的合理程度和变动趋势,有利于企业管理部门正确制订费用预算,考核各项消耗和支出指标的完成情况,明确各有关部门和人员的经济责任。

③反映生产经营情况的报表。这类报表有生产情况表、材料耗用表、材料差异分析表等。这类报表属于专题报表,主要反映生产中影响产品生产成本的某些特定的、重要的问题,一般依据实际需要灵活设置。

2)按报表编制的时间分类

虽然成本报表在报送内容上不像财务报表那样规范,在报送时间上也具有很大的灵活性,但主要报表仍可按编报时间分为年报、季报、月报、旬报、周报、日报等。

11.1.3 成本报表的编制要求

由于成本报表是企业内部经营管理中的重要组成部分,因此在成本报表的编制过程中,必须按照以下要求去做:

1)贯彻客观、真实性原则的要求

成本报表必须如实地反映产品成本水平和费用支出情况,所填列的数字必须真实、正确、可靠。为确保报表的客观真实性,企业在编报前必须做好一系列的准备工作,包括将报告期内全部经济业务登记入账、认真对账、查账等。在各种成本报表编制完成后,还应进行账表核对、表表核对(即各种成本报表之间相关指标、数额核对)。

2)贯彻全面性和重要性原则的要求

成本报表编制的种类和内容必须齐全、完整,既要反映成本计划完成情况,又要反映费用预算执行情况;既要有反映企业经济活动的一般性内容,又要有反映企业经济活动的专项内容。会计部门除了定期编制全面反映成本计划和各项费用计划完成情况的报表外,为了加强成本的日常管理,对成本耗费的主要指标,也可以按旬、按周、按日乃至按班组、个人编制报表,及时提供给有关部门负责人和值班人员,促使其及时地、有针对性地采取措施,解决生产经营中存在的问题。

3)贯彻及时性、简化性、实用性原则的要求

虽然成本报表不对外报送,但从对内提供成本信息、加强成本管理的角度看,仍具有很强的时效性。所以只有按期及时编报,按需要及时编报,才能使企业管理者利用成本报表了解成本、费用现状,参与管理和控制,从而不断降低成本,节约开支。而要做到及时编报、充分发挥成本管理的作用,还需要编制出简化、实用、通俗易懂的成本报表。

11.2   商品产品成本表

商品产品成本表是反映企业在一定时期内生产全部产品的总成本和各主要产品单位成本及总成本的报表。利用商品产品成本表可以了解企业产品成本发生的全貌,考核和分析企业全部产品和各主要产品成本计划的执行情况,以及可比产品成本降低计划的执行情况。

11.2.1   商品产品成本表的结构和作用

商品产品成本表一般有两种:一种是按成本项目反映编制的;另一种是按产品种类反映编制的。

1)按成本项目反映的产品成本表的结构与作用

按成本项目反映的产品成本表是按成本项目汇总反映企业在一定时期内发生的全部生产费用以及产品生产成本合计数的报表。

该表按成本项目列示产品总成本,并按上年实际数、本年计划数、本月实际数和本年累计数分栏反映。其一般结构见表11.1。

表11.1 商品产品成本表(按成本项目反映)

编制单位:××企业　　　　　　　　　　　20××年12月　　　　　　　　　　金额单位:元

成本项目	按上年平均 单位成本计算	按本年计划 单位成本计算	本月 实际成本	本年累计 实际成本
直接材料	596 000	567 000	51 000	566 500
直接人工	217 000	206 250	18 500	206 100
制造费用	271 500	258 000	23 050	257 640
产品成本合计	1 084 500	1 031 250	92 550	1 030 240

利用该表,将报告期内生产成本与上年实际数进行比较,与本年计划数进行比较,可以了解产品成本升降的情况;可以揭示差异,分析成本差异产生的原因,以便进一步挖掘企业降低成本的潜力。

2)按产品品种反映的产品生产成本表的结构和作用

按产品种类反映的产品成本表是按产品品种汇总反映企业在月份内、年度内生产的全部产品的总成本和单位成本的报表。

该表分为可比产品成本和不可比产品成本两部分。可比产品是指企业在上年度或近几年内连续正常生产,而本年继续生产,有历史成本资料可以做比较的产品;不可比产品是指以前年度没有正式生产过,本年初次正式批量生产,因而没有历史成本资料可以做比较的产品。其一般结构见表11.2。

补充资料:①可比产品成本降低额:71 000元。

②可比产品成本降低率:6.62%。

③全部产品计划成本降低额:25 260元。

④全部产品计划成本降低率:2.39%。

利用表11.2可着重对可比产品成本进行分析,以揭示可比产品成本降低任务的完成情况。

编制单位：××企业

表 11.2 商品产品成本表

20××年 12 月

单位：元

产品名称	规格	计量单位	实际产量		单位成本				本月总成本			本年累计总成本		
			本月	本年累计	上年实际平均	本年计划	本月实际	本年累计实际平均	按上年实际平均单位成本计算	按本年计划单位成本计算	本月实际	按上年实际平均单位成本	按本年计划单位成本	本年实际
			(1)	(2)	(3)	(4)	(5)	(6)=(12)÷(2)	(7)=(1)×(3)	(8)=(1)×(4)	(9)	(10)=(2)×(3)	(11)=(2)×(4)	(12)
可比产品成本合计									94 000	90 000	89 000	1 073 000	1 027 500	1 002 000
其中:甲		件	100	1 100	550	525	520	510	55 000	52 500	52 000	605 000	577 500	561 000
乙		件	50	600	780	750	740	735	39 000	37 500	37 000	468 000	450 000	441 000
不可比产品成本合计										3 500	3 550		28 000	28 240
其中:丙		件	10	80		350	355	353		3 500	3 550		28 000	28 240
全部产品成本合计										93 500	92 550		1 055 500	1 030 240

11.2.2 商品产品成本表的编制

1)按成本项目反映的产品成本表的编制方法

现以表11.1为例,说明按成本项目反映的产品成本表的编制方法:

该表是根据上年和本年有关产品的生产成本明细账以及有关成本的计划资料等编制的。

①上年实际数,根据上年12月份本表的本年累计实际数填列。

②本年计划数,根据本年产品成本计划资料填列。

③本月实际数,根据本月份各种产品成本明细账所记完工产品成本数,按照成本项目分别汇总填列。

④本年累计实际数,根据本月实际数加上上月份的本年累计实际数之和填列。

2)按产品种类反映的产品成本表的编制方法

现以表11.2为例说明按产品种类反映的产品成本表的编制方法:

①"产品名称"栏,按企业规定的"可比产品"和"不可比产品"的品种名称填列。

②"实际产量"栏,根据"产品成本明细账"的记录计算填列。

③"单位成本"栏:

"上年实际平均单位成本"栏,根据上年度本表所列的可比产品的全年累计实际平均单位成本填列。

"本年计划单位成本"栏,根据本年度成本计划的有关资料填列。

"本月实际单位成本"栏,根据有关产品成本明细账中的资料填列。

"本年累计实际平均单位成本"栏,根据有关产品成本明细账资料计算填列,计算公式为:

$$某产品本年累计实际平均单位成本=\frac{该产品本年累计实际总成本}{该产品本年累计实际产量}$$

④"本月总成本"栏:

"按上年实际平均单位成本计算"栏,根据本月实际产量与上年实际平均单位成本的乘积填列。

"按本年计划单位成本计算"栏,根据本月实际产量与本年计划单位成本的乘积填列。

"本月实际"栏,直接根据本月有关产品成本明细账的记录填列。

⑤"本年累计总成本"栏:

"按上年实际平均单位成本计算"栏,根据本年累计实际产量与上年实际平均单位成本之乘积填列。

"按本年计划单位成本计算"栏,根据本年累计实际产量与本年计划单位成本之乘积填列。

"本年实际"栏,根据有关产品成本明细账资料填列。

⑥补充资料中,可比产品的降低额和降低率,可根据下列公式计算后填列:

可比产品成本降低额=按上年实际平均单位成本计算的可比产品总成本−本年可比产品实际总成本

$$可比产品成本降低率=\frac{可比产品成本降低额}{按上年实际平均单位成本计算的可比产品总成本}×100\%$$

上述计算结果若为负数,表示可比产品成本的超支额和超支率。

补充资料中,全部产品计划成本降低额和降低率,可根据下列公式计算后填列:

全部产品计划成本降低额=按本年计划单位成本计算的全部产品累计总成本−本年全部产品实际累计总成本

$$全部产品计划成本降低率=\frac{全部产品计划成本降低额}{按本年计划单位成本计算的全部产品累计总成本}×100\%$$

11.3 主要产品单位成本表

11.3.1 主要产品单位成本表的结构和作用

主要产品单位成本表是反映企业在报告期内生产的主要产品单位成本构成情况的会计报表。

1) 主要产品单位成本表的结构和内容

主要产品单位成本表按主要产品的品种编制,以成本项目列示历史先进水平、上年实际平均、本年计划、本月实际和本年累计实际平均单位成本。其格式和内容见表11.3。

表11.3 主要产品单位成本表

编制单位:××企业　　　　　　　　　　　　20××年12月

产品名称	甲产品	本月计划产量				90
规　格		本月实际产量				100
计量单位	件	本年累计计划产量				1 050
销售单价	995元	本年累计实际产量				1 100
成本项目	行　次	历史先进水平/元	上年实际平均/元	本年计划/元	本月实际/元	本年累计实际平均/元
直接材料		305	320	310	300	295
直接人工		122	125	115	119	115
制造费用		103	105	100	101	100
合　计		530	550	525	520	510

2）主要产品单位成本表的作用

编制主要产品单位成本表可以考核各种主要产品单位成本计划的执行情况；分析成本构成和消耗定额的增减变化及其原因；通过与本企业历史最高水平比，与生产同种产品的企业比，找出差距，挖掘进一步降低产品成本的潜力。

11.3.2　主要产品单位成本表的编制

主要产品单位成本表是依据有关产品的"产品成本明细账"、成本计划、历史最高水平的成本以及产品产量、单位产品消耗定额等资料填制的。

以表 11.3 为例，说明该表的编制方法：

①"本月计划产量"和"本年计划产量"栏，应分别根据本月和本年产品产量计划数填列。

②"本月实际产量"和"本年累计实际产量"栏，根据成本计算单及有关资料填列。

③各成本项目中的"历史先进水平"栏，根据本企业历史上该种产品成本最低年度的成本资料填列。

④各成本项目中的"上年实际平均"栏，根据上年度本表的"本年累计实际平均"数填列。

⑤各成本项目中的"本年计划"栏，根据年度成本计划资料填列。

⑥各成本项目中的"本月实际"栏，根据本月产品成本明细账等有关资料填列。

⑦"本年累计实际平均"栏，根据年度内该种产品成本明细账有关资料计算填列。计算公式如下：

$$某产品实际平均单位成本 = \frac{该产品累计总成本}{该产品累计产量}$$

根据需要该表还可反映主要技术经济指标，其内容分别根据上年、本年统计和会计资料填列。

11.4　制造费用明细表

制造费用明细表是反映企业在报告期内各项制造费用发生额的会计报表。

11.4.1　制造费用明细表的结构和作用

1）制造费用明细表的结构和内容

制造费用明细表的结构设置了"上期实际""本期计划"和"本期实际"3 栏，以反映各项制造费用情况。其格式和内容见表 11.4。

表11.4 制造费用明细表

编制单位:××企业　　　　　　　　　　20××年12月　　　　　　　　　　单位:元

项　目	行　次	上期实际	本期计划	本期实际
工资及福利费	1	150 240	148 125	151 150
折旧费	2	45 000	50 000	52 000
修理费	3	11 000	16 000	14 000
水电费	4	14 000	15 000	13 000
办公费	5	5 000	4 500	4 600
差旅费	6	18 000	15 000	13 500
租赁费	7	5 000	4 000	3 000
保险费	8	2 000	1 500	1 200
⋮	⋮	⋮	⋮	⋮
其　他	15	1 500	1 200	1 100
合　计	16	271 500	258 000	257 640

2)制造费用明细表的作用

利用制造费用明细表,可以了解报告期内制造费用的实际支出情况;通过与上期实际比较,与本期计划比较,可掌握制造费用变动趋势及计划完成情况,更好地对制造费用进行管理。

11.4.2 制造费用明细表的编制

在工业企业的成本核算中,由于辅助生产车间的制造费用已通过辅助生产费用的分配转入基本生产车间制造费用、经营管理部门的管理费用等有关成本费用项目中,因此制造费用明细表中反映的各项制造费用是基本生产车间的制造费用。现以表11.4为例,说明制造费用明细表的编制方法:

①"本期计划"栏,根据本期制造费用计划数填列。

②"上期实际"栏,根据上期本表中的"本期实际"栏相应数字填列。

③"本期实际"栏,根据本期"制造费用明细账"中各费用项目合计数汇总填列。

除了本章介绍的商品产品成本表、主要产品单位成本表和制造费用明细表外,还有反映一定时期内期间费用的成本报表和其他成本报表。期间费用报表包括"管理费用明细表""销售费用明细表""财务费用明细表"。期间费用报表的结构和编制方法与"制造费用明细表"基本一致。而其他成本表,如"责任成本表""质量成本表"等,可根据企业管理需要,自选设计格式,根据有关资料填制。在这里就不再一一赘述了。

练习题

一、思考题

①简述成本报表的主要作用。

②工业企业经常编制的成本报表主要有哪几种?

③成本报表编制的要求是什么?

④按成本项目编制的商品成本表的结构、内容及作用是什么?

⑤按产品种类编制的商品成本表的结构、内容及作用是什么?

⑥主要产品单位成本表的结构、内容及作用是什么?

二、选择题(包括单选和多选)

①成本报表( )。

  A.主要服务于企业外部经营管理的需要

  B.主要服务于企业内部经营管理的需要

  C.既服务于企业内部,也服务于企业外部

  D.是服务于企业内部还是企业外部由企业自行决定

②成本报表的作用是( )。

  A.使企业内部经营决策者可以了解一定时期内企业产品成本水平和费用支出情况

  B.据以分析、考核企业成本、费用计划的执行情况

  C.评价企业各责任部门成本管理的业绩

  D.为编制成本计划、制定产品价格等提供重要依据

③成本报表中一般按月编制的报表有( )。

  A.商品产品成本表   B.制造费用明细表

  C.各种期间费用明细表   D.主要产品单位成本表

④反映一定时期内生产全部产品的总成本和各主要产品单位成本及总成本的报表是

( )。

  A.主要产品单位成本表   B.产品成本计算单

  C.商品产品成本表   D.制造费用明细表

⑤下列各项中,属于产品成本(按产品种类反映)表提供的资料有( )。

  A.按品种反映的上年实际单位成本

  B.按品种反映的本年计划总成本

  C.按品种反映的上年累计总成本

  D.按品种反映的本年累计总成本

三、判断题

①会计报表按其报送对象可以分为对外报表和对内报表。成本报表属于内部报表,不

再对外报送。 （　　）

②成本报表与财务报表的不同之处主要表现在它的编报时间、格式和内容由企业自行决定。 （　　）

③在商品产品成本表中,本年累计总成本的"按上年实际平均单位成本计算"栏,根据上年累计实际产量乘以上年实际平均单位成本之积填列。 （　　）

④可比产品成本降低额的计算结果若为负数,表示可比产品成本的降低额;反之,为超支额。 （　　）

⑤制造费用明细表中各项制造费用是基本生产车间的制造费用。 （　　）

四、业务实训题

(1)业务实训资料:某企业生产甲、乙、丙3种产品,其中,甲、乙产品为可比产品(即老产品),丙产品为今年投产的新产品。甲、乙两种产品的上年实际平均单位成本分别为103元和98元。各种产品有关成本计划的资料见表11.5—11.7。

表 11.5　甲、乙、丙产品成本计划表

项　目	甲产品	乙产品	丙产品
计划单位成本/元	95	85	28
计划产量/件	360	540	800

各产品本年1—11月份累计产量和累计成本见表11.6。

表 11.6　甲、乙、丙产品累计产量和累计成本

项　目	甲产品	乙产品	丙产品
累计产量/件	360	550	720
累计总成本/元	34 200	43 890	14 328

本年12月份实际产量及成本见表11.7。

表 11.7　12月份实际产量及成本

项　目	甲产品	乙产品	丙产品
实际产量/件	40	50	80
实际总成本/元	4 200	4 110	1 672
单位成本/(元·件$^{-1}$)	105	82.20	20.90

(2)要求:

①根据以上资料编制商品产品成本表。

②根据商品产品成本表计算计划成本降低额、计划成本降低率、可比产品实际成本降低额、实际成本降低率。

第 *12* 章 成本报表分析

[**本章提示**] 本章概括介绍了成本报表分析的意义、内容和方法;运用成本报表的分析方法进行了全部商品产品成本计划完成情况的分析、可比产品成本降低任务完成情况的分析以及产品单位成本的分析。通过这些分析,进一步揭示出成本升降的原因,从而找出控制和降低成本的措施。通过本章的学习,掌握成本分析中常用的分析方法——比较分析法、比率分析法、连环替换分析法等,并能够运用这些分析方法对产品成本表、主要产品单位成本表进行分析评价。

[**本章重点**] 成本计划完成情况分析;主要产品单位成本分析。

[**本章难点**] 可比产品成本计划完成情况分析。

12.1 成本报表分析概述

12.1.1 成本报表分析的意义和内容

成本报表分析是成本分析的重要内容。它是利用成本核算、成本计划和其他有关资料,采用一定的方法,检查成本计划的执行情况,剖析影响成本变动的各种因素,寻求降低成本的途径,促进企业不断提高经济效益的一项成本管理工作。

成本报表分析作为成本管理的重要组成部分,一方面可以对企业成本计划的执行情况进行有效控制,对企业成本计划的执行结果进行评价,另一方面可以揭示企业在成本管理中存在的问题,找出差距,寻求进一步降低成本的具体途径和具体方法,以达到不断提高企业经济效益的目的。此外,分析成本报表还可以为编制下期成本计划和进行经营决策提供依据。

成本分析贯穿成本管理的全过程,既包括事前成本预测分析,又包括事中成本控制分析和事后成本分析。本章所介绍的成本报表分析属事后成本分析,其主要内容有:

①成本计划完成情况分析。

②主要产品单位成本分析。

③主要产品单位成本项目变动情况分析。

④制造费用分析。

⑤技术经济指标变动对成本的影响分析。

本章主要介绍成本计划完成情况分析、主要产品单位成本分析、主要产品单位成本项目变动情况分析和技术经济指标变动对成本的影响分析。

12.1.2 成本报表分析的基本方法

在成本报表分析中常用的方法有比较分析法、比率分析法和连环替换分析法等。选择哪一种分析方法要根据分析对象的特点、分析要求以及掌握的资料等情况来决定。

1) 比较分析法

比较分析法也称对比分析法,是将不同时期或不同情况的两个相互关联的成本数据进行比较,确定其数量差异的一种方法。其主要作用在于揭示客观上存在的差距,并为进一步分析指出方向。在实际分析工作中,由于分析的目的不同,通常进行以下比较:

①将本期实际数与上期实际数(或历史最高水平)进行比较,以反映企业成本的动态及发展趋势。

②将本期实际数与本期计划数(或定额数)进行比较,以检查成本计划完成情况。

③将本期实际数与同行业的其他企业进行比较,以反映本企业成本管理水平,找出差距,进一步挖掘降低成本的潜力。

比较分析法只适用于同质指标的数量比较,即比较指标的计量单位、计价标准、计算时间和内涵应一致。因此,应用此方法时要注意比较指标的可比性。

2) 比率分析法

比率分析法是指通过计算和对比经济指标的比率进行数量分析的一种方法。采用这一方法,先要把对比数值变成相对数并求出比率,然后再进行对比分析。具体形式有:

①相关指标比率分析。将两个性质不同但又相关的指标进行对比并求出比率,然后再以实际数与计划(或前期实际)数进行对比分析,以便从经济活动的客观联系中,更深入地认识企业的生产经营状况。例如,将成本指标与反映生产、销售等生产经营成果的产值、销售收入、利润指标进行对比,求出产值成本率、销售成本率和成本利润率指标,就可据以分析或比较生产耗费的经济效益。

②构成比率分析。它是指某项经济指标的各个组成部分占总体的比重。例如,将构成产品成本的各个费用项目同产品成本总额相比,计算其占总成本的比重,确定成本的构成比率。然后,将不同时期的成本构成比率相比较,通过观察产品成本构成变动,掌握经济活动情况及其对产品成本的影响。

③动态比率分析。将不同时期同类指标的数值进行对比并求出比率,进行动态比较,借以分析该项指标的增减变动趋势。

3) 连环替换分析法

连环替换分析法也称连环替代法,它是将某一综合指标分解为若干个相互联系的因素,并按顺序分别计算和分析各因素影响程度的一种分析方法。这一方法克服了比较分析法的不足,能够揭示产生差异的因素和各因素对指标的影响程度,明确责任,提出措施,更好地评价成本管理工作。

（1）连环替换分析法的计算程序

第一步，确定分析指标及影响指标变动的各个因素。

第二步，根据各个因素与指标的内在依存关系，确定各个因素的替代顺序。

第三步，以计划（或基期）指标为基础，按照预定的顺序依次用实际数替换计划（或基期）数。每次替换后的实际数就被保留下来，有几个因素就要替换几次，每次替换后都将新计算出的结果与这一因素被替换前的结果进行对比，两者的差额即为这一因素变动对指标的影响程度。

第四步，将单个因素对指标的影响程度数额进行累计，这个累计数应等于分析指标实际数与计划（或基期）数的总差异额。

（2）连环替换分析法的特点

①计算程序的连环性。从上述计算程序可以看出，计算某一因素变动对分析指标的影响程度，总是在前一因素计算的基础上进行的，并采用连环比较的方法确定各因素变化的影响结果。

②因素替换的顺序性。采用这一方法关键是要正确确定各因素的排列顺序，并按这一顺序替换计算。因为如果同一因素替代顺序不同，可以改变各个因素的影响数值，这样的计算结果就失去了可比性。所以，替换顺序一经确定就不应随意变更。替换顺序确定的原则是：第一，先数量，后质量，即在分析的因素中，既有数量又有质量，先替换数量指标，再替换质量指标；第二，先实物量指标，后价值量指标；第三，先分子，后分母。

③计算结果的假定性。采用连环替换分析法计算的各个因素变动的影响数值，会因替代顺序的不同而有差别，因此，计算结果具有一定程度的假定性。

（3）举例说明连环替换分析法

【例 12.1】　某企业甲产品的材料成本构成及相关资料见表 12.1。

表 12.1　材料成本资料表

项　目	产品产量/件	单耗/（千克·件⁻¹）	单价/（元·千克⁻¹）	材料总成本/元
计　划	90	10	31	27 900
实　际	100	8	37.5	30 000

资料表明：甲产品实际材料成本比计划超支 2 100 元，其影响因素有产品产量、材料单耗及材料价格。按照连环替换分析法的替换顺序原则，将其 3 个因素的替代顺序排列为产量、单耗、单价。现分析各因素变动对材料总成本的影响。

总差异＝实际材料总成本－计划材料总成本

　　　　＝30 000 元－27 900 元

　　　　＝2 100 元

计划材料总成本＝计划产量×计划单耗×计划单价

　　　　　　　　＝90 件×10 千克/件×31 元/千克＝27 900 元

以计划数为基础开始依次替换：

第一次替换：

实际产量×计划单耗×计划单价＝100 件×10 千克/件×31 元/千克＝31 000 元

产量变动对材料总成本的影响数值：

$$31\ 000\ \text{元} - 27\ 900\ \text{元} = 3\ 100\ \text{元}$$

说明实际产量比计划增加了 10 件,使材料的实际总成本比计划总成本增加了 3 100 元。

第二次替换：

实际产量×实际单耗×计划单价 = 100 件×8 千克/件×31 元/千克 = 24 800 元

单耗变动对材料总成本的影响数值：

$$24\ 800\ \text{元} - 31\ 000\ \text{元} = -6\ 200\ \text{元}$$

说明实际单耗比计划节约了 32 千克,使材料的实际总成本比计划也降低了 6 200元。

第三次替换：

实际产量×实际单耗×实际单价 = 100 件×8 千克/件×37.5 元/千克 = 30 000 元

单价变动对材料总成本的影响数值：

$$30\ 000\ \text{元} - 24\ 800\ \text{元} = 5\ 200\ \text{元}$$

说明材料的单价比计划提高了 6.5 元,使材料总成本比计划超支了 5 200 元。

3 个因素的影响数值之和为：

$$3\ 100\ \text{元} + (-6\ 200)\ \text{元} + 5\ 200\ \text{元} = 2\ 100\ \text{元}$$

从以上分析可以看出,甲产品的材料成本比计划超支了 2 100 元,其主要原因是材料单价上涨,仅材料单价的变动,就使材料成本增加了 5 200 元,而价格变动多属外界因素,需结合市场供求和材料变动情况具体分析,建议供应部门采取措施,以降低材料采购成本,从而达到降低产品成本的目的。该企业在加强成本管理、降低产品材料消耗量上取得了显著的成绩,应及时总结经验,不断挖掘降低产品成本的潜力。

连环替换分析法还有一种简化的方法,又称差额计算分析法。它是先确定各因素实际数与计划数之间的差异,然后按照各因素的排列顺序,依次求出各因素变动的影响程度。这一方法的应用原理与连环替换分析法一样,只是计算程序不同。仍以表 12.1 数字资料为例,说明差额计算分析方法：

首先计算总差异：

$$30\ 000\ \text{元} - 27\ 900\ \text{元} = 2\ 100\ \text{元}$$

然后进行因素替换：

第一步,计算产量变动对材料总成本的影响数值：

$$(100 - 90)\ \text{件} \times 10\ \text{千克/件} \times 31\ \text{元/千克} = 3\ 100\ \text{元}$$

第二步,计算单耗变动对材料总成本的影响数值：

$$100\ \text{件} \times (8 - 10)\ \text{千克/件} \times 31\ \text{元/千克} = -6\ 200\text{元}$$

第三步,计算材料单价变动对材料总成本的影响数值：

$$100\ \text{件} \times 8\ \text{千克/件} \times (37.5 - 31)\ \text{元/千克} = 5\ 200\text{元}$$

各因素变动影响数值之和为：

$$3\ 100\ \text{元} - 6\ 200\ \text{元} + 5\ 200\ \text{元} = 2\ 100\ \text{元}$$

以上结果表明,差额计算分析法与连环替代分析法计算的结果完全相同,但简化了计算程序,所以在实际工作中被广泛采用。

12.2　成本计划完成情况分析

12.2.1　全部商品产品成本计划完成情况分析

企业全部商品产品包括可比产品和不可比产品。因为不可比产品没有历史成本资料，所以进行全部商品产品成本分析时，只能将本期实际总成本同计划总成本对比。为了使成本对比指标具有可比性，在分析全部产品成本计划完成情况时，应剔除产量变动影响的因素。实际总成本和计划总成本均应按实际产量来计算。

分析全部商品产品成本计划完成情况，可以从产品类别和成本项目构成两个方面进行，总括地评价全部产品生产成本计划完成情况，肯定成绩，找出差距，为进一步进行成本分析提供方向。

1）按产品类别进行分析

这种分析是按产品类别汇总全部商品产品成本，分别确定可比产品、不可比产品和全部商品产品成本的降低额和降低率。

具体分析步骤和方法是：首先根据商品产品成本表的资料，计算成本降低额和成本降低率，编制产品成本分析表，然后进行总括评价。成本降低额和降低率的计算公式为：

$$成本降低额 = \sum（实际产量 \times 计划单位成本）- \sum（实际产量 \times 实际单位成本）$$

$$成本降低率 = \frac{成本降低额}{\sum（实际产量 \times 计划单位成本）} \times 100\%$$

【例 12.2】　某企业产品成本资料见表 12.2。

表 12.2　产品成本表

20××年 12 月　　　　　　　　　　　　　　　　　　　　　　　单位:元

产品类别		实际产量/件	单位成本			总成本		
			上年实际平均成本	本期计划成本	本期实际成本	按上年实际平均单位成本计算	按本期计划单位成本计算	本期实际总成本
可比产品	甲	80	600	580	560	48 000	46 400	44 800
	乙	100	350	325	320	35 000	32 500	32 000
	合　计					83 000	78 900	76 800
不可比产品	丙	50		800	780		40 000	39 000
产品成本合计							118 900	115 800

根据以上资料，分析全部商品产品成本计划的完成情况，编制产品成本分析表。见表12.3。

表 12.3　产品成本分析表

20××年12月　　　　　　　　　　　　　　　　　　单位:元

产品类别		计划总成本	实际总成本	成本降低额	成本降低率/%
可比产品	甲	46 400	44 800	+1 600	+3.45
	乙	32 500	32 000	+500	+1.54
	丙	78 900	76 800	+2 100	+2.66
不可比产品:(丙)		40 000	39 000	+1 000	+2.5
全部产品成本合计		118 900	115 800	+3 100	+2.61

其中:

全部产品成本降低额 = 118 900 元 – 115 800 元 = 3 100 元

$$全部产品成本降低率 = \frac{3\ 100\ 元}{118\ 900\ 元} \times 100\% = 2.61\%$$

通过上述成本分析可以得知,全部商品产品实际总成本比计划总成本降低了 3 100 元,降低率为 2.61%。其中,可比产品总成本降低了 2 100 元,降低率为 2.66%;不可比产品总成本也降低了 1 000 元,降低率为 2.5%。说明企业完成了产品成本计划降低任务,且完成任务最好的是甲产品,应进一步总结经验,具体分析成本降低的因素,以更好地加强成本管理。

2) 按成本项目构成进行分析

这种分析是按成本项目汇总全部商品产品的总成本,将实际总成本与计划总成本对比,确定各成本项目的降低额和降低率。按成本项目构成进行全部商品产品成本计划完成情况分析,不仅可以确定全部商品产品成本实际脱离计划的差异,还能找出这些差异是由哪些成本项目变动引起的,可据此进一步揭示成本升降的原因。

分析步骤与方法是:根据按产品成本项目编制的全部商品产品成本表编制产品成本分析表,确定全部产品成本的降低额和降低率,然后再进行评价。

【例 12.3】　某企业产品成本表见表 12.4。

表 12.4　产品成本表

20××年12月　　　　　　　　　　　　　　　　　　单位:元

产品类别		直接材料		直接人工		制造费用		合计	
		计划总成本	实际总成本	计划总成本	实际总成本	计划总成本	实际总成本	计划总成本	实际总成本
可比产品	甲	23 200	22 400	13 920	13 440	9 280	8 960	46 400	44 800
	乙	13 000	14 400	11 375	11 200	8 125	6 400	32 500	32 000
	小计	36 200	36 800	25 295	24 640	17 405	15 360	78 900	76 800
不可比产品:丙		22 000	20 280	12 000	12 480	6 000	6 240	40 000	39 000
全部产品合计		58 200	57 080	37 295	37 120	23 405	21 600	118 900	115 800

根据上述资料,编制产品成本分析表,见表 12.5。

单位:元

表 12.5　产品成本分析表

20××年12月

产品类别		直接材料				直接人工				制造费用				合　计			
		计划成本	实际成本	降低额	降低率/%	计划成本	实际成本	降低额	降低率/%	计划成本	实际成本	降低额	降低率/%	计划成本	实际成本	降低额	降低率/%
可比产品	甲	23 200	22 400	+800	+3.45	13 920	13 440	+480	+3.45	9 280	8 960	+320	+3.45	46 400	44 800	+1 600	+3.45
	乙	13 000	14 400	-1 400	-1.08	11 375	11 200	+175	+1.54	8 125	6 400	+1 725	+21.23	32 500	32 000	+500	+1.54
	合计	36 200	36 800	-600	-1.66	25 295	24 640	+655	+2.59	17 405	15 360	+2 045	+11.75	78 900	76 800	+2 100	+2.66
不可比产品:丙		22 000	20 280	+1 720	+7.81	12 000	12 480	-480	-4	6 000	6 240	-240	-4	40 000	39 000	+1 000	+2.5
全部产品成本合计		58 200	57 080	+1 120	+1.92	37 295	37 120	+175	+0.47	23 405	21 600	+1 805		118 900	115 800	+3 100	+2.61

从产品成本分析表中可以看出：该企业全部产品成本降低了 3 100 元，降低率为 2.61%。其中：直接材料成本降低了 1 120 元，降低率为 1.92%；直接人工成本降低了 175 元，降低率为 0.47%；制造费用降低了 1 805 元，降低率为 7.71%。说明制造费用项目降低最为明显。应进一步分析总结制造费用成本降低的原因和经验。同时从分析表中还发现乙产品的直接材料成本、丙产品的直接人工和制造费用成本都有不同程度的超支，应找出超支的原因，以全面降低产品成本。

12.2.2 可比产品成本计划完成情况分析

可比产品成本是全部产品成本的主要部分，因此在成本分析中要着重对可比产品成本进行分析，以评定可比产品成本降低任务完成情况。

1) 可比产品降低额和降低率的确定

在企业成本计划中，对可比产品不仅规定了计划成本，还规定了成本降低任务指标，即可比产品成本计划降低额、计划降低率。可比产品成本降低任务完成情况的分析，就是将可比产品的实际成本降低额、降低率分别与计划成本降低额、降低率相比，以此评定企业完成可比产品成本降低的情况，进一步挖掘降低成本的潜力。

可比产品成本计划降低额、降低率和可比产品成本实际降低额、降低率的计算公式如下：

$$可比产品成本计划降低额 = \sum (计划产量 \times 上年实际单位成本)$$
$$- \sum (计划产量 \times 本年计划单位成本)$$

$$可比产品成本计划降低率 = \frac{可比产品成本计划降低额}{\sum (计划产量 \times 上年实际单位成本)} \times 100\%$$

$$可比产品成本实际降低额 = \sum (实际产量 \times 上年实际单位成本)$$
$$- \sum (实际产量 \times 本年实际单位成本)$$

$$可比产品成本实际降低率 = \frac{可比产品成本实际降低额}{\sum (实际产量 \times 上年实际单位成本)} \times 100\%$$

现举例说明用可比产品成本降低额和降低率来分析可比产品成本降低计划的完成情况。

【例 12.4】 某企业可比产品成本资料见表 12.6。

表 12.6 可比产品成本表

20××年 12 月

可比产品	产量/件		单位成本/元			总成本/元			
	计 划	实 际	上年实际	本年计划	本年实际	计划成本		实际成本	
						上 年	计 划	上 年	实 际
甲产品	2 000	2 100	480	460	465	960 000	920 000	1 008 000	976 500

续表

可比产品	产量/件		单位成本/元			总成本/元			
						计划成本		实际成本	
	计 划	实 际	上年实际	本年计划	本年实际	上 年	计 划	上 年	实 际
乙产品	3 000	3 000	350	330	320	1 050 000	990 000	1 050 000	960 000
丙产品	1 500	1 800	380	370	370	570 000	555 000	684 000	666 000
合 计						2 580 000	2 465 000	2 742 000	2 602 500

根据上述资料,对某企业可比产品成本降低任务完成情况分析如下:

可比产品成本计划降低额=2 580 000 元-2 465 000 元=115 000 元

可比产品成本计划降低率$=\dfrac{115\,000\ 元}{2\,580\,000\ 元}\times100\%=4.457\%$

可比产品成本实际降低额=2 742 000 元-2 602 500 元=139 500 元

可比产品成本实际降低率$=\dfrac{139\,500\ 元}{2\,742\,000\ 元}\times100\%=5.087\%$

从以上分析可以看出可比产品成本实际降低额比计划降低额多降了 24 500 元,即

$$139\,500\ 元-115\,000\ 元=24\,500\ 元$$

实际降低率比计划多降了 0.63%,即

$$5.087\%-4.457\%=0.63\%$$

具体分析可通过编制可比产品成本分析表进行。见表 12.7。

表 12.7 可比产品成本分析表

20××年 12 月 单位:元

可比产品名称	产量/件		计划降低任务				实际降低情况				完成任务情况	
	计划	实际	按上年实际单位成本	按计划单位成本	降低额	降低率/%	按上年实际单位成本	按本年实际单位成本	降低额	降低率/%	降低额	降低率/%
甲	2 000	2 100	960 000	920 000	40 000	4.167	1 008 000	976 500	31 500	3.125	-8 500	-1.042
乙	3 000	3 000	1 050 000	990 000	60 000	5.714	1 050 000	960 000	90 000	8.571	30 000	2.857
丙	1 500	1 800	570 000	555 000	15 000	2.632	648 000	666 000	18 000	2.632	3 000	0
合计			2 580 000	2 465 000	115 000	4.457	2 742 000	2 602 500	139 500	5.087	24 500	0.63

通过对可比产品成本降低任务完成情况的具体分析,可以看出可比产品成本总体上完成了成本降低任务,主要成绩应归功于乙产品和丙产品,而甲产品却没有完成任务,比计划降低额减少了 8 500 元,降低率减少了 1.042%。对此还应做进一步分析,找出影响可比产品成本降低任务完成的原因及其影响程度。

2）影响可比产品成本降低任务完成情况的因素分析

影响降低额的因素有产品产量、产品品种结构和产品单位成本；影响降低率的因素有产品品种结构和产品单位成本。

（1）产品产量因素

产品产量变动会直接影响成本降低额，但是降低率却不受产品产量的影响。因为可比产品成本降低额是根据各种产品产量、品种结构和单位成本确定的，当产品单位成本和品种结构不变时，说明各种产品产量的计划完成程度相同，在计算成本降低率时，分子、分母都具有相同的产量增减比例，而使成本降低率不变。所以，产品产量变动只影响降低额，不影响降低率。产品产量变动对成本降低额影响的计算公式如下：

$$产品产量变动对成本降低额的影响 = \sum[(实际产量 - 计划产量) \times 上年实际平均单位成本] \times 计划降低率$$

（2）产品品种结构因素

产品品种结构是指各种产品产量占总产量的比重。由于各种可比产品成本降低率有所不同，若成本降低幅度大的产品产量占全部可比产品产量的比重比计划提高时，可比产品成本降低率就会随之提高，成本降低额也就增加；反之，成本降低额、成本降低率就会减少。产品品种结构变动对成本降低额、降低率的影响的计算公式如下：

$$产品品种结构变动对成本降低额的影响 = \sum[实际产量 \times (上年实际平均单位成本 - 本年计划单位成本)] - \sum(实际产量 \times 上年实际平均单位成本) \times 计划成本降低率$$

$$产品品种结构变动对成本降低率的影响 = \frac{产品品种结构变动对成本降低额的影响数}{\sum(实际产量 \times 上年实际平均单位成本)} \times 100\%$$

（3）产品单位成本因素

可比产品成本计划成本降低额和实际成本降低额都是以上年单位成本为计算基础的。因此，可比产品成本降低任务的完成程度，实际上是各种产品单位成本发生变动所造成的。产品实际单位成本比计划降低越多，成本降低额和降低率就越大；反之，成本降低额和降低率就越小。产品单位成本变动对成本降低额、降低率的影响的计算公式如下：

$$产品单位成本变动对成本降低额的影响 = \sum[实际产量 \times (本年计划单位成本 - 本年实际单位成本)]$$

$$产品单位成本变动对成本降低率的影响 = \frac{产品单位成本变动对成本降低额的影响数}{\sum(实际产量 \times 上年实际平均单位成本)} \times 100\%$$

【例12.5】 资料见【例12.4】。分析产品产量、产品品种结构、产品单位成本变动对可比产品成本降低额和降低率的影响。

产品产量变动对成本降低额的影响=[(2 100-2 000)件×480 元/件+(3 000-3 000)件×
350 元/件+(1 800-1 500)件×380 元/件]×4.457%
=7 221 元

产品品种结构变动对成本降低额的影响 $=[2\ 100$ 件 $\times(480-460)$ 元/件 $+3\ 000$ 件

$\times(350-330)$ 元/件 $+1\ 800$ 件 $\times(380-370$ 元/件 $)]$

$-(2\ 100$ 件 $\times480$ 元/件 $+3\ 000$ 件 $\times350$ 元/件

$+1\ 800$ 件 $\times380$ 元/件 $)\times4.457\%$

$=-2\ 221$ 元

产品品种结构变动对成本降低率的影响

$$=\frac{-2\ 221\ \text{元}}{2\ 100\ \text{件}\times480\ \text{元/件}+3\ 000\ \text{件}\times350\ \text{元/件}+1\ 800\ \text{件}\times380\ \text{元/件}}\times100\%$$

$=-0.081\%$

产品单位成本变动对成本降低额的影响

$=[2\ 100$ 件 $\times(460-465)$ 元/件 $+3\ 000$ 件 $\times(330-320)$ 元/件 $+1\ 800$ 件

$\times(370-370)$ 元/件 $]$

$=19\ 500$ 元

产品单位成本变动对成本降低率的影响

$$=\frac{19\ 500\ \text{元}}{2\ 100\ \text{件}\times480\ \text{元/件}+3\ 000\ \text{件}\times350\ \text{元/件}+1\ 800\ \text{件}\times380\ \text{元/件}}\times100\%$$

$=0.711\%$

产品产量、产品品种结构和产品单位成本变动对成本降低额的影响程度之和为：

$7\ 221$ 元 $-2\ 221$ 元 $+19\ 500$ 元 $=24\ 500$ 元

产品产量、产品品种结构和产品单位成本变动对成本降低率的影响程度之和为：

$-0.081\%+0.711\%\ =\ 0.63\%$

12.3　主要产品单位成本分析

主要产品单位成本分析是在企业全部商品产品成本计划完成情况和可比产品成本降低任务完成情况分析的基础上，选择产量较大或某些产品成本节约或超支较多的产品，进行深入细致的分析。其意义在于揭示各种产品单位成本以及各成本项目的变动情况，进一步查明成本升降的具体原因。

主要产品单位成本分析主要包括主要产品单位成本计划完成情况及其原因分析和技术经济指标对单位成本的影响分析。

12.3.1　主要产品单位成本计划完成分析

对主要产品单位成本计划完成情况的分析，可以采用比较分析法，计算实际单位成本比计划、比上期、比历史先进水平的成本升降情况，然后再按成本项目分析单位成本升降的原因。

【例 12.6】　现根据表 12.7 所列资料和其他有关资料，以甲产品为例，编制甲产品单位成本分析表，见表 12.8。

表 12.8 甲产品单位成本分析表

20××年 12 月　　　　　　　　　　　　　　　　　　　　　单位:元

成本项目	单位成本			本年实际与计划		本年实际与上年	
	本年实际	本年计划	上年实际	升降额	升降率/%	升降额	升降率/%
	(1)	(2)	(3)	(4)=(1)-(2)	(5)=(4)/(2)	(6)=(1)-(3)	(7)=(6)/(3)
直接材料	286	280	290	+6	+2.14	-4	-1.38
直接人工	118	120	122	-2	-1.67	-4	-3.28
制造费用	61	60	68	+1	+1.67	-7	-10.29
合　计	465	460	480	+5	+1.09	-15	-3.13

从表 12.8 中可以看到,甲产品单位成本本年比上年实际降低了 15 元,升降率为 -3.13%。但实际比计划却升高了 5 元,升降率为 1.09%。造成甲商品单位成本实际比计划提高的主要原因是直接材料增加了 6 元,从而使材料成本提高了 2.14%;其次是制造费用提高了 1 元,超支了 1.67%。因此,应对直接材料和制造费用成本项目做进一步分析。

12.3.2 主要产品单位成本项目分析

主要产品单位成本项目分析就是对主要产品单位成本计划完成情况的原因进行分析。

1)直接材料项目分析

直接材料成本在产品单位成本中一般占有较大的比重,因此,直接材料项目是产品单位成本分析的重点。直接材料成本变动主要受单位产品直接材料耗用量和材料价格两个因素变动的影响,直接材料成本与这两个因素之间的关系是:

直接材料成本=单位产品材料耗用量×材料单价

在直接材料成本变动分析中可依照上述关系式,运用连环替换分析法进行分析。

【例 12.7】 某企业甲产品直接材料成本资料见表 12.9。

表 12.9 甲产品直接材料成本资料表

20××年 12 月　　　　　　　　　　　　　　　　　　　　　单位:元

材料名称	计量单位	材料耗用量		材料单价		直接材料成本	
		计 划	实 际	计 划	实 际	计 划	实 际
A 材料	千 克	28	20	10	14.3	280	286

该企业甲产品单位直接材料成本实际比计划增加了 6 元,超支了 2.14% 的原因在于:

直接材料消耗量变动的影响 = $\sum$（实际消耗量-计划消耗量）×计划单价

= (20-28)千克×10 元/千克 = -80 元

直接材料价格变动的影响 = $\sum$（实际单价-计划单价）×实际消耗量

$$=（14.3-10）元/千克×20 千克 = 86 元$$

直接材料消耗量、单价变动对直接材料成本影响合计 = -80 元+86 元 = 6 元

由此可见，材料实际消耗量降低了 8 千克，直接材料成本降低了 80 元；但因为材料价格比计划增加了 4.3 元，直接材料成本增加了 86 元。两者之和使材料成本上升了 6 元。材料价格变动多属外界因素，应结合市场供求和材料价格变动情况具体分析。那么，应将材料消耗量的降低重点分析对象，可以从产品或产品零部件结构的变化、材料加工方法的改变和材料质量的变化等方面入手，分析原因总结经验。

2）直接人工项目分析

单位产品成本的直接人工项目分析必须结合工资分配方法进行。在计时工资制度下，企业若生产多种产品，其单位产品成本中的工资成本一般是按照生产工时消耗比例分配计入的。因此，影响直接人工工资变动的因素为单位产品生产工时和小时工资率。

单位产品直接人工成本 = 单位产品工时消耗量×小时工资额（或小时工资率）

现仍以甲产品为例说明直接人工项目分析。

【例 12.8】 甲产品单位直接人工成本资料见表 12.10。

表 12.10 甲产品单位直接人工成本资料表

20××年 12 月 单位:元

项 目	本年实际	本年计划	差 异
单位产品生产工时/小时	25	30	-5
小时工资额/元	4.72	4	0.72
直接人工费用/元	118	120	-2

采用连环替换分析法分析如下：

生产工时变动对直接人工费用的影响 =（实际工时-计划工时）×计划小时工资单价

$$=（25-30）小时×4 元/小时$$

$$=-20 元$$

小时工资率变动对直接人工费用的影响 =（实际小时工资单价-计划小时工资单价）×实际工时

$$=（4.72-4）元/小时×25 小时$$

$$=18 元$$

生产小时、小时工资率变动对直接人工费用的影响 = -20 元+18 元 = -2 元

从以上分析结果可以看出，甲商品直接人工成本比计划降低了 2 元，主要是因为单位产品生产工时减少了，对此应予以肯定；但同时也看出甲商品单位小时工资率上升，而人工费用超支，对此应进一步查明原因，采取相应措施，降低支出。

3）制造费用项目分析

企业发生的制造费用是以一定的分配标准计入各种产品成本的制造费用项目中，其分

配标准通常是产品工时消耗量。因此,制造费用一般也受单位产品生产工时和工时费用分配率两个基本因素的影响。在制造费用总额不变的情况下,某产品的单位产品工时消耗量越少,分配到某产品的制造费用就越少;反之就越多。

工时消耗量变动及费用分配变动对单位成本中制造费用变动的影响可用下列公式计算求得:

生产工时消耗量变动的影响 = (实际单位工时消耗量-计划单位工时消耗量)×计划小时费用分配率

费用分配率变动的影响 = (实际小时费用分配率-计划小时费用分配率)×实际单位工时消耗量

【例 12.9】 仍以甲产品的单位成本资料及其他资料为例,进行制造费用项目变动分析。资料见表 12.11。

表 12.11 甲产品单位制造费用成本资料

20××年 12 月 单位:元

项 目	本年实际	本年计划	差 异
单位产品生产工时/小时	25	30	-5
小时费用分配率/元	2.44	2	0.44
单位产品制造费用/元	61	60	1

分析如下:

工时消耗量变动的影响 = (25-30)小时×2 元/小时 = -10 元

小时费用分配率变动的影响 = (2.44-2)元/小时×25 小时 = 11 元

两个因素变动影响合计 = -10 元+11 元 = 1 元

分析结果表明,甲产品单位制造费用实际较计划升高了 1 元的原因:一是单位工时消耗量实际比计划减少 5 小时,使甲产品的制造费用节约了 10 元;二是小时费用分配率实际比计划增加了 0.44 元,使甲产品制造费用增加了 11 元。因此,应从如何进一步提高劳动生产率和控制好制造费用两个方面着手研究,采取措施,以便今后能够完成计划任务。

12.3.3 技术经济指标对成本的影响分析

技术经济指标是指与企业生产技术特点具有内在联系的经济指标,如产品产量指标、产品质量指标、材料利用率指标等都属技术经济指标。技术经济指标的任何变动都会直接或间接影响企业的产品成本。下面仅就产品产量、产品质量、材料利用率和劳动生产率这 4 个主要方面的技术经济指标变动对成本的影响进行分析。

1) 产品产量变动对成本的影响

为了分析产品产量变动对成本的影响,我们把成本划分为变动成本和固定成本。产品产量与成本的关系表现为:当产量变动时,固定成本总额不会发生变化,但单位产品中的固定成本却会随产量的增加而减少,随产量的减少而增加;而变动成本却与此相反,当产量变动时,变动成本总额会随产量增加而增加,随产量减少而减少,但单位成本中变动成本则不发生变化。根据产品产量与变动成本和固定成本的依存关系,产量变动对单位成本的影响程度的计算公式如下:

$$单位成本降低额=计划(或基期)单位成本中的固定成本×\left(1-\frac{1}{1+产量增长率}\right)$$

$$单位成本降低率=\frac{单位产品成本降低额}{计划(或基期)单位成本}×100\%$$

$$=计划固定成本占计划单位成本的比重×\left(1-\frac{1}{1+产量增长率}\right)$$

【例 12.10】 某企业上年生产甲产品 100 件,本年比上年多生产 25 件。上年单位成本中的固定成本为 15 元,变动成本为 45 元。本年产品单位成本中的固定成本为 10 元,变动成本为 45 元。产量变动对成本的影响分析如下:

$$单位成本降低额=15 元×\left[1-\frac{1}{1+(25\ 件÷100\ 件)×100\%}\right]=3\ 元$$

$$单位成本降低率=\frac{3\ 元}{60\ 元}×100\%=5\%$$

或

$$单位成本降低率=\frac{15\ 元}{60\ 元}×\left(1-\frac{1}{1+25\%}\right)$$

分析结果表明,由于产量提高了 25%,单位成本下降了 5%。

2)产品质量变动对成本的影响

产品质量的指标一般有反映本身质量和反映生产工作质量两大类。衡量产品本身质量的指标用等级品率表示,衡量产品生产工作质量的指标用合格品率、废品率和返修率表示。分析产品质量变动对单位成本的影响,一般常用合格品率、废品率指标分析。在其他因素不变的前提下,合格品率越高,废品率就越低,单位成本也就越低。下面就以废品率为例说明产品质量变动对成本的影响。废品率变动对单位成本的影响可用下式表述:

$$单位成本比上年降低率=\frac{上年实际废品率-本年实际废品率}{1-本年实际废品率}×100\%$$

【例 12.11】 某企业通过对工人的操作技能培训,使企业的废品率从上年的 5% 降为本年的 3%,废品率的降低对单位成本的影响为:

$$单位成本比上年降低率=\frac{5\%-3\%}{1-3\%}×100\%=2.06\%$$

3)材料利用率变动对成本的影响

材料利用率是指材料投入量与产出的产品重量之间的比例关系。生产投入材料后发生的切割损耗和边、角、余料越少,投入材料的利用率就越高,单位产品材料消耗也越低。材料利用率与产品的材料成本成反比,它对单位成本的影响可用下述公式计算:

$$材料利用率变动\atop 对单位成本的影响 = \left(\frac{本年实际单位原材料成本-上年实际单位原材料成本}{上年实际单位原材料成本}\right)\times$$

$$上年实际单位成本中原材料成本比重$$

$$= \left(\frac{上年实际原材料利用率}{本年实际原材料利用率}-1\right)\times 上年实际单位成本中原材料成本比重$$

上式计算结果若为负数,表示因提高材料利用率使产品单位成本下降的比率;反之,则表示单位成本上升的比率。

4)劳动生产率变动对成本的影响

劳动生产率提高意味着单位产品所耗用的时间减少,从而相应地减少了产品的工资成本;但劳动生产率的增长往往又伴随着工资的增长,因而又会使单位产品成本提高。因此,劳动生产率增长对成本的影响,主要看劳动生产率的增长速度是否快于工资增长的速度。它们之间的关系可以用下列公式表示:

$$单位产品成本降低额 = \left(1-\frac{1+平均工资增长率}{1+劳动生产率增长率}\right)\times 计划(或基期)单位产品的工资成本$$

$$单位产品成本降低率 = \frac{单位产品成本降低额}{计划(或基期)单位成本}\times 100\%$$

$$= \left(1-\frac{1+平均工资增长率}{1+劳动生产率增长率}\right)\times 计划(基期)生产工人工资占单位产品成本的比重$$

其中,

$$劳动生产率增长率 = \frac{单位产品计划或(基期)工时消耗-单位产品实际工时消耗}{单位产品实际工时消耗}\times 100\%$$

$$平均工资增长率 = \frac{实际平均小时工资率-计划(或基期)平均小时工资率}{计划(或基期)平均小时工资率}\times 100\%$$

【例12.12】 某企业本年计划单位产品工时消耗为60小时,实际为50小时;小时平均工资率本年计划为2元,实际为2.2元。该企业计划生产工人工资在产品成本中的比重为15%。劳动生产率变动对单位成本的影响计算如下:

$$劳动生产率增长率 = \frac{60小时-50小时}{50小时}\times 100\% = 20\%$$

$$平均工资增长率 = \frac{2.2元/小时-2元/小时}{2元/小时}\times 100\% = 10\%$$

$$单位产品成本降低额 = \left(1-\frac{1+10\%}{1+20\%}\right)\times(2元/小时\times 60小时) = 10元$$

$$单位产品成本降低率 = \frac{10元}{2元/小时\times 60小时\div 15\%}\times 100\% = 1.25\%$$

计算结果表明,该企业劳动生产率比计划提高20%的同时,小时工资率也随之提高了10%。但是劳动生产率增长速度高于工资增长速度,因此,单位产品成本降低了10元,降低率为1.25%。

以上对主要产品单位成本完成计划情况及其影响因素进行了分析。成本报表分析还有对制造费用计划完成情况及变动情况的分析,主要采用比较分析法,比较本年实际数与上年实际、本年计划的差异,分析计划完成情况;还可采用构成比率分析法计算各制造费用项目占全部制造费用的比重,分析其变动情况。具体分析可参照产品成本计划完成情况分析方法。

练习题

一、思考题

①简述成本报表分析的主要作用。

②成本报表分析方法主要有哪几种? 各自的内容是什么?

③连环替代法的计算程序是怎样的?

④举例说明技术经济指标变动对成本的影响。

二、单项选择题

①某企业可比产品——甲产品,上年实际总成本为 100 000 元,实际总产量 500 件;本年实际总产量为 600 件,实际总成本为 118 000 元。本年可比产品成本变化为(　　)。

　A.18 000 元　　　　B.-18 000 元　　　　C.2 000 元　　　　D.-2 000 元

②差额计算分析法是(　　)的简化计算方法。

　A.比较分析法　　　　　　　　　　B.比率分析法

　C.连环分析法　　　　　　　　　　D.因素分析法

③反映产品本身质量的指标,一般用(　　)表示。

　A.合格品率　　　　　　　　　　　B.废品率

　C.等级品率　　　　　　　　　　　D.劳动生产率

④劳动生产率的增长速度(　　)工资单增长速度时,产品成本才会降低。

　A.超过　　　　B.等于或大于　　　　C.等于　　　　D.小于

三、多项选择题

①成本报表常用的分析方法有(　　)。

　A.比较分析法　　B.差额计算法　　C.连环替代法　　D.比率分析法

②连环替代法具有(　　)的特点。

　A.计算方法简化性　　　　　　　　B.计算程序连环性

　C.计算结果假设性　　　　　　　　D.因素替换顺序性

③反映产品质量好坏的指标有(　　)。

　A.合格品率　　B.劳动生产率　　C.废品率　　　D.等级品率

④对按产品种类编制的商品产品成本表的分析采用的方法有(　　)。

　A.连环替代法　　B.比较分析法　　C.差额计算法　　D.比率分析法

四、判断题

①比较分析法只适用于同质指标的数量对比。　　　　　　　　　　　　(　　)

②连环替代法的替代顺序确定原则是:先质量,后数量;先实物量,后价值量。 ( )

③单位产品成本的降低与否取决于劳动生产率是否提高。 ( )

④技术经济指标变动对产品成本的影响,主要表现在对产品单位成本的影响。( )

五、业务实训题

业务实训题 1

(1)业务实训资料:参见第 10 章成本报表业务实训题的业务实训资料。

(2)要求:根据以上资料,采用因素分析法分析产量因素、品种结构因素和单位成本因素对成本计划完成情况的影响。

业务实训题 2

(1)业务实训资料:某企业生产甲、乙产品,其出产量和单位成本见表 12.12。

表 12.12　甲、乙产品产量及单位成本

项　目	本　年			上年实际单位成本
	实际产量	计划单位成本	实际单位成本	
甲产品	1 000	29	28	30
乙产品	2 000	9	9	10

已知该企业本年可比产品成本实际降低率比计划降低率多3%,降低额增加 1 800 元。

(2)要求:根据以上资料,采用简便的方法计算各因素对可比产品成本降低计划完成情况的影响值。

业务实训题 3

(1)业务实训资料:某企业改进了甲产品设计,简化了产品结构,减轻了产品重量,改进了甲产品加工方式,提高了原材料利用率。甲产品改进前后的有关资料见表 12.13。

表 12.13　甲产品改进前后相关情况对比表

项　目	改进前	改进后
材料费用总额/元	75 000	69 000
材料平均单价/元	15	15
材料消耗总量/千克	5 000	4 600
加工后产品净重/千克	4 750	4 462
产品产量/件	200	200

注:废料无残值。

(2)要求:

①计算因改进了甲产品设计,甲产品重量减轻对单位产品原材料的影响。

②计算产品加工方式改进前后的原材料利用率,以及原材料利用率变动对单位产品原材料费用的影响。

参考文献

[1] 于富生,黎来芳,张敏.成本会计学[M].8版.北京:中国人民大学出版社,2018.

[2] 企业产品成本会计编审委员会.企业产品成本会计核算详解与实务:内容精解+实务应用+典型案例[M].北京:人民邮电出版社,2020.

[3] 万寿义,任月君.成本会计[M].5版.大连:东北财经大学出版社,2019.

[4] 万寿义,任月君,李日昱.成本会计习题与案例[M].5版.大连:东北财经大学出版社,2019.

[5] 陈云.成本会计学案例分析[M].上海:立信会计出版社,2015.

[6] 王雄元.成本会计[M].北京:中国财政经济出版社,2019.

[7] 平准.用生活常识学懂成本会计[M].2版.北京:人民邮电出版社,2019.